"五链协同"助推河南产教融合路径研究

敬艳丽 著

郑州大学出版社

图书在版编目(CIP)数据

"五链协同"助推河南产教融合路径研究 / 敬艳丽
著. -- 郑州：郑州大学出版社，2024. 9. -- ISBN 978-
7-5773-0628-5

Ⅰ. G527.61

中国国家版本馆 CIP 数据核字第 2024MN4732 号

"五链协同"助推河南产教融合路径研究
"WULIAN XIETONG" ZHUTUI HENAN CHANJIAO RONGHE LUJING YANJIU

策划编辑	孙理达	封面设计	苏永生
责任编辑	张卫明	版式设计	苏永生
责任校对	张若冰	责任监制	李瑞卿

出版发行	郑州大学出版社	地　　址	郑州市大学路40号(450052)
出 版 人	卢纪富	网　　址	http://www.zzup.cn
经　　销	全国新华书店	发行电话	0371-66966070
印　　刷	郑州市今日文教印制有限公司		
开　　本	710 mm×1 010 mm　1 / 16		
印　　张	13.5	字　　数	216千字
版　　次	2024年9月第1版	印　　次	2024年9月第1次印刷
书　　号	ISBN 978-7-5773-0628-5	定　　价	49.00元

前　言

　　产教融合打破了传统教育脱离社会、市场、行业、企业实际的弊端，真正将教育与产业衔接起来、学校的培养目标与企业的需求衔接起来，增强技能人才培养的针对性和适应性，极大地提高了学生的岗位适应能力、动手实践能力和创新创业能力，最终实现教育链、人才链、产业链、创新链的有机衔接和高度整合。因此，产教融合在提高教育质量、优化产业结构、提升产业竞争力、促进经济发展以及提高学生就业率等方面都发挥着重要作用。同时，由于产教融合在我国正处于探索与实践的过程，也面临着多方面的挑战，产教融而不合、合而不深、融合机制不健全、融合动力不足、权责利不明晰等问题为政府、行业、企业、学校多方需要共同攻克的重要课题。

　　本书以产教融合为研究对象，以"五链协同"助推产教融合为研究内容，以问卷调查与访谈为研究方法，以河南产教融合现状为样本，按照"理论分析挖掘内含价值—事实描述揭示问题—机理分析透视内在规律—路径设计确定价值路线—策略研究提供应用保障"的思路，具体从内涵价值挖掘及相关理论分析、产教融合多主体协同现状调研分析、"五链协同"背景下产教融合机理分析、协同路径研究、策略保障等方面展开研究，以期从"链条"角度赋予产教融合新的内涵，丰富和完善产教融合育人模式的理论研究，探索"五链协同"下助推河南产教融合的路径，打通产学研用深度融合通道、政企校平等对话通道、人才成长通道以及市场运行通道，为高校深化产教融合、校企合作提出建议，为政府部门制定和实施教育改革和发展政策提供参考，为破解产教融合难以深度开展的困局提出了方案。

　　本书依托 2023 年度河南省科技厅科技发展计划项目"'五链协同'助推河南产教融合路径研究（项目编号：232400411158）"、2023 年中原科技学院

1

重点培育项目"科教人才赋能河南制造业高质量发展路径研究（项目编号：ZIST2023B006）"，由中原科技学院敬艳丽老师完成。本书的编写与出版得到了郑州大学出版社的大力支持。在此，衷心感谢郑州大学出版社的编辑团队，他们对本书的编写思路提出了许多宝贵的意见和建议，为本书的完善提供了重要的指导。同时，本书也借鉴和吸收了国内外众多专家和学者的研究成果，这些成果为本书提供了丰富的素材和灵感。在此，谨向这些学者表示衷心的感谢。

　　在编写过程中，由于编者水平有限，可能存在一些不当和疏漏，恳请读者不吝赐教，予以指正。

目录

第一章

绪　论

一、研究背景

首先,随着科技的迅速发展和社会经济的转型升级,传统产业逐渐向智能化、绿色化、服务化方向转变。这种转变对人才提出了新的要求,需要更多具备创新思维、实践能力、跨界整合能力的人才。而在过去的几十年中,我国的教育和产业发展经历了不同的路径。教育领域快速发展,培养了大量的人才,但这些人才在某种程度上与产业的需求存在不匹配的现象。而产业界在技术创新、产品研发等方面又迫切需要人才的支撑。因此,产教融合成为教育与产业之间建立桥梁的重要途径。其次,随着市场竞争的加剧,企业越来越意识到技术研发和人才培养的重要性。通过产教融合,企业可以与高校、科研机构等建立深度合作关系,共同开展技术研发、新产品开发等活动。同时,企业也可以借助高校的教育资源,为自己的员工提供专业技能培训和学历教育等服务,提高员工的综合素质和企业竞争力。从全球范围内来看,许多国家都在进行教育改革,强调教育与产业的深度融合、学校与企业的紧密合作。这种趋势反映了社会对于人才需求的转变和教育领域对于人才培养的新思考。我国作为全球最大的发展中经济体,在这样的背景下积极探索产教融合的发展模式,既符合国内经济发展的需要,也顺应了国际教育改革的方向。

2019年7月24日,习近平总书记主持召开中央全面深化改革委员会第九次会议,会议审议通过了《国家产教融合建设试点实施方案》。9月,国家发展改革委、教育部等6部门印发《国家产教融合建设试点实施方案》,明确提出:"深化产教融合,促进教育链、人才链与产业链、创新链有机衔接,是推动教育优先发展、人才引领发展、产业创新发展、经济高质量发展相互贯通、相互协同、相互促进的战略性举措。"开展国家产教融合建设试点，必须坚持问题导向、改革先行，充分发挥城市承载、行业聚合、企业主体作用，在全国统筹开展产教融合型城市、行业、企业建设试点。与以往的产教融合方案相比，本次产教融合的主体由学校向企业转变，充分发挥政府的统筹管理与市场作用，聚合教育与产业体系的优势资源，显著提升产教融合对经济的推动作用。

为贯彻落实国务院办公厅《关于深化产教融合的若干意见》（国办发〔2017〕95号），进一步深化产教融合、校企合作，促进教育链、人才链与产业链、创新链有机衔接，全面提升人力资源质量，河南省政府将产教融合发展纳入全省经济社会发展规划以及区域发展、产业发展、城市建设等专项规划和重大生产力布局，将教育优先、人才先行融入各项政策，统筹优化教育和产业结构，同步规划产教融合发展政策措施、支持方式、实现途径和重大项目。2022年河南省教育厅制定《河南省本科高等学校深化产教融合促进高质量发展行动计划》，提出到2025年，重点探索产教融合新模式，开展产教融合创新研究，建设产教融合示范体系，打造产教融合联盟，宣传和推广一批产教融合品牌，形成可复制、可推广的产教融合"河南模式"。

因此，如何通过产教融合促使传统教育与产业、行业、企业有效协同培养以适应时代发展的要求，已成为教育界、产业界、政界共同探讨的重要话题。本书基于产教融合视角以及对河南产教融合现状的调研，提出在产业链、人才链、教育链、创新链的基础上融合政策链，探索"五链协同"下产教融合机理分析、协同路径、保障策略，确保产教多主体精准对接、协同育人、利益共享，实现产教真正融合。

二、相关概念界定

（一）校企合作

目前国外没有明确的产教融合说法，提到更多的是"校企合作""合作学习""学徒制"等，国外学者对校企合作的研究可以追溯到20世纪60年代，而中国学者对校企合作的研究则是在20世纪90年代之后才逐渐开始的。

国外学者对校企合作的研究成果较为丰富,已经形成了较为完整的理论体系和实践模式。而中国学者对校企合作的研究还处于不断发展和完善的阶段,需要进一步加强实践探索和理论研究。所以,本书重点以国外学者对校企合作的研究为主,对其代表人物及主要观点进行总结,如表1-1所示。

表1-1 国外校企合作研究代表人物及主要观点

代表人物	主要观点
赫尔曼·施奈德(1906)	最早明确提出合作教育思想——一种将课堂学习与职业目标相结合的结构式教育策略。
艾伦·克林斯特伦（Allan Klingstrom,1987）	从微观层面上认为校企合作是一种人才培养模式,是教育与产业相互结合、相互参与的一种新型人才培养模式。
克里斯托弗·弗里曼（Christopher Freeman,1987）	提出"大学—产业—政府"相结合与影响的"三重螺旋"概念。
罗伯特(Robert,1995)	认为校企合作是应用型学习的一种形式,校企双方通过共同教学,制订实施方案,使校企合作关系更加密切。
阿西莫格鲁,皮什克（D. Acemoglu,J. S. Pischke,1998）	认为应将企业培训内容加入教学课程中去。
沙哈达(Khan Shahadat,2005)	认为实践教学对职业发展的影响是深远与巨大的。
比利特(S. Billett,2008)	认为学习与社会和企业需求是相互依赖的过程。
努里耶(Nuriye,2009)	认为应根据市场需求设置专业与课程,并通过提供一些教学资源给企业,激发校企合作。
乔恩·惠特尔（Jon Whittle,2012）	从教育与社会发展关系上,认为校企合作是教育与社会发展、院校与产业部门、院校与地区发展相互依存与制约的过程。
亨利·埃茨科威兹（Henry Etzkowitz,2012）	认为政府应在校企合作中发挥其职能,形成政府协调、高校培养技术技能人才、企业借助发挥品牌效益的新三螺旋模式。
曼达娜·绫美（Mandana Aiamy,2012）等	从功能性角度认为产教融合是大学与产业的合作,通过实践性教学弥补理论性短板。

续表 1-1

代表人物	主要观点
艾莉莎·斯罗伯（Alisha Hyslop,2012）	认为德国的"双元制"是实践与理论结合,对技术技能人才的培养具有深远的影响。
博赫卡列娃（Bochkareva,2017）	认为产教融合是各个子系统共同促进劳动力市场和教育市场融合的过程。
丹尼尔·奥温（Daniel F. Ortwine,2018）,迈克尔·安多赫（Michael A. Andoh,2019）	认为政府作为政策的制定者,应担当起主要责任,发挥其主体作用。
詹姆斯·雅各（James Jacobs, 2019）	认为高校以产业发展为标准设置课程,从而满足经济发展对劳动力的需求。

从西方学者对于校企合作的定义中可以看出,校企合作主要强调学校教育与社会实践紧密相关,教育既受到社会经济的影响,也会影响社会经济发展水平,具有"工学结合、双向参与、服务社会"的特点。我国学者对校企合作内涵研究的代表人物主要有王自勤、张宇、左家奇。王自勤（2008）提出,校企合作包括校企合作教育和校企合作科研等,校企合作的实质是企业帮助学校培训人才。张宇（2008）指出,校企合作（教育）是企业和学校双方主体的一种相互选择行为。左家奇（2010）提出,校企合作是一种对传统办学模式的创新,是一种全新的、长效的合作机制,是任何一所高职院校无法回避的现实问题。国外学者对校企合作的研究涉及企业、学校、政府等多方面的利益关系,以及合作过程中的组织、管理、监督等方面的问题。而我国学者则更加注重校企合作与人才培养质量、教学改革等方面的关系研究。

（二）产教融合

我国的产教融合最早出现在职业教育领域,其理论来源于马克思主义关于生产资料的生产与人自身生产的两种生产理论、早期职业教育思想。在我国不同时期与阶段产教融合呈现出不同的内涵与特征,半工半读、劳教结合、产教结合、校企合作是表现产教关系的代名词。但关于产教融合的概念,目前还没有形成统一的概念,它是一个不断丰富与发展的过程,国内学者从不同角度提出对产教融合内涵的理解。其主要代表人物及主要观点详见表 1-2。

表 1-2　研究产教融合概念代表人物及主要观点

代表人物	主要观点
孔原（2014）	认为产教融合是将教育教学活动与生产内容、职业培训、资格认证、技术研发、经营管理等结合的过程。
陈年友（2014）	认为产教融合是将专业与产业、学校与企业、学习内容与职业标准、学习过程与生产过程联系的一种合作。
秦斌（2014）	认为产教融合是生产工作、教育培训、技能提升、经营管理相融合的过程。
杨善江（2014） 陈年友（2014）	认为产教融合是教育部门与产业部门相互配合，依靠各自的优势互补，建立契约关系，满足参与者需求与服务社会经济，以校企合作为主线进行合作共赢的教育经济活动方式。
孔宝根（2015）	认为产教融合是生产与教学的融合，以职业院校与企业合作为重要方式。
邱晖（2016）	认为产教融合是职业院校、企业、政府共同参与，通过优质资源的共建、共享、整合优化，从而实现多学科协同育人的社会组织。
刘斌（2017）	认为产教融合是职业技能、技术应用、终身职业培训的过程。
罗汝珍（2016） 张莹（2017） 孙善学（2017） 欧阳河（2019）	认为产教融合是与校企合作有着本质区别的新组织形式，产教融合是以教育为核心，产业与教育的融合，产业使教育有实践支撑，教育为产业提供发展提供人才支持。产教融合是产业功能与教育功能相衔接的桥梁。
吴思（2018）	认为产教融合是涉及学校、企业、行业、机构共同培养高层次人才的模式，其中，"产"是"教"所对接的整个行业的"产"，融合不再是学校与企业的简单合作，而是相互渗透与促进。
姜大源（2018）	认为企业是一种教育机构，产教融合体现了教育主体的制度性创新。
王祝华（2019）	认为产教融合是教育系统与产业系统在知识与技术创新系统共融、教学内容共商、师资共用、基地共建、成果共享的新教育形态。
蔡敬民（2019）	认为产教融合的关键点与落脚点是培养人，通过产业与教育的双向融合与资源整合，培养满足社会需要的人才。
詹华山（2020）	认为产教融合是政府、企业、学校、行业四类不同性质主体要素的融合。
王作鹏（2021）	从马克思生产理论角度，认为产教融合具有提高劳动者素质、保证生产部门有效运转的作用，还具有承担人类智力培养的功能。

校企合作和产教融合是在职业教育发展过程中应运而生的,相对于西方发达国家,我国的职业教育兴起较晚,产教融合也相对滞后。产教融合本质是生产和教育培训的一体化,在生产实践中教学,在教学中生产,生产和教学密不可分,产教融合是校企之间在更深层次、双向共同发力的利益合作。但目前而言,学术界对产教融合的界定还处在不断深化的探索过程中。

我国学者对产教融合的内涵研究主要体现在以下方面:一是产教融合的相关主体涵盖了企业与行业组织、高校、政府相关部门。二是产教融合进一步扩大了其社会服务功能,通过强化教育与产业的融合度,进一步支持产业转型与经济发展。三是产教融合的内容包括教育教学、人才培养模式、科技研发、成果转化等多个方面。从广义上看,产教融合是产业与教育的合作与融合。从狭义上看,产教融合是侧重高校的专业、课程设置与职业标准相契合。产教融合在微观、中观、宏观层面的内涵也在不断深化。在微观层面,产教融合是教学与生产的融合,是课程内容与职业标准对接、教学过程与生产过程对接、学历证书与职业资格证书对接、实习实训与企业产学研对接的过程。在中观层面,产教融合是学校、企业、政府、行业等多主体参与,以培养高素质人才为目标,以合作共赢为基础,实现人才培养、科技创新、技术应用等深层次融合。在宏观层面,产教融合是产业系统与教育系统的融合,实现教育供给与产业需求的匹配与相互促进,是教育链、人才链、产业链、创新链之间的畅通衔接。

(三)校企合作与产教融合的关系

校企合作和产教融合都是职业教育中的重要概念,校企合作和产教融合的理论依据都是马克思、恩格斯关于教育与生产劳动相结合的理论,强调教育与实践的结合;目标都是提高职业教育的质量和效果,培养出符合市场需求的高素质人才;都强调实践性和应用性,注重学生的技能培养和实际操作,以提高学生的就业竞争力;都需要企业与学校的深度合作,共同参与人才培养过程,形成紧密的合作关系;都有利于经济发展和产业升级,为企业提供高素质人才,推动产业的发展和升级。所以,校企合作和产教融合在理论依据、目标、实践性和应用性、企业与学校的合作以及经济发展和产业升级等方面存在相似之处。但它们之间存在一些明显的区别。首先,校企合作是一种更注重形式和内容的合作方式,主要强调学校与企业之间的合作关系,但这种合作可能相对较松散,缺乏长期、稳定的合作机制。而产教融合则更注重产业和教育的一体化,将产业和教育紧密结合,形成产业和教育相互支持、相互促进的关系,是一种更加紧密、长期、稳定的合作关系。其次,校企合作和产教融合在合作主体和合作内容上存在差异。校企合作主要是学校为了提高人才培养质量而寻求企业的支持,学校是合作的主体,企业则是配角。而产教融合则强调企业与学校的平等合作关系,企业与学校都是合作的主体,彼此相互渗透,共同制订人才培养方案、课程内容和教学方法等。再次,校企合作和产教融合在合作形式和内容上也有所不同。校企合作可能只是简单的企业与学校之间的合作,比如企业为学校提供实习机会、学校为企业培训员工等;而产教融合则是一种深层次的校企合作,不仅包括实习实训、课程开发等合作内容,还涉及科研开发、技术创新、产品创新等方面,是一种全方位、深度的合作。最后,校企合作和产教融合在实施过程中也存在差异。校企合作可能缺乏长期、稳定的合作机制,合作期限较短,合作效果不够显著;而产教融合则强调产业和教育的一体化,形成长期、稳定、紧密的合作关系,有利于提高职业教育的质量和效果,培养出符合市场需求的高素质人才。总的来说,校企合作和产教融合都是为了提高职业教育的质量和效果而进行的合作方式,但产教融合更加强调产业和教育的一体化,二者之间形成更加紧密、长期、稳定的关系。

三、产教融合的由来与发展

新中国成立以来,产教融合的内涵先后经历了"劳教结合""产教结合""校企合作""产教融合"的不断演化,一直在改革中摸索,在摸索中前进。

(一)1949—1976年的"联合培养""半工半读"形式

新中国成立之初,各行各业的技术人才无论是在数量上还是质量上远不能满足经济恢复与大规模的经济建设的需要,培养技术人才是国家经济建设的必要条件与当务之急。政务院在1952年颁布的《关于整顿和发展中等技术教育的指示》中指出:"各级人民政府应领导各有关部门共同整顿与发展中等技术教育,以解决国家建设所迫切需要的中级和初级技术干部问题。"政府与厂矿、农业、林业联合培养技术人才,实行的是行业企业办职业教育的模式。毛泽东同志十分重视劳动教育,指出教育要与生产劳动相结合。1957年毛泽东在《关于正确处理人民内部矛盾的问题》中明确提出:"我们的教育方针,应该使受教育者在德育、智育、体育几方面都得到发展,成为有社会主义觉悟的、有文化的劳动者。"1958年毛泽东在《工作方法60条》中指出:"一切中等技术学校和技工学校,凡是可能的,一律试办工厂或者农场,进行生产,做到自给或者半自给。学生实行半工半读。"1958年5月30日,刘少奇在中共中央政治局扩大会议上提出教育制度与劳动制度并存。1958年8月中共中央颁布的《关于教育事业管理权力下放问题的规定》指出:各级部门下放教育管理权限,地方和厂矿企业承担起原属于行业主管部门的职业学校。至1965年,全国已有半工半读学校4000余所,学生80多万人,并有37所高等农业院校、220所中等农业学校试行半工半读。"文化大革命"中,各地半工半读学校停办,试验中止。

(二)1978—1990年的"劳教结合""工学结合"形式

1978年改革开放确立了以经济建设为中心的战略地位,人才成为现代化建设最为短缺资源。"科学技术是第一生产力","尊重知识、尊重人才",储备人才资源的战略布局,成为推动改革开放强有力的精神动力和智力保障。学校教育可以培养大量人才,但是学校的人才培养规模、速度与社会需求之间的矛盾在当时还是难以解决的。为了缓解这一矛盾,社会劳动教育开始大规模展开,建立劳务市场和开展职业技术培训成为社会劳动教育的主要形式。1979年2月20日在国家劳动总局颁布的《国家劳动总局技工学校工作条例(试行)》中要求学校生产实习教学应该尽可能地结合生产进行,不适宜结合生产的工种、专业,也应采取实习、实验、模拟等形式,着重培养学生的基本操作技能和解决实际问题的能力。同时,国内出现了研究产教结合的学者,1982年,李建昌在发表《日本财政体制及其在经济高速增长中的作用》中提到日本在战后为培养大量技术人才,提出产教结合号召。马玉琪在《全面理解马克思教育与生产劳动两种过程相结合的学说》中从哲学视角认为,社会生产过程中的生产劳动与教育相结合(即劳教结合)、在国民教育中的教育与生产劳动相结合(即教劳结合)是教育与生产劳动相结合的两个侧面。齐之思是首次探索职业教育产教结合的学者,他认为职业教育的首要问题是解决好教育与社会的关系问题,并探索校企合一、产教结合的可能性。1985 年中共中央颁布的《中共中央关于教育体制改革的决定》明确提出:大力发展职业技术教育、提倡各单位和部门自办、联办或与教育部门合办各种职业技术学校。之后职业教育迅猛发展,到 1991 年达到 16000 多所,但由于对职业教育助推经济的认知不到位,又处于初期的探索之中,职业教育对经济的贡献不明显,劳教结合的理念并未真正落实。

(三)1991—2001 年的"产教结合"形式

20 世纪 90 年代,我国最终确立社会主义市场经济的主体地位,开创了教育工作的新局面,基础教育得到切实加强,职业教育得到广泛发展,学校教育与校外教育并举。

1991 年 10 月 17 日,国务院发布的《关于大力发展职业技术教育的决定》中指出:各类职业技术学校和培训中心,应根据教学需要和所具有的条件,积极发展校办产业,办好生产实习基地。提倡产教结合、工学结合。第一次正式提出产教结合,主要是指通过开办校办产业,满足学生实习实训的需要。1993 年中共中央、国务院印发的《中国教育改革和发展纲要》中指出:"各级各类职业技术学校都要主动适应当地建设和社会主义市场经济的需要。要在政府的指导下,提倡联合办学,走产教结合的路子,更多地利用贷款发展校办产业,增强学校自我发展的能力,逐步做到以厂(场)养校。"其产教融合实施思路与奖励写入 1996 年 5 月 15 日颁布的《中华人民共和国职业教育法》,该法规定:"职业教育必须坚持中国共产党的领导,坚持社会主义办学方向,贯彻国家的教育方针,坚持立德树人、德技并修,坚持产教融合、校企合作,坚持面向市场、促进就业,坚持面向实践、强化能力,坚持面向人人、因材施教。""对深度参与产教融合、校企合作,在提升技术技能人才培养质量、促进就业中发挥重要主体作用的企业,按照规定给予奖励;对符合条件认定为产教融合型企业的,按照规定给予金融、财政、土地等支持,落实教育费附加、地方教育附加减免及其他税费优惠。"这一阶段的产教结合是以学校人才培养为目标、以企业为依托的实践模式,又有政策的优惠,产教结合进一步深化。但由于一些人对市场经济缺乏认知、对国家政策方向解读的偏差以及利益的驱使,导致一些学校弃教办厂、以"产"代"教",教育与产业的优势资源没有得到有效配置。

(四)2002—2012 年的"校企合作"形式

21 世纪,人才成为衡量国家综合国力的重要标志,拥有高素质、具有专业知识和创新能力的人才能开展科技创新、提升产业竞争、推动社会发展和改善人民生活。职业教育作为培养技能型人才的重要途径越发凸显。但是,职业教育的改革与发展也面临一些问题:①一些地方对发展职业教育的重要性缺乏足够的认识。②投入不足,基础薄弱,办学条件较差。③管理体制、办学体制、教育教学质量不适应经济建设和社会发展的需要。在国家高度重视下,配套政策陆续出台,2002 年国务院颁布《关于大力推进职业教育改革与发展的决定》,明确企业要和职业学校加强合作,实行多种形式联合办学,开展"订单"培训,并积极为职业学校提供兼职教师、实习场所和设备,也可在职业学校建立研究开发机构和实验中心。2004 年 4 月 2 日教育部发布《关于以就业为导向深化高等职业教育改革的若干意见》,明确高等职业教育应以服务为宗旨,以就业为导向,走产学研结合的发展道路,积极开展"订单式"培养,积极探索校企全程合作与"订单式"培养,建立产学研结合的长效机制。2005 年 5 月 28 日国务院颁布《关于大力发展职业教育的决定》,明确了推行工学结合、校企合作的培养模式。学生要在最后一年去用人单位顶岗实习,学校与企业紧密联系,加强学生的生产实习和社会实践,改革以学校和课堂为中心的传统人才培养模式。2009 年教育部颁布《关于加快职业教育集团化办学的若干意见》,2011 年 9 月 29 日教育部出台《关于推进高等职业教育改革创新引领职业教育科学发展的若干意见》,提出要深化改革工学结合、校企合作、顶岗实习的人才培养模式,要与行业(企业)共同制订专业人才培养方案,实现专业与行业(企业)岗位对接,系统设计、实施生产性实训和顶岗实习,探索建立"校中厂""厂中校"等形式的实践教学基地,推动教学改革。在国家政策引导与部分职业院校示范下,校企合作取得实质性成果。但较长时间将产教结合等同于校企合作,致使产教结合功能弱化,未出现在各种制度中。由于缺乏顶层设计,企业参与的积极性不高,"校热企冷"现象比较普遍。

（五）2013 年至今的"产教融合"形式

党的十八大以来，在国家高度重视下，产教融合已经成为职业教育发展的主线。自 2012 年后，我国发展处于重要战略机遇期，经济新常态、科教兴国、人才强国、创新驱动、全面建成小康社会等一系列战略判断，以及大数据、物联网、云技术、云共享、人工智能、区块链等新一代信息技术环境的影响，职业教育又面临着重大发展机遇。

2014 年 6 月国务院印发《关于加快发展现代职业教育的决定》，明确深化体制机制改革，统筹发挥好政府和市场的作用，加快现代职业教育体系建设，深化产教融合、校企合作，培养数以亿计的高素质劳动者和技术技能人才。2014 年 6 月 16 日教育部等 6 部门发布《现代职业教育体系建设规划（2014–2020 年）》，提出要坚持产教融合发展，到 2020 年，形成适应发展需求、产教深度融合、中职高职衔接、职业教育与普通教育相互沟通，体现终身教育理念，具有中国特色、世界水平的现代职业教育体系。2017 年 12 月 5 日国务院办公厅发布《关于深化产教融合的若干意见》（国办发〔2017〕95 号），将产教融合作为促进经济社会协调发展的重要举措，融入经济转型升级的各环节，贯穿人才开发的全过程，形成政府、企业、学校、行业、社会协同推进的工作格局。把产教融合上升为教育系统和人力资源系统制度层面的整体安排，标志着产教融合正式成为国家建设方案的重要内容，为解决人才供给侧结构性矛盾提供了顶层设计。2019 年 2 月中共中央、国务院印发《中国教育现代化 2035》，把"更加注重融合发展"作为推动教育现代化八大基本理念之一，首次提出"开展国家产教融合建设试点"。2019 年 2 月 13 日国务院发布《国家职业教育改革实施方案》（国发〔2019〕4 号），提出要坚持知行合一、工学结合，总结现代学徒制和企业新型学徒制试点经验，推动校企全面加强深度合作，建立产教融合型企业认证制度，对进入目录的产教融合型企业给予"金融+财政+土地+信用"的组合式激励，并按规定落实相关税收政策。2019 年 4 月 3 日国家发展改革委、教育部印发《建设产教融合型企业实施办法（试行）》，对产教融合型企业的性质、培育条件、建设实施程序、支持管理措施做了具体规定。2019 年 4 月教育部、财政部发布《关于实施中国特色高水平高职学校和专业建设计划的意见》（教职成〔2019〕5 号），把产教融合提到前所未有的地位,不仅作为"双高计划"的指导思想和基本原则,还要求通过创新产教融合的运行模式推动高职学校与行业企业形成命运共同体。2019年10月11日《国家产教融合建设试点实施方案》(发改社会〔2019〕1558号)明确了深化产教融合,促进教育链、人才链与产业链、创新链有机衔接,是推动教育优先发展、人才引领发展、产业创新发展、经济高质量发展相互贯通、相互协同、相互促进的战略性举措。从试点对象、任务、支持政策方面做出安排,这标志着产教融合由人力资源系统的制度设计,上升为促进职业教育高质量发展和产业、科技、人才等多领域重大战略转型升级的国家战略举措。2019年12月10日,教育部、财政部公布《中国特色高水平高职学校和专业建设计划建设单位名单》,正式公布中国特色高水平高职学校和专业建设高校及建设专业名单,首批"双高计划"建设名单共计197所。2020年1月8日教育部办公厅发布《产学合作协同育人项目管理办法》(教高厅〔2020〕1号),旨在通过政府搭台、企业支持、高校对接、共建共享,深化产教融合,促进教育链、人才链与产业链、创新链有机衔接,以产业和技术发展的最新需求推动高校人才培养改革。产教融合已经不再局限于职业教育的范畴,而是涉及整个教育链的各层次学校、学科、专业等,旨在推动人才供给侧和产业需求侧结构要素全方位融合。为规范和加强绩效管理,提高资金配置效益和使用效率,确保建设目标如期实现,2020年12月21日教育部、财政部联合印发了《中国特色高水平高职学校和专业建设计划绩效管理暂行办法》。2022年4月,教育部、财政部联合印发了《关于开展中国特色高水平高职学校和专业建设计划中期绩效评价工作的通知》,部署"双高计划"中期绩效评价工作,明确中期绩效评价工作的内容,进而强化内涵建设、提高育人水平,不断增强"双高计划"学校的业内影响力、国际影响力和社会认可度,持续为职业教育高质量发展打造样板、树立标杆、贡献力量,推动职业教育长入经济、汇入生活、融入文化、渗入人心、进入议程。

由此可见,产教融合是职业教育作为一种教学类型的典型特征与根本要求,在长期的实践探索中,先后经历了"半工半读""劳教结合""产教结合""校企合作"等多种组织形式的迭代升级,国家产教融合建设从人才供给到产业需求,从教育链到产业链,从制度设计到具体实践、绩效管理,产教资源的集成程度和汇聚程度不断加深,融合边界不断拓展,融合内容不断丰富,提质增效、增值赋能的路径越发清晰,其演化具有深刻的历史逻辑和实践价值。

第二章

相关理论基础及国内外研究现状

一、产教融合相关理论基础

产教融合的理论基础包括利益相关者理论、三螺旋模型理论、协同发展理论、政策执行理论、社会分工理论、场域论等。

(一)利益相关者理论

"利益相关者"一词最早是由美国学者安索夫(Ansoff)于 1965 年提出的,其含义为:"要制定出一个理想的目标,需要全方面综合考虑企业利益相关者,均衡处理他们之间的权利冲突。"到 1984 年,美国学者弗里曼(Freeman)站在企业角度给出比较经典的定义为:"企业利益相关者是指那些能够影响企业目标实现的个人或群体。"他认为,应该对各方利益需求进行综合平衡以实现综合利益的最大化,而不是单一个体或组织的利益最大化。美国学者克拉克森(Clarkson,1994)认为,企业的目标是为所有利益相关者创造财富和价值,企业是由利益相关者组成的系统,它与为企业活动提供法律和市场基础的社会大系统一起运作。美国学者米切尔(Mitchell)于 1997 年首次提出分析和管理组织与利益相关者之间关系框架模型。他认为,能够影响组织决策的个人或组织不仅包括员工、股东等内部利益相关者,也包括顾客、供应商等外部利益相关者以及环保组织、政府机构等社会利益相关者。利益相关者通过经济权利、政治权力、法律权利、信息权利等探讨管理组织与利益相关者之间如何建立和维护良好的关系、解决利益冲突与纠纷以实现共赢与可持续发展。随后,在斯塔里克(Starik,1994)、罗利(Rowley,1997)等学者共同努力下,形成了比较完善的理论框架。我国于 2002 年发布的《上市公司治理准则》中专门提到了"利益相关者"的内容,此后我国学者王辉（2003）、杨瑞龙、李维安、李洋（2004）等学者从利益相关者理论与公司治理，陈宏晖（2005）、史永隽（2007）、李姝（2007）等学者从利益相关者与企业的社会责任，吕常影（2006）、汪平（2005）等学者从利益相关者与企业的绩效评价等方面展开研究

根据利益相关者理论的内涵，产教融合政策的利益相关者是指与制定产教融合政策内容、实施程度、实施成效等有关的个人与群体，其利益相关者涉及的主体包括政府、产业行业、高校、企业、教师、家长、学生等，每一个主体都对产教融合产生一定的影响。其中，政府作为产教融合的推动者与引导者，最大的利益诉求是深化人才培养模式，满足产业发展、促进就业与经济发展的需要，进而提升整体国民素质水平。行业通过搭建信息沟通平台，制定行业标准，推动行业的技术开发与稳定发展。高校作为产教融合的实施主体之一，其利益诉求是通过实施产教融合，能够深化教育教学改革，提升人才培养质量。企业作为人才的使用者与获利者，其利益诉求是通过深度参与人才培养，为企业发展选拔人才与储备人才，更好地帮助企业转型升级，同时获取产品宣传，在市场上获取更大竞争力。教师的利益诉求是通过产教融合"双师型"标准提升育人能力，进而提升薪酬福利与社会地位。家长的利益诉求是希望通过产教融合实现理论与实践的结合，让学生积累工作经验与提升工作能力，以更好地就业与获取更好的发展前景，也可降低供养成本。学生是产教融合的直接受益者，通过课程内容与实际工作环境的结合，提升自己的理论运用能力与综合职业素养，同时获得更具有保障与竞争力的就业。在产教融合实施过程中，社会组织、媒体、公众也将成为间接的影响者。其中，社会组织包括还未实施产教融合的学校与企业，它们作为暂时的"观望者"或"潜在者"，已经实施产教融合的学校及企业可以为其提供经验；媒体对产教融合进行报道与宣传，也提升了媒体的社会知名度与影响力；公众通过获取报道信息，了解政校企最新动态，捕捉机会，谋划职业发展路子。

所以，在产教融合过程中，以经济人假设理论为基础，基于利益相关者理论可以解释为什么要在产教融合政策实施过程中合理满足各方利益的诉求，通过保障相关主体的共同利益与各主体自身的利益的分配，设计出有助

于产教融合的实施路径与效果机制,进而保障政策的有效实施。

(二)三螺旋模型理论

三螺旋模型最早出现在生物学中,用来解释基因、组织和环境之间的辩证关系。美国社会学家亨利·埃茨科瓦茨(Henry Etzkowitz)基于生物学视角于1997年首次提出三螺旋模型(triple helix model,TH模型)的概念,该模型用来分析政府、产业、大学之间在知识经济时代的新关系。荷兰学者雷德斯道(Leydesdof)发展了三螺旋模型概念并提出了系统的理论,被学术界认为开创了研究的新领域。

三螺旋模型超越了政府-产业、政府-大学、产业-大学双螺旋模型,克服了因为忽视政府作用而导致校企合作、产教融合等模式的缺陷,理论的内涵体现了在知识经济时代,政府、产业、大学之间的新型互动关系,该理论不再强调主次之分,而是强调政府、产业、大学之间相互独立又相互依存的关系,政府、企业、大学的边界具有交叉性与模糊性,每个主体在保持自身领域的作用外,可以部分地在其他领域起到作用,体现了三者间的相互作用与彼此重叠。

随着三螺旋模型理论研究的不断深入,我国学者开始从产学研合作视角展开研究。马永斌(2008)认为政府、企业、大学应以平等的身份相互影响与渗透,在互惠互利中促进共生共长。张金波(2009)认为,通过变换组织结构、变动运行机制、共享信息资源,加强政府、企业、大学之间的合作与协作,最终形成整体的螺旋上升。邹波等(2013)认为,政府、企业、大学都是产学研的领导者与组织者,通过动态性角色调整、功能耦合、资源整合、利益共享实现各主体的相互渗透与有机融合,从而实现基础研究、应用研究、技术创新在三者间的流通与互动。佟林杰(2014)提出从政府、产业、大学三主体探索协同创新机制,推进区域人才共享实践创新模式。杨善江(2014)基于三螺旋模型理论,认为产教融合的关键是提升政府、企业、高校的角色胜任力,建立三者深度融合的长效机制。戴彬(2019)围绕"三螺旋"跨地域产教融合新模式,认为教育链、产业链、人才链、创新链有机衔接,需要在运行机制、驱动机制、保障机制等方面进行探索与实践。卢晓中(2019)对粤港澳大湾区与旧金山湾区进行了对比研究,提出以多中心发展实现区域发展、人才培养、社会服务、体制机制等的协调与融合,构建政府、市场、大学间多主体融合发展的实践创新模式。郎永峰(2021)认为,产教融合在实施过程中政府、高校、企业之间存在合作目标差异、剩余控制权以及制度供给等现实困境,建议从协调合作目标、设计合作契约、制度供给等方面实现三者的协同效应和共赢效应。张璋(2020)基于京津冀区域内地高校产教融合现状调研数据,得出该区域产教融合处于"三螺旋"上升的第二阶段,提出从加大区域特色政策建设、完善特色办学模式、构建利益共同体以打造产教融合典范。陈军(2023)认为,我国产教融合存在政策体系不完善、高校资源平台不够、企业缺乏主动意识等问题,借助三螺旋模型理论从螺旋主体各司其职、螺旋主体交互与融合方面构建产教融合协同育人的长效机制。

在三螺旋理论框架下与产教融合过程中,三方主体以培养技术技能型人才、实现科技成果转化为目标。人才是第一资源,经济发展、科技创新归根结底是靠人才驱动。人力资本是企业核心竞争力的源泉与赢得市场的关键,人才培养是大学的根本职责与根本任务,育人理念是高校理论的核心。政府通过制定人才政策、补贴政策、财政政策,引导人才流动,实现高校培养的人才向区域企业流动。高校也可通过政府的人才政策获得教师、科研人员与管理人员等人才。企业通过招聘高校人才满足企业管理与生产需求,高校通过聘请企业高技术技能人才协助高校指导学生实践、制订人才培养方案等,实现企业人才向高校的流动。在整个过程中,政府作为产教融合的组织者,提供了政策引导、资金流与信息流,在螺旋因子中起宏观调控指导作用;企业作为产教融合的合作者与高校人才的接受者,提供了人才培养实践基地、资金等,在螺旋因子中起桥梁纽带作用;高校作为产教融合的发起者,是培养人才的主体,在螺旋因子中起关键作用。三者围绕人才培养,整合资源,相互协作与促进,呈现出螺旋上升的三重螺旋上升模式。

(三)协同发展理论

协同发展理论是由联邦德国斯图加特大学教授、著名物理学家赫尔曼·哈肯(Hermann Haken)于1976年正式系统提出的。协同发展理论认为,在整个环境中,各个系统存在着相互影响与合作的关系,为了实现共同发展目标,系统之间经历了从无序到有序、从隔离到协作的过程。协同发展理论为研究整体与系统协作提供了参考。一方面,系统内部各要素之间存在相互作用与影响的关系,可以通过优化资源与信息配置产生协同效应;另一方面系统从一种状态向另一种状态转变过程中,各系统之间相互作用,产生新的质变。协同发展理论强调不同系统之间的融合发展,它在各系统之间架起了一座桥梁,通过各要素间的协调与内聚从而产生一定的协同发展效应。目前,协同发展理论已被广泛应用于融合发展、协同治理等方面问题的研究。国外学者梅耶斯(Meijers,2005)从宏观、微观层面上的协同发展方面进行研究,认为区域系统的协同发展效应大于个体参与者之和的效用,且要素间的协同会带来协同的互补性与外部性。我国学者田扬戈(2000)基于系统论角度,认为要通过协调各子系统内部关系实现区域协调发展。王力军(2012)基于区域系统论与协同发展论,将创新理论纳入区域系统中,以达到整体系统的相互协调、均衡发展。王松(2013)认为,通过政府、企业、院所等创新要素以解决区域经济系统在创新资源不足、创新水平低等问题,通过创新要素间的相互作用产生整体效应。京津冀由于地理位置、经济、社会的特殊性,国内学者对此地区的流通业研究比较广泛。王旭东、李丽(2014),张益民、申恩威(2014)等学者分别将京津冀流通业与京津冀区域经济作为子系统,对京津冀流通业与区域经济协同发展演进进行分析。赵娴(2017)以量化测定地区产业间、产业内、各地区协同水平,指出京津冀地区已建立起一定的产业关联,但流通业协同发展还未形成。李妍(2023)认为,产教融合机制的系统化构建工作非常关键,从保障融合到位、合作平台到位、人才到位、动力机制到位、质量监督评价模式到位等方面提出具体的建构思路。薛海波(2023)基于协同发展理论,认为数字经济与乡村产业融合发展存在资金投入不足、人力资源支持薄弱、科技创新供给不足、保障机制有待完善等现实问题,从政策支持、财政投入、人才支撑、风险控制等方面提出了具体优化措施。

协同发展理论也称为协同发展模式,是一种多方共同参与、促进各方协同发展的有效模式,可以有效解决复杂问题,满足共同参与者的利益。根据协调发展理论,产教融合政策的实施是一项复杂的工程,由教育部门、行业协会、企事业单位、政府其他部门等多方共同组成的跨界、跨域合作,表现为一定的开放性,会受到内外部环境双重影响;产教融合以服务经济发展为共同目标,多层系统旨在通过资源整合、优势互补、利益共享的方式,促进整体系统的发展,表现为具有共同的目标性;产教融合政策的实施牵涉多方主体与多种要素,需要各系统协同配合以促进整体的发展,表现为整体性的特征。

在协同发展理论视角下,高校与企业需要健全协同运行机制,对协同育人机制运行成效进行客观评估,才能充分保障产业与教育融合到位。在协调搭建合作平台过程中,企业需要深入调研院校的实践教学基地及特色学科优势,客观分析院校教育资源配置、科研成果与教育教学成果转化能否满足企业自身需求。加强教育层面上的协同效应,进而发挥多层次的人才优势,针对专业实践性较强的学科,多角度挖掘教育教学资源,企业对不同学科专业的人才培养方向进行客观评估,定时定量分析高校人才输送质量与教学成果以满足企业发展的需要。产教融合机制需要建立在科学规范的动力机制、运行保障机制、质量监督模式基础之上,可以从高校、企业行业、教师、学生层面进行多元化建构,并从物质与精神两个层次上提升激励效果。由于产教融合机制建构过程比较漫长,需要分阶段分步骤多层次实施产教融合质量监督与评价模式,逐步提升产教融合和人才培养效能。

(四)政策执行理论

政策执行理论来源于西方,其基本内涵是为了实现政策目标,将政策内容转化为现实的动态过程。政策执行理论是由美国学者普雷斯曼(Pressman)与韦达夫斯基(Wildavsky)在 1973 年合著《政策执行:华盛顿的宏大期望是如何在奥克兰破灭的》中警示:"政策执行都没想象的那样容易,不要对政策执行抱有完美的期望,执行政策被称为一种惊喜。"至此,政策执行成为 20 世纪 70 年代政策研究的主题。

政策执行有自上而下的政策执行模式、自下而上的政策执行模式、整合型网络模式三种。自上而下的政策执行模式中,上下级构成指令与执行的关系,是一种上令下行的"命令执行"模式,整个过程缺乏沟通交流,政策执行过程中容易出现执行缺失。自下而上的政策执行模式,注重政策制定者与实施者之间的谈判、协商一致、互动协作,但此模式过于专注对政策执行基层人员的感官经验分析,缺少科学、可量化的统计分析,执行中的问题难以被量化。整合型网络模式实现了量化研究与质性研究的结合,政府不再是唯一的政策主体,政策执行也依赖于非政府行动者的资源、信息、权利及互动情况,强调全程关注政策的规划、制定与执行所有环节,参与的主体都处于同等地位。

政策执行一般涉及行政手段、法律手段、经济手段、技术手段、思政教育等手段。行政手段是通过国家权威部门强制命令与实施规章制度的措施方法;法律手段是国家通过颁布法律法规、规则、条例等措施来约束行为的方法;经济手段是利用价格、利润等经济杠杆,调节各主体经济利益关系;技术手段是利用大数据、互联网、云技术等信息技术与信息产品辅助实施政策;思政教育模式是通过引导教育、协商沟通交流、奖惩等措施,将政策内化到信仰之中从而自觉执行政策。

产教融合政策的制定以培养与提升人力资源力量为根本,以推进产业转型升级与经济发展为目标,以维护正常的产教融合秩序为价值遵循,其政策执行的模式与手段可用于指导如何更好地辅助产教融合政策目标的实现。产教政策本身、执行机构、目标群体、社会组织环境、信心平台等构成了影响产教融合政策执行的因素,通过完善政策顶层设计,预防政策执行表面化偏差与执行力弱的问题;通过纵向上建立密切的信息传输渠道、横向上各职能部门建立信任关系、在横纵交错上各职能部门与各级政府间建立完整的政策执行机制,以提升执行机构间的协同性;增强企业、高校两大目标群体对产教融合政策的认同与支持以提升目标群体的执行意愿;充分挖掘行业协会、产业技术联盟等第三方社会组织在产教融合政策执行过程中的沟通、监督、评价等职能,以优化产教融合政策执行的生态环境。

针对目前产教融合政策执行研究的碎片化与静态化有余而综合性不足、评价指标未实现对工作任务内容的全覆盖、评价指标理论研究成果的实践运用不到位、评价工作顶层管理机构宏观指导与专职人员缺乏等现状,我国学者开始展开政策执行成效评价研究。罗汝珍、谢露静(2023)认为,执行成效是政策落地的最终表现,重点从企业主体作用相关评价指标、政策支持体系评价指标、产教融合质量与绩效评价指标等方面展开研究。张雅静、古翠凤(2023)基于史密斯政策执行过程模型分析,认为相关主体在政策执行过程中出现表面化、碎片化、形式化的主要原因有政策本身不完善、执行机构系统性不强、外部环境薄弱、观念有待转变等,需要从政策的顶层设计、增强执行机构协同性、提升支持度、优化外部环境等方面提升产教融合政策执行力。槐福乐、吕清(2023)基于对地方政府颁布的 20 份政策文本的分析,构建出以政策工具、政策要素的二维框架。研究显示,政策工具中权威型工具使用频次最高。他进一步提出优化政策工具组合、重视政策工具内部结构、加强政策评估等,以实现政策工具与要素链间的耦合。

（五）社会分工理论

社会分工是社会进步的必然途径与方式,是一种标志人类文明飞速进步的经济现象和生产方式。亚当·斯密在《国富论》中最早系统性地、比较完备翔实地提出了社会分工理论,并指出劳动分工有助于提高社会生产效率。

马克思在《1844 年经济学哲学手稿》中首次提出并阐述了社会分工的理论。马克思、恩格斯在《德意志意识形态》中说:"分工的阶段依赖于当时生产力的发展水平。"科学地阐明了社会分工与生产力、生产关系之间的联系。生产力发展是产生社会分工的基础,社会分工的发展又推动了生产力的发展。分工是连接生产力与生产关系的桥梁,分工不仅是推动生产力发展的杠杆,也是社会生产关系的基础。马克思进一步论述了生产中分工与协作的关系:分工与协作是生产劳动中不可分割的两个方面,协作是生产关系的基础,分工不仅提高了生产力,也创造了生产力。随着社会的发展,分工与协作相互交织构成复杂的社会系统,分工中蕴含着合作,这就是融合思想的逻辑起源,也是校企合作、产教融合思想的萌芽与起源。恩格斯在《共产主义原理》中指出:"教育将使他们摆脱现在这种分工给每个人造成的片面性。"教育产生于社会分工又服务于社会分工。教育与产业之间关系的基础是社会分工,社会分工的发展又使教育与产业之间的关系更加密切。

产业融合是社会产业相互渗透与界限逐渐模糊的结果,作为知识密集型的教育产业与其他产业资源相互共享,产教融合发展成为社会发展现实。产教融合中出现的产教联盟、产业学院、校企合作都体现了产业与教育融合的基本特征。在融合的过程中,产业资源支撑教育的发展与创新,教育成果向产业、企业转化,两者相互渗透与支撑,成为产教关系上新的表现形式。

产教融合是社会分工不断深化过程中实现的社会资源整合,是产业融合在教育领域的拓展与延伸,是教育与产业关系发展的新形式。产教社会分工与产教融合统一并服务于社会生产,也是我国生产发展水平不断提升、社会分工不断深化的结果。两者共享资源、互通路径,归根结底是社会技术进步的动力结果。

人是一切社会生产活动的主体。产教融合过程离不开人的参与,在教育产业表现为教师与学生的参与,在其他产业领域离不开技术人员与管理人员的参与。产教融合的过程体现在社会人力资源的生产活动中,脑力劳动与体力劳动相互融合与协调发展,创造了复合型人才、创新型人才。所以,产教融合是建立在人全面发展的基础之上的社会活动,通过资源交换与优化配置推动脑力劳动与体力劳动、物质与精神的分工结合,为实现人的全面发展创造条件。我国学者李新生(2023)基于社会分工理论,详细论述了构建产教融合高质量发展的体系。

产教融合的起源与本质为产教融合高质量发展提供理论支撑。把产教融合融入社会系统,从而形成教育系统与产业生产系统共同体,实现社会物质生产与精神生产的协调共进,为探索推进产教深度融合路径提供新的思路。一是要以产教融合教育思想引领推进教育现代化,从"教育与职业合一,学问与生计合一"模式,到"以教产结合为主、走工学结合之路""产教融合、校企合作、工学结合、知行合一",都是具有中国特色的产教融合教育思想。二是在智能化时代,创新型、复合型人才的培养需要通过产教融合政策来提升。产教融合的实现过程是推动政策实现社会分工的过程,所以教育高质量发展需要高质量政策来推动,产教融合政策既需要政府相关部门的协作,也需要企业、行业、院校的参与作用,以提升产教融合政策的匹配度。三是建立现代教育治理体系。教育治理体系是一项复杂的系统工程,需要与现代化建设相适应,与国家治理能力相协调、与教育系统相匹配。四是我国的教育资源主要依靠国家行政手段来分配,难以将市场中的资源配置到教育产业。这就需要在配置教育资源时依托市场手段、经济手段、法律手段等共同发挥作用,打通教育产业与市场产业之间的壁垒,实现产教资源跨界配置市场运行机制。

（六）场域理论

场域理论起源于19世纪中叶的物理学,由美国学者库尔特·考夫卡（Kurt Koffka）提出。法国学者皮埃尔·布迪厄（Pierre Bourdieu）将场域概念定义为"在各种位置之间存在的客观关系的网络或构型",是处于不同位置之间的实践主体通过交往行为而形成的关系网络。不同场域内权力资本形态各异,即使统一场域内处于不同位置的主体间也开展竞争性交往,每个行动者都在凭借自己所占有的资本跟其他行动者竞争,以谋取更高的位置与更多的资本。所以,场域不是一个静态的关系空间,而是一个时刻都在进行着权力斗争的动态结构。

产教融合涉及教育、生产劳动、政府组织活动等不同类型,也决定了参与产教融合的主体有学校、企业、政府等。根据场域理论,产教融合场域包括教育场域、产业场域、政治场域,它们由不同的主体主导,对应着三种实践领域,形成三种不同的权力结构,相互斗争与隔离,使产教融合效能难以发挥。理想的产教融合应该是政府、企业、学校间互通互融,通过人才培养与生产力的发展推动经济社会的发展。

产教融合的多元主体交往实践活动决定了场域内部与外部多种权力的冲突性。政治场域的目的是追求社会的稳定与发展,政府通过各种制度来约束与引导、激励社会行动主体的活动范围。所以,要充分把握政府在政治场域的指导权与监督权,充分发挥"指挥棒"作用,规避"越位"与"缺位"现象。产业场域追求经济效益,若政府场域未有效发挥"指挥棒"作用,"校热企冷""校企两张皮"现象便会显现。这就需要政府通过制定政策平衡企业与学校的利益偏差,在实现经济效益与文化效益齐头并进的基础上实现社会效益最大化。探索构建多元主体评价体系,推动商会、行业组织、非政府组织等被政府授权承担评价与监督工作。

产业主体作为经济场域的主要参与者,以追求经济利益、实现资本增值为目标。所以,为提高产业主体的参与意愿,首先要保证产业的经济回报,政府需要通过政策红利来带动产业主体与教育主体的积极参与。其次,要提高企业的信任度,减轻企业在产教融合场域内的行动压力。再次,要破除政府、企业、学校在场域内的"独语权",实现多主体的有效沟通、资源共享与利益共享。充分利用行业组织等中间性组织的天然优势实现与政府、学校的有效沟通。

学校作为教育场域的主体,以培养德才兼备人才为目标导向。产教融合给高校教育提供了实践场所。但在实施过程中,在教育场域未找准教育定位、学科特色与专业优势,盲目跟风,浪费大量资源;师资队伍建设严重不足,尤其是"双师型"的"缺位"现象比较严重,在一定程度上影响了产教融合实施效果,难以形成"教育-产业-教育"双向支持的螺旋机制。培养理论与实践兼备"双师型"师资队伍,将教师的企业实践制度纳入业绩考核范围,破除"学术漂移"现象,探索引入第三方机构对教师绩效与职称评审评价。

布迪厄(Bourdieu)认为"自主地获得是场域形成的关键"。在政府场域通过搭建交流平台、创新政策体系、健全实践机制、多渠道开通利益诉求表达渠道、定期召开圆桌会议等方式避免产教融合过程中出现育人目标偏移、合作深度不足、缺少评价机制等问题。在产业场域改变原有习惯,转变传统校企浅层合作模式,将产教融合常规化、日常化、制度化,优化交往结构,建立良好的交往信任机制,政府的政策引导、学校与企业的平等交流才有利于进一步加强产业主体对产教融合的贯彻实施。教育场域要走出校门开放办学,积极对接社会力量与区域产业需求,将教学、科研与社会服务紧紧围绕产业发展需求,提高教师创新传统课堂意愿,提升人才培养能力。政府、企业、学校作为产教融合的三方主体,只有统一目标诉求、统一价值取向、统一行动意向、统一行动一致性,才能最终实现共同利益,提升产教融合的能力与水平。

除以上理论外,产教融合常用的理论还有基于生态学视角,研究教育内部各环节之间、外部环境各要素之间、内部环境与外部环境之间良性循环,实现教育生态可持续发展的教育生态规律理论;基于交易成本概念,将学校与企业看作通过释放各自资源,以实现资源整合,达成合作的交易成本理论;基于从学校学习到工作过程理念,实现学习教学过程与企业工作过程对接的工作学习理论;基于人类需求,体现学生在职业教育中渴望提升解决问题能力与创新能力,实现自我价值的马斯洛需求层次理论。

二、国内外研究现状

(一)国内研究现状

为了从整体上把握国内外关于"五链协同助推产教融合"的主题研究,选择广西壮族自治区图书馆数字资源平台中中国知网数据库,截至 2023 年 11 月,检索出"产教融合"的文献总共 22 153 篇,其中中文文献 21 931 篇,外文文献 222 篇。中文文献主要涉及学术期刊 1.75 万篇,学位论文 288 篇,会议 227 篇,报纸 1485 篇。外文 222 篇,其中学术论文 147 篇。

关于"产教融合、两链融合"的中文文献 23 篇,其中学术期刊为 19 篇。关于"产教融合、三链融合"的中文文献有 63 篇,其中主要涉及学术期刊 53 篇,学位论文 7 篇。关于"产教融合、四链融合"的中文文献有 124 篇,其中学术期刊 105 篇,特色期刊 10 篇,报纸 1 篇。关于"产教融合、五链融合"的中文文献有 28 篇,全部为期刊论文,详见表 2-1。

表 2-1　产教融合、链条相关主题词检索表

检索词	中文篇数	英文篇数
产教融合	21 931	222
产教融合、两链融合	23	0
产教融合、三链融合	63	0
产教融合、四链融合	124	0
产教融合、五链融合	28	0

从研究区间来看,2014 年之前有关产教融合研究为 236 条,2014—2016 年为 1034 条,2016 年至 2023 年 11 月以"产教融合"为主题的研究有 18 662 条,期刊研究量急剧增加,关注度逐渐提升。

1. 有关产教融合模式的研究

产教融合模式实质上指院校与企业在合作中双向互融模式,目前在探索产教融合、校企合作过程中,我们先后出现了"订单式"模式、产业学院模式、校企互动模式、工学交替模式、顶岗实习模式、项目牵引模式、"校中厂"

模式等,其研究代表任务及其主要观点如表2-2所示。

表2-2 研究产教融合模式代表人物及其主要观点

培养模式	代表人物	主要观点
"订单式"模式	王变奇(2006) 邬雨刚(2015) 邢娜、王西娅(2019) 姜微、蒋巍等(2020)	王变奇提出"订单式"模式,学校按照用人单位需求量身培养人才,学生毕业后推荐给用人单位。邬雨刚认为,"订单式"培养可实现"以产定销"向"以销定产"的就业方式转变。邢娜等认为应实行四年制"1+2+1"与"校方培养+校企联合培养+企业培养"的订单班人才培养。姜微等提出采取"项目制"订单班人才培养模式。
产业学院模式	俞步松、徐秋儿(2007)	产业学院是校企深度合作的载体,通过整合学校与企业优势资源,构建企业融入教学主体的校企协同育人模式,实现校企共建、共管、共享、共赢。
校企互动模式	涂文涛(2013)	学校与企业共同制订人才培养方案,共建实训基地,企业提供实践与师资培训条件,学校为研发提供支持。
工学交替模式	周建松(2014)	工学交替模式拉近了学生与企业的距离,使人才与社会联系更加紧密。
顶岗实习模式	李建庆(2008) 刘君、韩黎明(2016)	顶岗实习模式融合素质教育与职业教育两种教育方法。
项目牵引模式	胡文超、陈童(2016) 刘君义、董本云(2020)	学校与企业合作的项目在学校进行,优秀的项目进学校项目库,费用由学校协调。
"校中厂"模式	刘君义、董本云(2020)	通过在学校建立部分生产线,有效解决企业场地不足、学校实训器材不足问题,学生可以在校园内有效开展实训课程。

除此之外,常见的模式还有工学结合模式、校外实训基地模式、"1+1+1+n"导师制模式等。南京信息职业技术学院张旭翔、王钧铭(2008)提出校企合作人才培养的七种模式:"企业引入"模式、"设备共享"模式、"技术推广"模式、"岗位承包"模式、"校企共训"模式、"培训移植"模式、"实训承包"模式。李廉水(1998)、樊纯诗(1999)提出聘请专家做兼职教授、到高校深造、专题研修、合作编写教材、建立办学实体、开拓中外联合办学等政府推动、自

愿合作、合作连接与共建实体等校企合作模式。王章豹(2000)提出人才培养型模式、研究开发型合作模式、生产经营型合作模式、立体综合型合作模式。朱桂龙(2003)提出技术协作模式、契约型合作模式。黄亚妮(2006)提出"校企配合"模式、"校企联合培养"模式、"学工交替"模式、全方位合作教育模式、"实训-科研-就业"模式、双定生模式、工学结合,校企双向介入模式等。蒋丹(2007)提出科技成果转让、大学科技园、校办企业、高校与企业共同创办分校、国家产学研工程等模式。董大奎等(2008)提出学校与大型企业集团合作、学校与企业合作培养人才、企业作为学校的校外实习基地、校企合作在学校建设实训基地等。王芳(2012)认为我国产教融合、校企合作模式有订单培养、共建基地、共建二级学院、联合人才培养、职教集团、共建园区六种模式。李国春(2016)提出订单合作、校企合作、顶岗实习培养模式。杨诚(2017)提出"共生型"校企合作模式。汪占熬(2018)提出创新创业共生型校企合作人才培养模式,但是国内校企合作起步较晚,校企合作限于单一的短期合作,没有系统的培养方案。

2. 有关产教融合存在问题的研究

目前,我国产教融合存在的问题主要有:①政策具有宏观性与抽象性,运行机制与评价机制不完善,缺乏微观的细化任务分解与指导,执行力较弱,实际操作性较低。②由于缺乏政策与利益保障,导致企业处于被动地位,参与的积极性不高。③企业服务社会与当地经济发展意识不强,导致校热企冷现象比较普遍。④学校受到财政经费、办学条件与师资质量限制,专业设置与地方经济发展对人才需求匹配度不强等,难以引起企业的关注。其代表人物及其主要观点如表2-3所示。

表2-3　研究产教融合存在问题代表人物及其主要观点

代表人物	主要观点
席波(2015)	企业没有看到产教融合所带来的人力资源建设、声誉提高等隐形利益与长远利益,导致企业参与动力不足。
王勇(2017)	学校方面缺少"双师型"师资,无法服务于企业;企业无意识承担社会责任,不关注品牌建设与人力建设,考virtue到商业机密、生产安全等不愿接纳学生;缺乏地方政府政策支持。

续表 2-3

代表人物	主要观点
杨航、蒋先东等（2017）	企业在校企合作中的盈利点是影响产教融合十分重要的因素。
杜啸（2018）	因为产教融合模式的落后性,学生无法胜任顶岗实习,不能满足企业需求。
李永生、牛增辉（2018）	企业处于被动地位,利益与责任不好平衡,参与意愿薄弱。
吴海东（2019）	目前职业教育在培养模式上存在与产教融合契合度较弱、课程制度标准与职业岗位需要匹配度低、技能训练内容少等问题。
叶帅奇（2019）	产教融合中存在因缺乏利益均衡保障机制而导致"权责利效"不对等的问题。
王徽（2019）	利益因素会影响校企合作,学生到企业实习,由于是初涉职场,企业安排老员工对学生进行专门培训会增加企业的成本与负担。
叶帅奇（2019）	产教融合中存在政府缺乏顶层设计、高校处于劣势地位、行业协会未发挥监督作用等问题。
王美、肖月（2020）	落实产教融合政策中存在重视教育、轻视企业产出现状,操作流于形式。
寇福明等（2020）	产教融合存在教学特色趋同、就业困难突出、脱离区域经济发展需求、缺乏长效运行机制等问题。
何燕（2020）	参与产教融合企业数量少,缺乏典型示范效应,政策仅停留在制度层面。
刘林山（2020）	产教融合存在场域不完善、行动者惯于消极、文化资本供需不对接等问题。
邓子云、张放平（2020）	产教融合中企业缺少政策支持、决策咨询平台、表彰奖励等。
王文（2021）	产教融合中存在法律机制不健全、缺乏共赢机制与监督机制等问题。
黄亚宇、李小球（2020）	地方政策对产教融合实践评估机制不健全、高校未建立与市场对接的专业体系、企业行动积极性不高。
古光甫（2020）吴雪枫（2021）	我国政策存在失灵现象,可操作性有待加强,国家政策文件多数为宏观指导,缺乏任务分解等细化指标。
肖化移（2022）	产教融合政策制定存在重部门规章、轻法律法规现象,政策制定难以有效供给。

续表2-3

代表人物	主要观点
陆艳琦、丁丽娟、周钰爽(2023)	企业没有从根本上参与人才培养全过程,院校缺乏办学特色,师资力量薄弱,办学条件不佳,对企业难以产生吸引力;高校受财政制约,专业设置和教学内容与实际需求偏差较大等。

3. 有关产教融合实践案例的研究

为了在实践中进一步调查产教融合实施过程中存在的问题,我国学者通过实地调研的方法深入一线调查产教融合的实施效果与障碍性因素。其代表人物及其主要观点如表2-4所示。

表2-4 产教融合典型实践案例研究代表人物及其主要观点

作者代表	统计方法	调查结果
胡常胜(2006)	采用文献调研、发放问卷、深入访谈的形式对北京、天津、江苏、广东、山东、浙江6地135个企业进行校企联合现状的调查。	调查结果显示,只有50%企业参加了办学指导委员会或专业教学指导委员会,少于40%的企业参与了课程开发。另外根据调查数据,校企联合程度为零的企业有18%,浅层合作的占57%,专项深度合作的仅15%,而全面深度合作不超过10%。
王文槿(2009)	采用问卷调查对河北省96家企业进行调研。	影响企业参与校企联合人才培养的因素是企业利益得不到保障、缺乏行之有效的合作机制、政府没能出台相关政策进行引导等。
叶鉴铭(2011)	采取调查问卷和访谈调研对江苏职教集团内30所高校与9所高职院校校企联合现状进行调查研究。	调查发现将近3/4的企业和高校基于自身发展,合作动力充足。同时面临政府"政策缺失"障碍、企业"观念偏差"障碍以及高校"能力缺陷"障碍。
高进军(2012)	通过问卷、走访方式调查湖北省武汉市东湖高新技术开发区50家企业	多数校企联合仅停留在浅层,如"订单式"人才培养。多数企业表示对校企联合兴趣不大、动力不足。

注:部分资料参考张莹硕士论文《中美两国校企联合人才培养模式的比较研究》(2016年)。

4. 有关国外校企合作实践的研究

从 20 世纪 90 年代开始,针对我国教育发展的现状,很多学者采取借鉴比较借鉴的方法,对国外的校企合作进行一系列研究,包括分析国外校企联合的发展模式、介绍国外的成功经验并结合我国产教融合过程的问题提出具体的解决方法等。其研究代表人物及其主要观点如表 2-5 所示。

表 2-5　研究校企合作国外实践代表人物及其主要观点

作者代表	主要观点
王玮(2002),蒋茂东(2004),方丛蕙(2005),赵月桃(2005),陈解放(2006)	主要从英国的"厚三明治"模式和"薄三明治"模式、德国的"双元制"、澳大利亚的 TAFE 模式、新加坡的教学工厂模式、日本的官产学合作模式等,对于这些模式的特点、优势、适用情境、形式、具体措施、实施保障等方面进行了针对性的研究,为我国学校开展校企联合提供了借鉴和指导。
石伟平、徐国庆(2004)	通过比较分析美国、德国、日本、澳大利亚等发展教育较为成功的国家,发现其共性:在推进校企联合过程中,政府的作用尤为重要。
冯晋祥(2002),吴雪萍(2004),张赓(2006),丁妙珍(2006)	通过对各国校企联合教育比较研究并深入剖析发达国家的成功经验后,根据我国职业教育校企联合中存在的问题和障碍,从政府层面和企业层面提出了对策。
傅维利(1996),石伟平(2001),付雪凌(2005)	研究美国实施"从学校到工作(STW)"和"从学校到职业(STC)"项目的现实背景、理论依据、方法及成效。
董美玲(2012)	从合作动因、合作方式及成效、合作环境等不同维度对比中美两国校企联合模式,建议强化自主创新、加强队伍建设、创新体制机制、营造合作环境,提高校企联合的成效。
陈少金(2012)	基于比较公共行政视角对中美校企联合进行比较,提出以下建议:发挥政府主导地位,健全法律法规;企业转变思维角度,实现利润最大化;优化"双师型"队伍建设,促进校企联合全面发展。
李松等(2014)	在对比分析中美校企联合模式的异同上,总结出我国校企联合存在制度不健全、企业积极性不高、合作深度不够等问题,进而建议不同院校应根据自身的特点和专业特长选择和创新校企联合模式,构建有效、科学的中介服务体系,通过项目研发合作模式、校企共建人才培养和培训基地模式等加强校企深度合作。

续表2-5

作者代表	主要观点
刘兴等（2014）	通过对中美校企联合的目标与模式、法规完善度、政企校作用进行比较分析，从法律、管理、实施、企业与学校 5 个层面提出推进建议。
宋玲玲（2015）	将中美两国校企联合的实践进行对比，认为通过政府加大宣传力度、完善法律法规、建立民办高校教育与普通高等教育转轨的机制、扩大开展校企联合范围、创新人才培养模式、企业发挥主导作用、与高校开展多层次合作等，有效改善我国校企联合人才培养模式的不足之处。

注：资料整理来源于徐小英博士论文《校企联合教育对技能型人才创造力的影响研究》（2011）、张莹硕士论文《中美两国校企联合人才培养模式的比较研究》（2016）。

5. 有关产教融合对策的研究

针对我国产教融合中出现的问题，国内学者从政府角色顶层的设计、政策的制定、保障机制的完善，高校关于特色专业优势专业重点专业的培育、课程体系的调整、双师型队伍的建设、改革人才培养模式等，企业行业提升社会服务意识，拓宽产教融合的深度与广度等方面，实现政府、学校、行业、企业协同联动有序进行。其代表人物及其主要观点如表2-6所示。

表2-6 研究产教融合对策的代表人物及其主要观点

代表人物	主要观点
黄倩（2017）	从建立健全职业教育制度与高职院校的实践领航作用两方面改革创新产教融合人才培养模式。
孙翠香（2018）	产教融合需要做好顶层设计，建立问责机制倒逼产教融合发展。
兰小云（2018）万兵（2019）	从优化法律制度、创造体制环境、健全监督管理机制、建立评估鼓励机制等方式推进产教融合实施。
翁伟斌（2019）	通过科学合理制定产教融合平台建设政策来解决行业企业在平台建设方面不积极的问题。
徐畅（2019）	政府、学校、行业、企业协同联动，建立共建共享的资源配置机制，建立行业企业深度参与的协同机制。

续表2-6

代表人物	主要观点
贺书霞、冀涛（2020）	发挥政府的宏观调控作用，落实相关主体权利与明确主体责任，细化微观政策。
吴瑛（2020）	借助国外成功案例，通过资金支持、相关法律落地、构建激励企业的保障机制等途径促进产教融合。
陈瑞英、王光净（2020）	基于残疾人教育，提出优化院校内部治理结构与运用现代教育技术手段来促进产教融合。
曹珍、罗汝珍（2020）	从制度运行机制、管理机制、评价体系、人才培养、文化氛围五方面提升产教融合执行效度。
刘常兴、刘源（2021）	从优化发展环境、区域协同发展、提高融合度等方面提出推进产教融合策略。
朱忠义、郭广军（2021）	基于乡村层面，建议院校通过构建职业体系、培训体系来提升教育能力，推动建设产业学院。
红荃（2019）赵浩杰（2021）	高校应该提供个性化教学服务，创新课堂教学方式，搭建教学资源库，加强双师型师资队伍建设，提升人才培养质量。
刘春艳等（2022）	政府需要对政策文本实现途径做出可靠评估，共同商榷产教融合政策的整体目标、方向、原则、标准。
周丙洋（2020）	探索专业教育与产业需求无缝衔接机制，建立行业赋权机制、完善激励约束机制等。
池春阳（2021）朱文艳（2022）	产教融合需要多主体全员参与，通过构建内生动力机制、运行机制、评价机制保障产教融合有效运行。

（二）国外校企合作研究

1.国外校企合作模式的研究

国外学者关于校企合作人才培养模式的研究主要集中在企业主导模式、校企并重模式、学校主导模式。其代表人物及其主要观点如表2-7所示。

表2-7 研究国外校企合作模式代表人物及其主要观点

培养模式	代表人物	主要观点
企业主导模式	Hyslop Alisha (2012)	以德国"双元制"模式为典型代表,根据德国联邦政府教育部门的要求,商业领域与教育部门共同制定学校课程以及企业培训规则。学生每周一至两天在学校学习理论知识,三至四天在企业实训,企业占据主导地位。
政府主导模式(校企并重模式)	Khan Shahadat (2005), S. Billett(2008)	以英国的"三明治"模式为典型代表,即"工读交替制",理论与实践相互交替,形成"理论—实践—理论"或"实践—理论—实践"的形式。在此期间,政府提供教学与实践经费,成立多个组织结构监督与保证该模式的可持续发展。
学校主导模式	David Koonts (1998)	以美国"合作教育"为典型代表,即半工半读形式。这类模式以学校为中心,以学生的综合职业能力为基础,对学生进行培养。

目前,国外校企合作模式还有法国工程师大学校模式,建立学分互换体系与共同学制学历;澳大利亚职业技术与继续教育的 TAFE 模式;日本产学官模式,在政府指导性意见下,开展以企业为主体的校企融合发展模式;加拿大合作教育模式,该模式体现了课堂教学与企业实践的完美结合;新加坡教学工厂模式,在学校内创设工厂环境,将企业环境带入教学环境中。国外校企合作模式普遍得到了社会的认可,已成为教学过程中的一部分,也成了学生完成学业过程的必修课。

2. 国外校企合作影响因素的研究

国外学者认为影响校企合作的因素主要集中在三个方面:学校自身的发展情况、企业的合作意愿、政府的干预程度。其代表人物及其主要观点如表2-8所示。

表2-8　研究国外校企合作影响因素的代表人物及其主要观点

代表人物	主要观点
D. Santoro、A. K. Chakrabarti（2002），Y. Austin Chang（2006），Kari Laine（2015）	学校的学术环境、实施条件、师资力量等都会影响到校企合作的实施状态与实施结果。课程设置不符合企业要求，导致企业不愿花费时间、资金、精力来培养学生，降低企业参与意愿。
Donald S. Siegel、David A. Waldman（2003），Amy C. Brodkey（2005）	企业在校企合作中起主导作用，企业要以服务社会为宗旨，以短期盈利为目标的企业不愿与学校合作。
Dalziel（2010）	在调研中发现产业界与学术界在合作态度上存在差异，产业界合作意愿不强。
P. Lindelof、H. Lofsten（2004）Fan-ChuanTsengl（2016）	政府是干预校企合作、确保融合模式有效运行的必要力量。政府的支援与激励政策的监督可以确保校企合作的有序开展。
Joel Yager（2011）	学校应突出自身的特点与特色，开设与企业相符的专业，以保证学生实习实训，进而解决专业人才与企业需求不适应问题。
Harald Knudsen（2015）	校企合作受到企业、政府、学校三方面共同影响。
Muscio、Quaglione、Scarpinato（2012）	企业参与度是制约产教融合的主要因素，企业的实际意图、自身实力与内在条件等因素影响了校企合作的诚意与热情。
Jianghai Wang（2020）	产教融合的关键在政府、院校、企业三方的利益驱动，通过明确责任、合理分配资金投入、完善监督机制来推动产教融合。

3. 国外校企合作实现途径的研究

国外关于校企合作的对策也主要从政府、行业企业、高校三方面展开研究，相比于国内产教融合所实现的途径更加微观细致。其代表人物及其主要观点如表2-9所示。

表2-9　研究国外校企合作实现途径的代表人物及其主要观点

代表人物	主要观点
Acemoglu、Pischke（1998）	应将企业培训内容前置到课堂中去。

续表 2-9

代表人物	主要观点
Caraca（2009）等	高校与企业通过让产易股、专利许可、科研出版、公开会议、研究合同和咨询服务等方式实现合作。
Jon Whittle（2012）	职业院校的发展既要符合市场经济发展规律，也要顺应自身发展的特点与需求。
Kari Laine（2015）	院校专业设置契合当地产业，以满足师生对实践需要，进而满足学校与企业的利益诉求。
Terri（2015）、Ortwine Daniel（2018）、Alex Kootsookos（2019）	通过成立政府指导委员会，以克服企业对学校的信任危机。
Sandral（2016）等	通过以项目为导向来提升学生的职业能力，进而满足经济对劳动力继续教育的需求。
Strampel（2016）	政府在扶持教育发展过程中不应管理过度、干预过深，应给予教育相对的独立发展空间。
Jacobs James、Worth Jennifer（2019）	课程设置应以产业发展为标准，通过课程设置满足企业对劳动力的需求。

三、河南省产教融合研究现状

产教融合为全球高等教育一种较为先进的人才培养模式，国内外学者从产教融合培养模式、实践探索、保障措施等方面展开广泛研究。河南省对产教融合的研究学者不是很多，其研究层面多集中在实践探索方面，其代表学者与其研究内容如下：

（一）基于产教融合人才培养模式实践探索的研究

李爱英（2015）、徐延勇（2019）、杨宾峰（2020）、张震（2020）认为：产教融合有效打破人才培养和人才使用"两张皮"、实现产业界和教育界融合互动的重要指引。河南省已有研究多聚焦工科职业院校的人才培养实践探索。李爱英（2015）以本校汽车类专业、徐延勇（2019）以河南机电职业学院博众数控特色班、张震（2020）以河南机电职业学院"线场课堂"进行了人才培养的成功实践探索。但对于应用性、综合性的本科高校如何通过产教融合助推专业发展与人才培养，还停留在较为浅层次的基础阶段。

（二）关于产教融合的困境与突破的研究

产教融合是"政、产、学、研、用"一体的协同育人体系,河南省学者研究产教融合难以开展的原因多集中在缺乏政府支持、体制配套不健全、主体协同能力差、基础薄弱等宏观方面(刘晓,2020;李硕,2020;程金凤,2018;贺书霞,2018;朱清孟,2016;赵丽英,2016),破解其难点也多是从动态机制、调整权限、创新形式、完善评价体系等宏观方面。站在清晰了解市场对人才的需求角度,从人才培养方案制订、课程开发、师资引入、实训基地建设等微观方面优化合作方式,使产教融合落地生根,实现教育链与产业链的真正对接是需要攻克的一个关键点。

（三）基于新工科、新文科视角对产教融合育人机制的研究

随着"四新"建设的落实,新工科、新文科为产教融合提供了新视角,拓展了人才培养的新思路,河南省学者在产教融合研究视角有较大突破。王要令(2019)、张娜(2019)、吴孜越(2020)、李硕(2020)、董浩平(2020)引入公司的产学研理念,以打造技术学院、行业学院为依托,打破学科专业壁垒,实现深度交叉融合。但如何强化价值引领,把引导学生树立正确的三观作为首要课题,培养更多有情怀、有眼光、有专长的"现代人才"是需要关注的另一焦点。

（四）研究趋势

如何通过利益联结机制突破产业与教育、专业与企业之间的条框分割和模块缝隙,仍然是个需要不断探索的难题。国内学者开始从"链条"视角去研究产教融合问题(张弛,2019;肖雪,2020;李伟,2020;崔玉祥,2020;缪学梅,2021),链条生态系统研究为产教缺乏深度融合的现实问题的解决提供了一个新思路。在产教融合生态系统如何将各主体有机融合是关键,也是国内外学者研究与攻克的重点。目前,就河南省对产教融合研究的深度与广度而言,基本处于探索阶段,产教融合链条方面的学术文献为本课题留下较大的研究空间。

四、研究现状评述

通过以上对国内外相关研究的梳理不难发现,产教融合的研究视角和

研究思路,都随着现代社会的发展不断拓展和深入。前期的理论体系与实践探索为本课题研究提供了扎实的理论基础和丰富的实践借鉴,但客观来说仍存在以下一些缺憾:

第一,从研究内容看,产教融合的联结机制尚未形成、缺乏必要和有效的制度供给、资源体系缺乏系统思维和全局意识,产教融合视域下人才培养目前仍面临着诸多难点。周茜(2021)认为,产教融合水平低、大学生数据思维与实战能力差、大学生分析与解决问题能力欠佳、新商科人才培养制度缺乏、实训基地未建立是新商科人才培养陷入困境的主要原因。汤智华(2019)指出,产教融合存在政策体系不完备、配套机制效果不佳以及产教供需双方渠道不对称问题。王向红(2018)认为,产教融合存在顶层设计较差、创新力不足、技术研发水平较弱等问题。本书拟将"政府—产业—行业—学校"宏观主体与"教师、学生、学校管理者、企业员工"微观主体置于教育生态系统,使系统里的各主体处于相互牵制、互联互通、互利共生的生态圈。

第二,从研究视角看,目前只有几篇论文是基于产教融合生态圈角度对人才培养展开研究。陈谷平(2019)在整体上阐述了生态圈的特征、协同育人需注意的问题以及构建育人模式的思考。卢立红(2020)针对新商科展开产教融合生态圈研究,从寻求政府支持、优化高校治理、重整师资队伍、采取五共同策略来提高融合质量。胡昌翠和赵伟(2020)提出以政府政策为主导的地域教育圈、以专业教育为主体的专业教育圈、以高校为主的人才供给圈。但学者很少全面地分析其机理、路径及保障体系。本书拟通过产教融合多主体协同现状调研分析、"五链"促进产教融合机理分析、协同路径、策略保障全方位进行研究,以弥补和扩展产教融合生态系统研究之漏洞。

第三,从研究深度看,现有研究更多的是从教育链与产业链解释产教融合的内涵,忽略了人才链与创新链的培养。宏观研究多是政府、高校、企业、行业的有机融合(李玉芬,2018;寇福明,秦俊丽,2020)。本书拟从宏观上健全以政府为引领、企业为主导、高校为支撑、行业为促进的高等教育产教融合创新机制,从微观上助力应用型本科院校跨越式发展,实现人才引领、产业创新、经济发展相互贯通、协同促进。

第三章

国外典型校企合作模式及启示

一、国外典型校企合作模式

国外在校企联合研究中,研究人才培养模式的也有很多,在不同的国家各个学校的校企联合人才培养模式都各有各的特色,而且对校企联合培养人才的模式称谓也不同。国外对校企联合人才培养模式的研究已积累了很多优秀的经验。主要发达国家对高等教育的发展研究重点都落在校企联合上,并将其作为进行有效人才培养的根本手段。随着不断的实践与研究,这些国家已形成比较系统、完善的校企联合人才培养模式。

(一)德国"双元制"教育

德国是世界上最重视职业教育的国家之一,"双元制"职业教育为德国经济发展提供了重要的人力支持。一方面,德国"双元制"教育按照行业与企业的专业化需求培养高技能人才,提升员工对企业的忠诚度;另一方面,企业与学校共同承担教育责任,企业具有主导权。德国建立了几乎覆盖所有经济、管理与工程技术部门的"双元制"教育,不仅为德国培养了大量专业技术人才,提高了人才就业率,同时也对缩小劳动者收入差距和维护社会稳定起到了积极作用。

1. 德国"双元制"职业教育概述

"双元制"来源于一种职业培训模式,双元是指学生的学习场所有两处,一元为专门进行理论知识学习的职业教育学校,另一元为提供专业技能实训的企业或公共事业单位等校外实训场所,即:学生在企业接受实践技能培训和在学校接受理论培养相结合的职业教育形式。"双元制"的内涵包含:企业和职业学校两个机构结合、实训教材与理论教材两种教材结合、实训教师与理论教师两类教师结合、职业教育法与职业义务教育法两种法律依据结合、学徒与学生两种身份结合、技能考试和资格考试两类考核方式结合。一个双元制职业教育模式下的学生具备双重身份:在学校是学生,在企业是学徒工。实训以企业为主,合作学校派出教师进驻企业给予理论指导;理论学习以学校为主,企业派出技术专家到学校协商课程设置与教学方法。这种培养模式是以培养既具有专业理论知识又有操作技能的技术工人为目标的一种教育培训模式。

德国"双元制"教育如图3-1所示。

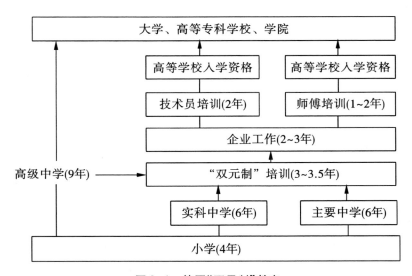

图3-1 德国"双元制"教育

2. 德国"双元制"模式课程建设

"双元制"课程体系由行业企业与职业院校协同建设,教学过程以企业实习实训为主,60%～70%的课程在实训场所开设,30%～40%的课程在学校开设(如图3-2所示)。在学校的理论性教学中,教师多采用讨论式、问题式等教学方法;在企业实践教学中,企业按照培训规章进行实践技能培训,多采用示范性教学法。课程评价组织由中介机构、职业教育委员会、考试委员会组成。在师资队伍上,理论课教师是国家公务员,实习实训导师是企业雇主;在经费保障上,学校的经费由联邦政府与州政府承担,在企业的实训费用由企业承担;在制度建设上,学校理论课程遵循职业义务教育法,企业实训环节遵循职业教育法。所以,"双元制"课程模式在课程实施、评价、保障、制度建设等方面具有鲜明特色,如图3-2所示。

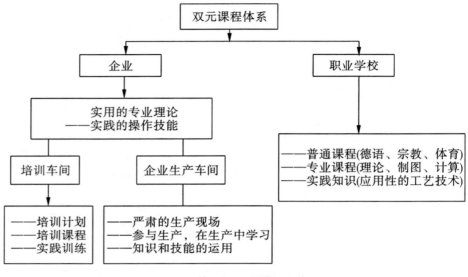

图 3-2   德国"双元制"课程体系

3. 德国"双元制"职业教育以实践为基础

德国的"双元制"无论是课程结构、课程内容、课程实施都突出了实践的特点,特别是在课程比例、教学方法、教学评价上突出了实践教学。接受"双元制"培训的学生在毕业时必须经过实际操作考试与理论考试。职业学校毕业生在入职时不仅在文化素养方面而且在实际操作技术方面都比较符合实际需要,能够不再经过熟悉业务过程而直接作为一个熟练工人或技术人员参加工作。

4. "双元制"职业教育以法律为保障

德国的法律非常健全,"双元制"职业教育形式下,企业与学校双方的责任与义务由政府用法律的形式规定下来。按照联邦职业教育法、职业培训条例等,在行业协会等主管部门的监督下,企业与学校共同承担职业教育。由于有法律制度的保障,企业均把职业教育作为"企业自身行为"来看待,并将其投入作为对企业未来的投资,企业不仅提供生产岗位供学生实践,还配备专门的培训车间、合格的培训教师,提供充足的培训费用。一系列法律、法规的保障为职业教育与培训的顺利实施提供了必需的前提和条件。

5.“双元制”职业教育以职业为导向

“双元制”职业教育从专业的设置、培养目标的确定、课程的设计、教学的实施及考核都是以职业为本位。“双元制”学校的学制一般为三年或者三年半,学生从“双元制”学校毕业后可以直接留在企业工作,但是这并不是说之前在这个企业实习的毕业后就必须还留在这个企业工作,可以留下也可以到别的企业。“双元制”毕业的学生想上学的话还可以继续深造。

6.“双元制”教育模式取得成功的因素

(1)社会认同。社会认同并支持职业教育,重视学生个人的兴趣和社会生产力的实际需求。德国教研部表示,职业教育与高等教育均十分重要,师傅级别的技术工人应与大学本科毕业生同一等级。

(2)政府方面。确立制造业立国战略,对职业教育认可,为培训岗位、教职人员创新研究提供资金支持;地方政府设立职业学校,负责教授理论知识。搭建合理的法律框架,对企业设备场所和职业教育课程有所规定,使“双元制”人才培养模式得以持续、健康、有序地发展,加强对企业商会的监管,特别是企业资质、证书发放等的监管。

(3)企业方面。实行“双元制”教育制度,企业自愿全方位、深层次参与职业教育的办学模式中。在德国,大型企业参与职业培训的比例非常高,500人以上的大型企业中参与职业教育的占到了80%以上。

(4)优秀的师资队伍。“双元制”职业教育对于从事职业教育的师资和师傅资格认证标准非常严格。德国职业学校的理论课教师最低学历为大学本科(有的学校教师有博士学位的占50%),而且至少有两年从事企业实际工作的经验,经过两次国家考试合格,方可到学校任教。

(5)互通的各类教育。德国的教育体系十分完备,法制健全,保障充分。而且,德国各类教育形式之间的转换灵活是一个显著特点。在基础教育结束后的每一个阶段,学生都可以从普通学校转入职业学校。接受了“双元制”职业培训的学生,也可以在经过一定时间的文化课补习后进入高等院校学习。

（二）英国"三明治"教育

"三明治"课程制始于 20 世纪 60 年代,旨在推进英国教育改革。当时的英国教育制度存在单一学科设置、知识重于技能、缺乏创造性等局限性,导致学生缺乏实际应用能力,对未来职业发展产生限制。因此,英国政府开始探索新的教育模式,希望打破学科之间的壁垒,实现综合性、多元化的教学,培养学生的多元思维和创新能力。到目前为止,"三明治"教育是英国发展最早、影响最为深远的产学研合作教育模式,因而被称作英国产学研合作教育模式的代名词。

1. 英国"三明治"教育模式的概念

"三明治"教育模式最早实施于 1903 年,英国桑德兰技术学院工程和船舶建筑系在教学过程中加入工作训练,这种模式就像一块肉片夹在两片面包中,类似于三明治,名字由此而来。英国的"三明治"教育模式将人才培养分为工作与学习两个阶段,学校主要进行专业理论知识与实践性知识的学习,企业主要进行实践训练,通过在校学习与在企工作共同提升学生的专业实践素养,形成"理论-实践-理论""学习+工作+学习"交替式人才培养模式。英国的校企联合、工学结合教育模式主要有长期即"厚三明治"课程（thick sandwich）和短期即"薄三明治"课程（thin sandwich）两种。长期的工学交替制有"2+1+1"（4 年制）和"1+3+1"（5 年制）两种。"2+1+1"制前两年在学校学习,第三年在企业工作,第四年再回到学校学习、考试、取得证书;"1+3+1"制第一年在企业工作,第二、三、四年在学校学习,第五年又回到企业,在企业实践学习的时间为两年。短期的工学交替制更为常见,通常为6 个月,适合那些不想只在一个公司实习而想在不同企业体验的同学。比如,大一下学期工作六个月,大三上学期换一家,以累积不同的经验。无论是在企业工作还是在学校学习,都由企业付给酬金。

2. "三明治"课程的优势

"三明治"课程的基本特征是以工作任务为核心来选择课程内容,即:从工作的实际需求出发,与用人单位展开合作,依靠某一职业领域专家来确定课程内容。课程实施过程中以培育学生实践素养为核心,突出学生学习的主体地位。在学校,教师通过案例研讨、问题探索等教学方法强调学生自主发现和研究课题。在企业通过项目制学习,让学生参与到实际项目中,通过实地观察、实验和调查,增进对所学知识的理解。课程评价是全过程的评价,评价方式包括企业评价、指导教师评价与学生自评三种方式,企业对学生的实践能力评价占据主要地位。在课程保障体系上,理论教学引进企业专业人员协助开课,企业实训过程中实行"双导师"制,学校导师全程指导与跟踪,企业导师进行生产实践操作指导。在制度建设方面,出台《产业培训法》《高等教育法》等法律法规、成立专门的组织机构、完善职业资格证体系,为"三明治"教育模式实施提供坚实保障。

3. 重视核心能力的培养

英国教育与就业部、工业联盟、资格与课程署将沟通能力、数字运用能力、信息技术能力、合作能力、自我学习与增进绩效能力、解决问题能力作为核心能力,将这六项能力纳入课程体系作为基础教学的必修内容,并设立专门的核心能力考核认证机构进行能力考核。国家职业资格证书纳入资历证书框架体系,与其他教育资格证书同等质量把控。英国75%左右的中小企业与大学或高教机构拥有校企合作项目,中小企业的专业研发项目中有近10%委托高校研究。高教机构也为中小企业提供继续教育课程与专业技术服务。

4. 政府强化教育与企业的合作

英国政府在"三明治"教育模式发展过程中发挥了极其重要的作用,坚持"顺时引、逆时推"的双重策略,将财政经费投入落到实处。在政策支持方面,颁布《产业培训法》《面向21世纪的教育和训练》等法律法规,通过政策宣传技术教育的地位与重要性,为推广"三明治"教育模式提供法律和政策支持。在组织方面,成立"三明治"教学大学委员会、工业与高等教育委员会等组织机构,强化教育与政府、企业的合作。在经费支持方面,以雇主需求主导培训,采取"培训券"制度、"学习即获利"计划等,一方面学生可获得高质量的培训,另一方面企业也可以通过接收学员获得培训经费补助。

5. 企业发挥实质性作用

企业雇主在一些教育基金会等关键机构中任职;雇主直接加入学校领导班子;企业参与制定职业资格标准;企业参与学校的评估;企业与学校建

立合作办学制度,提供实训设备、场地。学校重视社会调查,根据社会、企业的需要设置专业,并严格按照企业或行业协会制定的标准进行教学;把知识纳入学校课程开设"工作经验课程"。除"三明治"教育模式外,还有"科学园区"教育模式,政府将场地、设施提供给创业者,孵化小微型高科技企业的一种方式,如剑桥科学园区、曼彻斯特科学园区、阿斯顿科学园区等。依托大学,校企合作共建大学科技园模式。另外,还有"中介服务"模式,校企合作有科技中介机构参与,如"职业技术培训中心""信息与咨询服务中心""科技研发中心""风险投资基金"等中介机构,大大加速了产业与教育、科技与市场的融合速度。

(三)法国学徒制

近年来,法国的学徒制在各类职业领域取得了显著的成果,其参与人数更是创下了历史新高。根据公布的数据,法国政府正致力于每年签订100万份学徒合同。据统计,目前法国共有超过400万年轻人参与了学徒制,占全国青年人口近一半。在这些学徒中,有相当一部分人选择进入制造业、建筑业、能源业等关键领域工作,为国家的经济发展注入了新活力。

1. 学徒制的内涵

法国现代学徒制是指16~25岁的年轻人在完成初中教育之后,以半工半读方式在学徒中心或企业接受职业技术教育的一种人才培养模式,学徒既要在企业工作并在导师指导下接受实践培训,又要在学徒培训中心进行理论知识学习,与德国"双元制"教育有异曲同工之处。学徒中心由地方政府、工商行会、企业或企业协会主办,属于半工半读或工学交替的教育机构,是法国教育校企联合的主要形式,主要表现如下:一是学徒要与企业签订培训合同,企业不仅要支付工资,还要保证系统完整的培训;二是教学采取学徒培训中心与企业合作的工学结合形式,实践课在合同工厂里进行并有师傅指导,普通文化课和技术理论课则在学徒培训中心进行;三是国家通过立法要求企业履行教育义务,同时也对参加学徒培训的企业给予补助,减免学徒税。

2. 平台化思维指导下的人才培养模式

学徒制联合培养将学校、企业、机构、学生等相关资源要素进行整合,学生通过企业实践获取职业经验;学校获得大量企业资源,提升了就业率;学生通过学徒合同获得实习实践机会、劳动保障与收入;企业通过参与学徒制获得减免学徒税,优秀学徒直接被企业雇佣,降低了招聘成本。学徒培训中心通过与行业企业合作,增强了对就业市场的敏锐度。

3.政府在学徒制中的主导作用

政府为学徒提供了一系列的优惠政策,包括学费减免、生活费补贴以及实习期间的保险等。法国政府与各行业企业合作,共同制定培训课程和实践项目,确保学徒能够在毕业后顺利进入职场。学徒制的经费主要来源于学徒培训税与政府拨款,法国实施强制性的学徒培训征税制度。法国政府先后颁布《教育改革法令》《技术教育法》以提升职业技术教育的地位,明确职业技术教育与普通教育文凭的同等地位,且职业教育与普通教育可以同级转换,学生在攻读完中等职业教育后可继续攻读高等职业教育,在获得职业高中会考证书后可进入高等专业学院,也可进入普通教育体系,实现了中等职业教育与高等职业教育间的融通、职业教育体系与普通教育体系间的融通。

4.企业与学徒中心融通保证学习实效

中小企业在学徒制中发挥了决定性作用,基本占到已签订合同的75%。在学徒期间,2/3的时间在企业,由企业师傅传授实践技能;1/3的时间在学徒中心,学习综合类、技术类知识。为保证学徒的学习任务,学徒中心使用学习手册、联络文件、跟踪单来管理学徒。学习手册是一份强制性文件,由培训师跟踪记录学徒理论学习与实践培训的全过程以及实践效果。联络文件归学徒主管使用,记录学徒所获得的技能与能力。跟踪单起辅助作用,由学徒来记录其工作经验与体会。

(四)日本产学官合作

20世纪90年代开始,为提升国家创新能力,日本政府制定了以知识经济为支撑的科学技术创造立国战略、知识产权创造立国战略、人才创造立国战略和创新立国战略,将产学官合作作为技术创新、企业创新的重要组成部分。

1.产学官合作的内涵

在产学官合作模式中,官指的是指制定计划和给予指导意见的政府机构,产指的是包括各种行业协会和地方财团在内的产业界,学指的是以学校为代表的公共研究机构。通过充分整合政府、产业界和学术界的力量发展经济,在推动教育改革、促进科技创新和发展产业方面起到了积极作用。该模式将传统课堂教学与企业生产实践相结合,政府对学校与企业的合作进行指导,学校根据产业需求开展研究,企业为学校研究提供资金,学生在研究过程中接触企业工作,企业将优秀学子转化为企业员工,所产生的经济价值由双方共同分享。

2. 产学官合作的模式

产学官合作的模式主要有研究合作、教育合作、社会服务合作三种。研究合作主要包括企业研究人员与大学教师共同课题的研究、接受企业委托的研究、利用企业或个人捐助金进行的研究等。其中,委托研究已成为研究的主要形式,已从自主研究不断向高校转移。教育合作包括企业实习、教育课程共同开发、教员互派交流等。企业实习是最中心的内容,并将职业教育学校与产业界相关机构合作开发教育课程作为高校办学任务之一。社会服务合作以技术转让机构等平台为载体,承接科研成果再将实施权转让给企业。

3. 产学官人才培养模式

日本高职院校办学具有较强的地域性,教学、科研、社会服务均以服务地方经济为目标,各高校设置地域共同技术研究中心,以加强地域内企业合作;为满足企业人员学习需求,开放教育资源,开展各项职业培训。高等学校利用学学合作形成规模效应,通过横向合作,整合科技创新力。在课程设置上,校企协同共同开发和实施人才培养目标,根据产业需求变化,增设新学科。在教学安排上,企业实习实践模式由短期向中长期推进,实习学分比例占30%~40%。在师资建设上,将教师实践比例提高至30%~40%。

4. 政府的主要作用

为保障校企共同研究顺利开展,日本政府先后制定了《校企共同研究制度》《研究交流促进法》。为解决知识产权转让过程中产生的利益纠纷,颁布了《大学技术转让促进法》。为缓解产学官合作中的人才、资金、技术等问题,颁布了《促进中小企业新事业活动法律》,制定了《新连携支援制度》,发布了《产学官共同研究强化指引》等方案。为减轻技术研发带来的衍生压力,日本政府制定了《研究开发型企业特别融资制度》。对于校企合作项目,采取给予土地使用费优惠、减免实验研究费,提供配套资金、种子基金、风险基金、转赠资产等举措。日本政府充分动员学术界的力量,将高校和政府研究所的人才与富士通、东芝等巨头的科研人员汇集到一起,开展技术攻关。

5. 企业——产学官合作中的主要力量

企业是日本产学官合作中的主要力量,在产学官合作中起着决定性作用,政府决策与教育研究都是依据企业的内部需求导向进行的。日本国家创新体系是以企业为主导,以大学和政府为辅的产学官合作创新体制。日本企业都把产学官合作作为企业经营发展的重点,2/3 的企业都开展了产学官合作,越是规模大的企业产学官的合作比例越高。

6. 协会、商会服务企业的枢纽作用

产学官合作首脑会议是产业界、研究机构、地方团体、大学等机构首脑汇聚一堂,围绕推进产学官合作交换意见。日本的产业协会、商会就是"产学官"联盟的典型代表。日本政府推行的经济政策,有些是根据各种协会的建议而起草的,或委托协会起草;有些是由政府提出后再经协会讨论,提出修改意见,然后由政府颁布执行的。行业协会要先收集企业的信息,将信息进行整合,再通过委员会进行探讨,最后再定下来。包括国际标准的制定,也是先通过收集企业的要求等,向国际标准委员会进行提案,这也是日本协会存在的价值。

(五)新加坡"双师制"

新加坡的职教体系是从英国传统的教育制度中萌芽发展、在德国"双元制"基础上进一步优化升级而来的,因此,体系本身沿袭了西方既推崇因材施教,也致力于培育精英人才的先进理念。1979 年,新加坡成立了工业与职业训练局,全面负责技术人才的培训工作,这是职业教育最初的雏形。发展到现代,新加坡的职业教育已经成功克服了低于学术教育一等的形象及地位的问题,打造了特色职业教育品牌——工艺教育学院(ITE),成为东南亚乃至世界最大的职业教育机构之一。

1. 创新"教学工厂"模式

新加坡大力推行校企合作,其中最负盛名的便是"教学工厂"模式,通过把教学和生产紧密地结合起来,给学生们创造一个真实的校内工厂学习环境。企业为学校提供先进设备、研发资金和实习岗位,供学校教师研发和培养人才之用;学校为企业提供专业人才、解决技术难题或设计开发项目和产品,真正实现了"校企双赢"。"教学工厂"的落实一般有四个阶段:第一阶段是与企业形成伙伴关系。重点任务是基础建设,模拟企业环境,硬件和布局都和企业一致,争取到企业项目,开展学生项目工作。第二阶段是创设"教学工厂"项目平台。企业项目工程师负责项目研发与指导学生,此阶段重点是资金运转与项目管理。第三个阶段是开展多元化综合科技项目的开发,教师被安排至项目研发中去,以提升专能。第四个阶段是教学与项目开发全面整合,进行"无界化"合作。

2. 注重打造"双师型"师资队伍

新加坡选聘教师时对学历背景的要求在本科及以上,不必须是硕士或博士,但必须有一定年限的工作经历或实践经验,熟知企业行业文化,能够与企业保持良好的合作,具有双重身份,故称"双师"。据了解,多数职业院校内80%的教师都曾是企业的经理或业务骨干,在职业教育岗位的老师都具有终身学习的观念,学校看重的是教师终身学习的心理年龄而非实际年龄,只要是有事业心与进取心的教师,均可获得学习进修与获取多个专业文凭的机会。教师培训的渠道可以进入企业、高校和"教学工厂",高校也会要求教师定期到企业接受新技术培训以及学习其他国家先进技术,"双师型"教师既能为企业服务,又能进行教学,专业认知能力不断更新。

3. "无界化"管理模式

新加坡职业教育还创新推出"无界化"管理模式,各学科之间可以共同研究、协作开发、联合承担各种大型项目,教师也并不固定属于哪个系,而是通过参与项目由学校统一协调管理;通过建立局域网站将全校师生参与项目的解决方案和成功经验汇总起来以供大家分享借鉴、学习交流,通过不同学科的边缘交叉培养出现代社会最需要的综合型人才。"无界化"的核心是通过项目强化了部门与部门、系部与系部之间的团队精神,通过提供更多综合科技创新与应用机会,进而强化师资和学生的专业能力。

4. 政府大力鼓励并给予地位保障

在新加坡职业教育体系发展过程中,政府在政策上给予职业教师很高的地位与薪酬,以保证职业教育高水平的师资力量,所以,在新加坡从事职业教育的很多教师都是掌握科技最前沿的技术人员或具有企业背景的专业人才。政府鼓励企业与院校深度合作,牵线将科研机构与职业高校联系起来,其密切合作不仅是技术方面的交流,也包括人员在企业与高校之间的流动。政府承认在企业与学校间的工作经历、薪酬等级,保障了两者之间能畅通无阻地流动。

(六)美国合作教育模式

美国合作教育模式的历史背景可追溯到 20 世纪初。当时,美国传统的教育模式无法满足经济发展对人才的需求。同时,美国社会也面临着经济状况不佳、学校缺少经济来源等问题,导致许多身体和智力上有残疾的学生被拒绝入学。1906 年,美国俄亥俄州辛辛那提大学的赫尔曼·施奈德教授首次提出了合作教育的思想。他主张学生应该在学习中结合实际,学以致用,将理论知识与实践经验相结合,以提高自身的职业素养和就业竞争力。一些学校尝试实施合作教育,如今,美国合作教育模式已经成为全球范围内广泛借鉴和学习的榜样。

1. 合作教育的内涵

美国的校企联合有多种培养模式,常见的形式有合同制教学、合作教育、注册学徒、职业实习、服务学习、技术准备教育等多种模式。其中,合作教育即"工学交替式"是美国的校企联合、工学结合教育最有影响和最成功的模式。合作教育模式是一种以实践为基础的教育模式,通过与企业合作,学生能够获得实际的工作经验,并将课堂学习与实际工作相结合。美国合作教育模式也注重国际交流与合作,鼓励学生参加国际交流项目,与其他国家的学生进行交流与学习。

2. 合作教育的方式

美国合作教育模式通过实验室教学、校企合作、实习和实训以及项目式教学等多种方式实施实践教学。①实验室教学:美国高校在实验室教学方面投入了大量资源,为学生提供良好的实践环境。学生可以通过实验、实践操作等方式掌握所学知识,提高自己的实践能力和职业素养。②校企合作:学校与企业建立合作关系,为学生提供实习和工作机会。③实习和实训:美国合作教育模式提供实习和实训机会,学生可以在实际工作环境中学习和实践所学知识。④项目式教学:项目式教学是以项目为主线、以教师为引导、以学生为主体的一种实践教学方式。在项目式教学中,学生需要运用所学知识解决实际问题,通过项目实践的方式掌握所学知识。

3. 合作教育的运行模式

美国合作教育的运行模式包括工读轮换制、半工半读制、劳动实习制、全日劳动和工余上课制。这些模式旨在将实践教学实施于两个阶段:职业高中阶段和高等教育阶段。在高等教育阶段实行合作教育,主要以工读交替制为原则。工读轮换制是同专业同年级的学生被分为两部分:一部分学生在学校学习,另一部分则去企业劳动或实践培训,按照学期或学季进行轮换,使学生有机会交替体验学习和工作。半工半读制则是学生在学校学习一部分时间,同时也在企业或组织工作一部分时间。劳动实习制是学生通过实际工作获得实践经验的一种模式,通常是在企业或组织中进行。学生可以在导师的指导下进行实际操作,学习技能和知识。全日劳动和工余上课制是在学生有了稳定工作情况下,通过在工作中学习的方式获取知识和技能。

4. 灵活的课程设置

美国合作教育模式以校企合作为核心,企业与学校紧密合作,共同确定人才培养方案、课程设置和教学内容等。这种合作关系可以让学生了解到企业的需求和行业的发展趋势,同时也为学生的实习和就业提供了更多的机会。课程设置比较灵活,可以根据行业需求和学生需求进行调整和优化。同时,也鼓励学生根据自己的兴趣和职业规划自主选择课程。合作教育模式注重职业导向,将职业教育贯穿于整个教育过程中。学生可以了解不同职业的要求和特点,并选择适合自己的职业方向进行学习和实践。

5. 完善的法律保障与制度支持

美国合作教育模式有明确的法律保障,国会和州政府通过立法、财政支持等手段推动合作教育的发展。这些法律包括《卡尔 D 波金斯职业教育法案》《国防教育法》《高等教育法》《职业教育法》等,从实施和管理上促进了校企合作教育的发展,并明确了联邦政府必须拨出专项资金来支持合作教育。此外,这些法律还规定了合作教育的基本内容和实施方式,为合作教育的开展提供了法律保障和制度支持。在经济方面,政府采取设立专项基金、低息贷款、减免某些税收、创办科技园区等鼓励政策和措施,为产学合作教育提供强大的发展动力。

6.重视校友网络与关系建设

美国高校注重校友网络与关系建设,通过举办校友活动、加强与校友的联系等方式,扩大校友对合作教育的支持和帮助。①建立校友会:通过这个团体保持与母校的联系,并为其提供支持和帮助。②校友讲座和研讨会:美国高校经常邀请成功的校友回到校园,为学生和教师举办讲座或研讨会,分享他们的经验和见解。③筹款活动:美国高校经常组织各种筹款活动,例如校友年度捐款活动,以筹集资金用于学校的各项发展,包括合作教育的实施。④实习和职业发展机会:许多美国高校与当地校友企业建立了合作关系,为学生提供实习和职业发展机会。⑤校友志愿者:许多成功的校友愿意回到母校,为合作教育提供支持和帮助。他们可以为学生提供职业咨询、实践指导,甚至直接提供实习和就业机会。

(七)加拿大专业学习与实际工作相结合模式

加拿大专业学习与实际工作相结合模式的产生背景可以追溯到20世纪初,当时加拿大的教育体系面临着学校教育的理论知识和实际工作脱节,导致学生难以将所学知识应用于实际工作中、企业缺乏对学校教育的了解和参与,无法更好地与学校合作培养人才的问题。在这种情况下,一些有远见的企业家开始与学校合作,共同推动专业学习与实际工作相结合模式的发展。加拿大著名教育家亨利·柯尔(Henry Cole)在1906年提出专业学习与实际工作相结合教育模式。1957年,滑铁卢大学开始实施校企合作教育,并逐渐发展成为一种独特的教育模式。

1.专业学习与实际工作相结合的内涵

加拿大校企联合教育模式集中体现为高校、学生、企业三方的合作。将学生的专业学习与实际工作相结合,是加拿大校企联合教育模式的一大特点。加拿大的高校每年分三个学期,不同专业的校企联合教育的实施形式也不同。一些专业采取"1+1循环"的方式,即学生在校学习一学期,到企业工作实习一学期;或在学校学习一年,到企业工作实习一年,如此循环。一些专业要求学生在学校学习两年或三年,然后集中到企业工作实习一年;另一些专业则要求学生每年至少有一个学期在企业工作实习;等等。学校跟踪检查学生的实习业绩,单位负责对学生的工作实习进行指导和鉴定。学生在实习工作中获得实际工作经验与费用报酬;单位发现优秀学生与录用未来员工,减少职员培训费用;高校则通过加强与企业和社会的联系,了解社会对毕业生的需求情况,不断改进人才培养策略。

2. 专业学习与实际工作相结合的课程体系

在加拿大专业学习与实际工作相结合模式中,课程体系是一个重要的组成部分。课程体系通常包括以下几个方面:理论课程是学生学习专业知识的基础,通常在学校内完成,注重学科知识的系统性和完整性。实践课程通常在企业或实践基地完成,注重实践技能的培养和实际应用能力的提升。实习课程是让学生在实际工作环境中进行一定时间的工作实习,以深入了解行业和职业的要求,实习课程通常由企业提供,并在学校的指导下完成。项目课程通常由学校和企业合作开发,注重项目的实际应用价值和社会意义。在加拿大专业学习与实际工作相结合模式中,课程体系的设计和实施需要学校和企业紧密合作,共同制订培养计划和设置课程,以适应行业和社会的发展需求。

3. 政府制定完备的法律法规

在加拿大专业学习与实际工作相结合模式中,政府制定了以下相关的法律法规:①《职业教育与培训法》规定了职业教育和培训的目标、原则、管理体制、课程设置、教师资格、学生权益等方面的内容,为校企合作教育提供了法律保障。②《实习劳动法》规定了实习生在实习期间的权益和保障,包括实习期限、工资待遇、工作内容、保险福利等方面的规定。③《就业保险法》规定了失业保险、职业培训、就业援助等方面的内容,为参与校企合作教育的学生提供一定的保障和支持。④《劳动标准法》规定了最低工资标准、工作时间、休假、安全卫生等方面的内容,保障了参与校企合作教育的学生和实习生的合法权益。

4. 企业普遍具有参与教育和培养人才的意识与责任感

加拿大的企业文化普遍强调社会责任和公益事业,许多企业将参与教育和培养人才作为履行社会责任的一部分。通过参与教育和培养人才,企业可以提前锁定并培养符合企业需求的人才,提高员工的素质和能力,增强企业竞争力和创新能力。学校是人才培养的重要机构,通过与学校的合作,企业可以建立和扩大合作伙伴关系和合作机会。这些合作包括研究开发、技术创新、市场拓展等方面,为企业带来更多的商业机会和竞争优势。实践经验和技能对于员工的职业发展和企业的竞争力至关重要。通过参与教育和培养人才,企业可以为学生提供实践机会和职业发展指导,同时也可以获得符合企业需求的技能和知识,提高企业的生产效率和技术水平。

5. 多方式鼓励教师参加实践项目

加拿大专业学习与实际工作相结合模式中鼓励教师参与实践项目的方式包括提供激励措施、给予时间和资源支持、建立合作机制、评估与反馈以及培训与支持等。加拿大的高校会为参与实践项目的教师提供一定的激励措施,包括额外的薪酬、工作量认定、晋升机会等。高校为参与实践项目的教师提供必要的时间和资源支持,包括减少教学任务、提供实践场地、协助联系合作企业等,以降低教师参与实践项目的难度和成本。高校与企业建立紧密的合作关系,通过建立合作机制,能够为教师参与实践项目提供更多的机会和平台。高校对教师参与实践项目的情况进行定期评估和反馈,了解教师的实践成果和困难问题,这种评估和反馈机制能够提高教师参与实践项目的积极性和效果。

二、国外校企合作模式对我国的启示

(一)高度重视职业教育

1. 职业教育社会的认可度高

国外的职业教育通常被视为一种"双赢"的教育模式,"双赢"的特点使得职业教育在国外普通民众中得到了广泛的认可。在国外,应用技术大学和研究型大学都是属于高等教育的 B2 级,具有同等重要的地位,国外普通民众对职业教育持有认可和重视的态度,认为职业教育是一种实用、高效、平等的教育模式。根据不同的数据来源,国外普通民众对职业教育的认可程度略有不同,但总体来说,职业教育在国外的高等教育领域中占有重要地位。根据加拿大统计局的数据,2017 年加拿大共有 150 万名学生在职业教育领域学习,占同龄人数的比例约为 30%。根据德国联邦教育与研究部(BMBF)的数据,2017 年德国共有 120 万名学生参加了职业教育培训,占同龄人数的比例约为 30%。而在德国的高等教育领域中,职业教育的地位也得到了广泛认可。根据德国高校校长会议(HRK)发布的数据,2017 年德国共有 37% 的学生选择了职业教育作为自己的教育路径,这一比例与选择传统大学教育的学生相当。在澳大利亚,职业教育也得到了普通民众的广泛认可。根据澳大利亚统计局(ABS)的数据,2017 年澳大利亚共有 157 万名学生在职业教育领域学习,占同龄人数的比例约为 40%。而在澳大利亚的高等教育领域中,职业教育也得到了广泛的认可。根据澳大利亚大学校长委员会(AUC)发布的数据,2017 年澳大利亚共有 44% 的学生选择了职业教育作为自己的教育路径。根据美国教育部(ED)的数据,2017 年美国共有 130 万名学生在职业教育领域学习,占同龄人数的比例约为 30%。根据美国大学与学院联合会(AAC&U)发布的数据,2017 年美国共有 45% 的学生选择了职业教育作为自己的教育路径。综上所述,从数据上看,国外普通民众对职业教育的认可程度较高。无论德国、澳大利亚还是美国,选择职业教育作为自己教育路径的学生比例都达到了 30% 以上,而在一些国家如澳大利亚和美国,选择职业教育的学生比例甚至超过了传统大学教育。

2. 各级政府重视职业教育

各国政府对职业教育都采取了积极支持的态度,并持续加大投入,以提升职业教育的质量和吸引力。以德国为例,德国政府在职业教育领域投入了大量资金,支持各种形式和类型的职业教育。根据德国联邦教育与研究部(BMBF)的数据,2017 年德国政府在职业教育领域的投入达到了 82 亿欧元,占教育总投入的 27.4%。此外,德国政府还积极推动职业教育的发展,通过制定相关法律和政策,鼓励企业和行业参与职业教育,提高职业教育的质量和实用性。在意大利,政府也高度重视职业教育的发展。根据意大利教育部的数据,2017 年意大利政府在职业教育领域的投入达到了 39 亿欧元,占教育总投入的 17.2%。意大利政府还积极推动职业教育体系的改革和发展,以适应经济和社会发展的需求。根据美国教育部(ED)的数据,2017

年美国在职业教育领域的投入达到了 130 亿美元,占教育总投入的约 30%。此外,美国政府还通过各种计划和项目,如"再工业化计划""技能培训计划"等加大对职业教育的投入和支持。根据英国教育部公布的数据,2017—2018财年,英国政府在职业教育领域的投入为 37.5 亿英镑。此外,英国政府还推出了一系列支持职业教育的政策,如"产业战略基金""现代学徒制"等。根据日本文部科学省公布的数据,2017 年度日本政府在职业教育领域的投入为 795 亿日元。此外,日本政府还通过各种计划和项目,如"职业能力开发计划""产业界人才育成支援计划"等支持职业教育发展。根据加拿大统计局的数据,2017 年加拿大政府在职业教育和培训领域的投入达到了约 130亿加元,占教育总投入的约 20%。此外,加拿大政府还通过各种计划和项目,如"加拿大职业机会计划""学徒制项目"等,加大对职业教育的投入和支持。

3.教育体系保障职业教育发展

欧美国家在职业教育方面的发展相对较为完善,贯穿了从小学到职场的全过程。同时,职业教育与普通教育相互衔接,为学生提供了多样化的学习和发展机会。欧洲国家的职业教育基本属于免费义务教育,学生不需要支付学费。此外,政府还提供各种补贴和福利,以帮助学生减轻经济负担。在欧美国家,职业教育被视为与普通教育同等重要的教育类型,贯穿于整个教育体系中。从小学开始,学生就逐渐接触到职业教育,通过实践和体验了解不同职业的特点和要求。随着年龄的增长,学生可以逐渐深入更专业的领域,学习更复杂的技能和知识。国家提供了多样化的职业教育途径,包括高中职业教育、大学职业教育、大学后职业教育和职场职业教育等。这些不同的途径为学生提供了在不同阶段接受职业教育的机会,以满足不同职业发展的需求。强调终身职业教育的观念,认为职业教育是一个持续的过程。即使在进入职场后,员工也需要不断学习和更新技能,以适应不断变化的职场环境。因此,许多国家提供成人职业培训项目和继续教育课程,帮助职场人士提升自身能力和竞争力。

(二)拥有完备的政策法规,规范校企合作

发达国家在校企合作发展过程中,需要依靠法律保障来实施。英国、日本、德国等国家都制定了职业教育法,并每隔一段时间就会修订一次,以适应不同时期产业经济发展的时代需要。政府通过制定政策和提供资金支持来推动校企合作的发展,企业则参与职业教育的课程设置、教学和实习安排等,学校则负责提供职业教育课程和培训,个人则可以获得更好的职业发展机会。

美国在职业教育和校企合作方面有着丰富的法律保障,这些法律不仅明确了各方(包括政府、高校、企业和学生)的责任和权利,也提供了资金支持,推动了校企合作的发展,如 1958 年《国防教育法》、1963 年《职业教育法》、1976 年《高等教育法》、1980 年《卡尔·D. 珀金斯职业和应用技术教育法》、1994 年《从学校到工作机会法案》、2000 年《美国教育规则》、2006 年《卡尔·D. 珀金斯生涯和技术教育改进法》、2015 年《史蒂夫·乔布斯法案》、2017 年《21 世纪职业和技术法案》、2018 年《职业教育法案》、2018 年《肯尼迪未来能源和科技教育法案》、2019 年《美国技能法案》、2020 年《无尽前沿法案》。美国的法律体系为校企合作提供了坚实的保障和有效的推动力,从而促进了教育的发展和产业经济的繁荣。美国、日本、德国、加拿大国家校企合作法案详见表 3-1、表 3-2、表 3-3、表 3-4。

表 3-1　美国有关校企合作法案

1958 年《国防教育法》	该法是作为改革美国教育、加快人才培养的紧急措施推出的。认识到教育在国际竞争中的重要性,教育与国家的安危和国家的前途命运息息相关。该法的颁布有利于美国教育的发展,有利于提高教育质量,有利于培养科技人才。
1963 年《职业教育法》	该法的重要作用是统筹、表达、平衡、调整社会利益。不仅关照了各方利益诉求,解决了人民群众最关心最直接最现实的利益问题,也体现了职教广大师生、院校和社会各界的共同意愿和现实关切。
1976 年《高等教育法》	该法强调了高等教育的重要性,并提供了资金和资源以保证所有人都有平等接受高等教育的机会。
1980 年《卡尔·D. 珀金斯职业和应用技术教育法》	该法强调了职业教育和应用技术教育的重要性,并提供了资金支持。

续表 3-1

1994 年《从学校到工作机会法案》	此法案旨在帮助学生从学校过渡到工作,通过提供实习和其他实践机会来增强学生的就业能力。
2000 年《美国教育规则》	这个规则试图改革美国的教育系统,使其更加适应新时代的需求,包括提高教育质量、增加教育公平性等。
2006 年《卡尔·D. 珀金斯生涯和技术教育改进法》	该法明确提出要求提高生涯和技术教育的质量,并实现中等教育和中等后教育的衔接。
2015 年《史蒂夫·乔布斯法案》	该法案鼓励企业与学校合作,为学生提供实习和就业机会。它还要求企业提供更多的实习岗位,并鼓励企业与学校合作开发课程和教材。
2017 年《21 世纪职业和技术法案》	该法案加强了职业和技术教育的发展,鼓励高校和企业之间建立合作关系。它还提供了资金支持,以帮助高校和企业开展合作教育项目。
2018 年《职业教育法案》	该法案强调了职业教育的重要性,并要求各州制定职业教育计划。它还鼓励企业和高校之间建立合作关系,共同制订和实施课程,以满足不断变化的产业需求。
2018 年《肯尼迪未来能源和科技教育法案》	该法案旨在加强能源和科技领域的教育和培训,鼓励高校与企业合作,共同培养具有未来发展潜力的能源和科技人才。
2019 年《美国技能法案》	该法案旨在提高美国劳动力的技能水平,鼓励企业和高等教育机构合作,共同开发培训项目和课程,以满足不断变化的就业市场需求。
2020 年《无尽前沿法案》	该法案旨在推动美国在科技领域的创新和发展,鼓励高校和企业合作,共同研究和开发新技术,推动经济发展和技术创新。

表 3-2　日本有关校企合作法案

2017 年《未来投资战略 2017》	该战略计划了一系列政策措施,以加强企业与大学之间的合作,促进技术创新和人才培养。其中包括提供资金支持、建立合作机制、鼓励企业参与大学管理等方面。

续表 3-2

2018 年《教育振兴法》	该法规定了一系列措施,以加强学校和企业的合作关系,提高教育质量和就业率。其中包括促进校企合作、鼓励企业参与学校教育、设立合作基金等方面。
2019 年《产业创新计划》	该计划旨在通过技术创新和产业升级来促进经济发展和产业转型。其中包括加强企业与大学之间的合作、提高技术转移效率、支持创新创业等方面。

表 3-3　德国有关校企合作法案

1969 年《职业教育法》	该法的制定为德国的职业教育提供了法律保障,促进了校企合作,有利于提高职业教育的质量和水平。同时,该法也强调了企业在职业教育中的责任和义务,规范了企业在职业教育中的行为,保障了学生的权益。
1972 年《企业基本法》	该法明确了企业在职业教育中的责任和作用,强调了企业在职业教育中的重要地位,鼓励企业积极参与职业教育,提供实习和就业机会,促进青年就业。同时,该法也规范了企业的行为,保障了劳动者的权益。
1972 年《实训教师资格条例》	该条例规定了企业实训教师应具备的个人能力、专业能力等要求。这个条例主要是为了保证实训教师的质量,从而提高职业教育的质量。它规定了实训教师必须具备的相关知识和技能,以及他们应该如何教授这些知识和技能。此外,该条例还要求实训教师必须经过一定的培训和考核才能取得资格。

表 3-4　加拿大有关校企合作法案

1937 年《学徒训练法案》	该法案授权各省和地区政府设立学徒训练委员会,负责制定学徒训练计划和标准,并监督和管理学徒训练的实施。
1940 年《加拿大就业保险法案》	该法案提供了一定的资金支持,以鼓励雇主为学生提供实习和就业机会,帮助学生积累实际工作经验,提高他们的就业能力。
1990 年《加拿大学生与雇主合作计划法案》	该法案旨在促进学生和雇主之间的合作,提高年轻人的就业机会和职业发展。该法案鼓励雇主为学生提供实习和就业机会,同时为学生提供职业指导和培训。

续表 3-4

1991 年《加拿大学徒制条例》	该条例规定了学徒训练的计划和标准,以及学徒训练委员会的职责和权力。该条例的目的是通过规范学徒制的实施和管理,提高年轻人的职业技能和就业能力,促进经济的发展。
2017 年《创新与技能法案》	该法案旨在加强高等教育机构、研究机构和行业之间的合作,促进创新和技能发展。该法案为高等教育机构提供更多的资金和资源,以支持他们与产业界合作开展研究和开发项目,培养高素质人才。
2017 年《创新与技能法案》	该法案旨在加强高等教育机构、研究机构和行业之间的合作,促进创新和技能发展。该法案为高等教育机构提供更多的资金和资源,以支持他们与产业界合作开展研究和开发项目,培养高素质人才。
2019 年《联邦学徒制和实习法案》	该法案旨在推动更多的学生参与校企合作项目,提高他们的职业技能和就业能力。此外,加拿大政府还推出了一系列政策措施,如财政补贴、税收减免等,以鼓励企业和学校开展校企合作。

　　《中华人民共和国职业教育法》于 1996 年 9 月 1 日正式施行。在 2022 年 4 月 20 日,该法律经过修订,并自 2022 年 5 月 1 日起施行。这是该法制定近 26 年来的首次修订。新修订的《中华人民共和国职业教育法》内容从五章四十条完善至八章六十九条,由现行法的 3400 余字修改为 10000 余字。首次明确职业教育与普通教育具有同等重要地位。在修订后的《中华人民共和国职业教育法》中,明确了职业教育是与普通教育具有同等重要地位的教育类型。但是,与我国的校企合作法律条文相比,欧美国家的法律条文内容更为丰富、规定更加详细。欧美的不少职业教育法律文件达到数十页、数万字,涵盖了职业教育和校企合作的方方面面。欧美国家职业教育和校企合作的历史较长,他们在长期的发展过程中积累了丰富的经验和教训。这些经验和教训不断被总结并写入法律文件,使得法律条文越来越详尽。欧美国家的职业教育和校企合作涉及多个利益相关者,包括政府、学校、企业、行业协会等。为了确保各方的权益能够得到充分保障,法律文件需要对各方的角色和责任进行详细规定。欧美国家普遍重视法治精神,强调法律对

行为的规范作用。因此,他们的法律文件不仅规定了各方的权利和义务,还详细说明了违反规定的后果和处罚措施。欧美国家的职业教育法律文件注重细节和实践性,对校企合作的具体实施方式、合作流程、成果评价等方面都有详细的规定。这有助于确保校企合作在实际操作中能够得到有效实施。我国新职业教育法规定,高等职业学校教育由专科、本科及以上教育层次的高等职业学校和普通高等学校实施。这意味着,职业学校的学生不仅可以读大专,还可以上本科。从升学通道上来讲,职教、普教是平等的。

相比之下,我国在校企合作方面的法律条款比较笼统,没有明确规定各方的权利和义务,这使得企业在参与校企合作时缺乏明确的指导。欧美国家通常会通过税收减免、财政补贴等奖励措施来提高企业和学校的参与度。我国政府对于校企合作的支持措施往往只是原则性的规定,缺乏具体的实施细则和配套措施。这导致在实际操作中,政府支持的力度和方式往往难以落实,无法充分发挥政府支持对校企合作的促进作用。我国在校企合作方面的法律条款缺乏有效的监管机制,使得一些企业和学校在合作过程中存在不规范的行为,这不仅影响了合作的效果,也损害了各方的利益。在欧美国家,行业协会通常会积极参与校企合作,并为学校和企业提供专业的指导和支持。相比之下,我国的行业协会对校企合作的参与度较低,无法充分发挥其作用。在欧美国家,通常会通过专利、版权等方式来保护校企合作成果,以鼓励更多的创新和研究。而在我国,这方面的法律保护还不够完善,使得一些校企合作成果无法得到有效的保护。欧美国家通常会通过法律条款来强调企业在校企合作中的社会责任。相比之下,我国的相关法律条款中缺乏这方面的规定,使得一些企业在参与校企合作时缺乏社会责任意识。

欧美国家制定的职业教育法的内容详细体现在职业教育体系和制度、职业教育的提供、与行业企业的联系、资金保障、质量保障和评估监督以及法律责任、职业教育与培训的目标和内容、质量标准、评估和认证、师资队伍以及管理和监督等方面。英国的《职业教育与培训法》共有11个章节、3万余字,详细阐明了该法律的政策背景、管理机构、发展目标、重要指标、法律框架、合作伙伴关系、初级职业技术教育、高中职业技术教育等方面的内容。欧美国家的《职业教育法》普遍保障学徒工的权益,如规定学徒工的工资标准、工作时间、休息休假等。英国的《产业训练法》明确规定,学徒工分为一级学徒工和二级学徒工,所有学徒工资不得低于成人工资的 50%；德国《职业教育法》规定学徒工第一年的工资不得低于成年人工资的 1/3。

（三）企业全程参与办学

发达国家在实施校企联合过程中,都很重视企业积极性的发挥,企业全程参与办学过程,企业参与校企合作的主体作用主要体现在制定职业标准、提供实践教学资源、参与师资队伍建设、投入资金支持以及参与学校管理等方面。这些方面的合作能够充分发挥企业和学校的优势,促进教育链与产业链的有机衔接,为经济发展和社会进步做出贡献。

欧美国家在制定校企合作法时,通常会强调企业全程参与并充分发挥主体作用。企业可以参与学校的管理和决策,为学校的发展提供战略建议和指导。企业通常会全程参与职业教育规划的制定,与学校共同确定人才培养目标和方案。企业通常会承担实践教学和实习安排的重要责任。企业可以提供实践经验和实际项目,协助学校建立实训基地或实验室,为学生提供实习机会和实际工作经验。企业还可以通过与学校的合作,开发实践教学课程和教材,以更好地满足学生对实践学习的需求。在师资队伍培养和建设方面,企业为学校提供优秀的行业专家和工程师,担任实践导师或兼职教师,为学生提供实际操作和职业发展指导。企业通常会参与师资队伍的培养和建设。企业可以为学校教师提供实践培训和职业发展机会,帮助教师了解行业最新发展动态和技能要求,提高其实践能力和教学水平。同时,企业也可以通过与学校的合作,为其员工提供继续教育和职业发展的机会。在投入资金支持方面,企业可以通过投入资金,为学校提供奖学金、助学金、科研经费等方面的支持,以促进学校的教育教学和科研发展。企业还可以通过与学校的合作,共同开展科研项目和技术创新活动,推动科技成果的转化和应用。在评估和反馈机制方面,企业通常会参与评估和反馈机制的制定和实施。企业可以提供对学校教学质量和效果的评估意见和建议,为学校改进教学质量和提高人才培养效果提供参考。同时,企业也可以通过与学校的合作,了解学生的需求和反馈意见,为其改进人才培养计划提供依据。如德国职业教育对毕业生的能力要求由行业协会统一制定。在"双元制"办学体制下,企业不仅制定完善的培训规划,促进专业理论与实践相结合,强化技能培养,而且能提供充足的培训经费,使教学有足够的物质保障。在英国,企业作为雇主在一些教育基金会等关键机构中任职;直接参与学校领导班子;参与制定职业资格标准;参与对学校的评估;以各种方式对学校提供资助;与学校建立合作办学制度,提供实训设备、场地。在澳大利亚,所有 TAFE 学院均有院一级的董事会,主席和绝大部分成员都是来自企业第一线的资深行家。董事会通常每季度开一次会议,对学院的规模、基建计划、教育产品开发、人事安排、经费筹措等进行研究和决策。加拿大企业可以参与高校的管理和决策,为高校的发展提供战略建议和指导。企业可以参与高校理事会或董事会,为学校的管理和发展提供意见和建议。通常会积极参与高校的课程设计和教学,包括制定课程大纲、确定教学内容、提供实践教学资源等。

（四）政府积极提供财政和政策支持

政府在西方国家校企合作中发挥着重要的推动作用,通过制定法律法规、提供财政支持、搭建合作平台、监督和协调以及引导和推动等方式来规范校企合作的行为,并组织合作项目的实施。

从国外校企联合发展的历程看,政府对教育的干预主要通过立法和财政资助手段来间接地实现。从某种意义上说,财政干预是最有效的教育政策。如美国政府自 1990 年起每年用于企业员工培训预算均超过 70 亿美元,而美国企业用于员工的教育培训开支年递增 5.5%,1996 年达 560 亿美元。德国教育培训经费由企业、工会和政府部门分别承担,并且从法律上规定了政府、企业最低投资比例,同时鼓励政府、企业、团体和私人投资职业培训。为充分发挥政府的激励引导作用,我国应借鉴发达国家校企联合的返税、公共财政"实报实销"的经验,建立地方职业教育返税制度,对积极参与校企联合教育的企业实行如政府补贴、减免税费等优惠政策,以调动企业参与校企联合的积极性。

政府设立专门机构来监督和协调校企合作的事宜。这些机构负责监督合作项目的实施情况,协调各方利益,确保合作的顺利进行。例如,法国政府设立了职业教育协调委员会,负责协调学校和企业之间的合作。政府通过政策引导、奖励机制等方式,鼓励和推动企业和学校开展校企合作。例如,加拿大政府设立了职业教育奖励基金,鼓励企业和学校开展合作项目。澳大利亚政府建立了"国家合作框架",鼓励企业与学校进行合作,共同培养人才。荷兰政府设立了"教育、科研与创新国家理事会",促进学校和企业之间的合作,推动科技创新和经济发展。新西兰、爱尔兰等国家政府通过制定法律法规、提供财政支持等方式,支持校企合作的发展。日本政府在职业教育经费筹措方面发挥了重要作用,通过个人和民间团体捐款或直接投资、政府以法规手段硬性规定企业和行业承担教育经费等措施,以保证职业教育经费有稳定可靠的来源。同时,日本政府还通过立法支持"现代学徒制"和"双元制",深度干预和具体指导校企合作。韩国政府在职业教育领域也发挥了重要作用。韩国政府实行"民办公助"的形式,对职业教育进行主导,通过政府对校企合作项目给予资金支持的方式,促进企业和学校的合作。加拿大政府还设立了专门机构来监督和协调校企合作的事宜。不同国家的政府在校企合作方面都有不同的措施和表现,但都致力于促进校企合作的发展,为经济发展和社会进步做出贡献。

国外政府设立产教融合、校企合作发展专项基金,直接支持服务地方产业经济和社会发展的产教融合、校企合作专项项目,可以促进高等教育机构与产业界之间的深度合作,推动科技创新和人才培养,为地方经济和社会发展做出贡献。例如,日本文部科学省在 2019 年度的预算中,专门列出了 1532.4 亿日元(约合 98 亿元人民币)作为推进学校与企业合作的相关经费,比上一年度增加 40 亿日元(约合 2.6 亿元人民币)。此外,日本政府还设立了各种计划和项目,鼓励企业和学校开展合作,共同培养人才。例如,"产学合作计划""青年海外实习交流计划"等项目,为学生提供实习和就业机会,并帮助企业与学校建立合作关系。美国联邦政府每年用于支持校企合作项目的资金通常在数亿美元到数十亿美元之间。这些资金主要来自美国教育部、国家科学基金会、国家健康研究中心等机构,用于支持校企合作项目、科研合作、人才培养等方面的合作。韩国的研发经费投入占比为 2.5% 至 3%,政府和企业都会参与其中。韩国政府还设立了多个计划和基金,支持高校和企业之间的合作研发和人才培养。新加坡虽是一个小国家,但其在研发方面的投入占比相对较高,为2%至3%。新加坡政府设立了多个计划和基金,支持企业和高校之间的合作研发和人才培养。

(五)管理体制比较健全

西方国家在校企合作管理体制方面比较健全,通过设立专门的校企合作管理机构、制定完善的政策和法规、提供充足的经费支持、建立完善的质量评估机制以及加强行业协会的参与和管理等方式,为校企合作提供有力的支持和保障。这些经验和做法可以为我国完善校企合作管理体制提供有益的借鉴和参考。

德国的职业教育标准是由行业协会和相关机构共同制定的,以确保职业教育的内容和要求符合行业需求。德国的职业教育标准通常包括专业设置、课程设置、教学内容、考试要求等方面的标准和规范,为德国的职业教育提供指导和支持。美国的一些行业协会和认证机构会制定相应的行业认证标准,以确保企业所提供的产品和服务符合行业要求。英国的职业教育框架是由行业协会和专业组织共同制定的。英国的职业教育框架通常包括国家职业资格标准和教学大纲等方面的要求,为英国的职业教育提供指导和支持。法国的行业标准协会是由行业协会和专业组织共同组成的,负责制定和推广行业标准,以确保企业所提供的产品和服务符合行业要求。法国的行业标准协会通常会制定相应的行业标准、规范和指南,为法国的行业提供指导和支持。

西方国家通过制订薪酬激励计划、税收优惠计划、晋升机会激励计划和研发资金支持计划等多种措施,鼓励企业优秀技术人员积极参与校企合作,以促进企业和高校之间的交流和合作,推动人才培养和科技创新的发展。德国的薪酬激励计划是一种鼓励企业优秀技术人员参与校企合作的激励措施,该计划通过提高企业优秀技术人员的薪酬水平与额外的奖金补贴,以激励企业优秀技术人员参与校企合作。美国对于参与校企合作的企业优秀技术人员提供一定的税收优惠,以降低他们的税负,激励他们积极参与校企合作。英国通过提供培训和发展机会,帮助企业优秀技术人员提升技能和知识水平。法国对于参与校企合作的企业优秀技术人员提供一定的研发资金支持,帮助他们开展技术创新和产品研发。

在教师招聘方面,西方国家注重候选人的实践经验和技能水平。许多高校要求新任教师必须具备一定年限的企业工作经验。此外,一些高校还通过与企业和行业合作,安排教师轮流到企业进行实践和培训,以保持其技能和知识的更新。欧美国家注重应用型教学管理制度的建设,这些制度包括实践教学体系、课程设置、教学方法等。实践教学在应用型教学中占据重要地位,通常占总课时的很大一部分。此外,欧美国家还鼓励教师采用案例教学、项目教学等应用型教学方法,以便更好地培养学生的实际操作能力。

欧美国家建立了多种校企合作质量评估机制,包括德国的"双元制"质量评估体系、美国的合作教育质量评估机制、英国的应用型高等教育质量评估体系和加拿大的 CBE 质量评估体系等。在德国,校企合作项目必须通过行业协会和专业组织的认证,以确保其符合行业标准和未来的发展趋势。此外,高校和企业也共同制定评估指标和流程,对实践教学过程进行监督和评估,确保学生能够获得高质量的实践培训。美国通过设立合作教育委员会等机构,对校企合作项目进行评估和监督。评估指标包括高校与企业的合作程度、实践教学比例、学生的满意度等方面。此外,美国还通过建立校友会等组织,对毕业生的职业发展情况进行跟踪和调查,以评估校企合作项目的质量和效果。英国的应用型高等教育质量保障署通过制定评估标准和流程,对高校的师资队伍、实践教学、课程设置等方面进行评估,确保其符合行业需求和未来发展趋势。此外,英国还通过建立应用型高等教育质量保障署认可制度等措施,对不符合标准的高校进行制裁和整改,以保证校企合作项目的质量和效果。加拿大通过建立 CBE 质量评估体系,对学生的实践技能、职业素养等方面进行评估和监督。

（六）资格认证制度完备

西方国家在校企合作中建立了全国统一的资格认证框架和制度,以确保参与校企合作的人员具备相应的技能和知识水平,并符合行业标准和未来的发展趋势。这些资格认证制度可以提高职业资格证书的质量和信誉度,为学生和企业人员参与校企合作提供重要的资质证明。英国自 20 世纪 80 年代以来实行了统一的"国家职业资格证书"和"普通国家职业资格证书"制度,英国的职业资格证书由行业协会和专业组织负责制定和实施,并得到了政府的支持和认可。澳大利亚也建立了全国统一的资格认证框架（AQF），该框架包括多个级别的职业资格，涵盖了职业教育、高等教育、成人教育等多个领域。AQF框架下的职业资格由行业协会和专业组织负责制定和实施，并得到了政府的支持和认可。加拿大建立了国家职业资格框架，包括多个级别的职业资格，涵盖了多个行业领域，这些职业资格证书可以作为学生和企业人员参与校企合作的重要资质证明。美国虽然没有建立全国统一的资格认证框架，但各州都有自己的职业资格认证体系。这些体系通常由州政府和行业协会共同制定和实施，以确保参与校企合作的人员具备相应的技能和知识水平。此外，美国的一些行业协会也建立了自己的职业资格认证体系，例如美国管理协会（American Management Association）和项目管理协会（Project Management Institute）。荷兰也建立了国家职业资格框架，包括多个级别的职业资格，涵盖了多个行业领域。德国建立了完善的职业资格认证制度，包括"师傅"资格认证和"技师"资格认证等。

（七）重视行业协会等中介组织的作用

行业协会等中介组织可以帮助高校和企业之间建立紧密的合作关系，促进双方之间的沟通和协作。这些中介组织还可以为高校和企业提供专业的指导和支持，帮助双方更好地开展校企合作项目。在校企合作中，行业协会等中介组织还可以发挥评估和监督作用，对校企合作项目进行评估和审核，以确保项目符合行业标准和未来的发展趋势。这些中介组织还可以为高校和企业提供相关的培训和进修机会，帮助参与校企合作的人员不断提高自己的技能和知识水平。如德国的机械制造行业协会（VDMA）是一个代表德国机械制造企业利益的协会，其宗旨是促进机械制造行业的发展和壮大；德国的工商会（DIHK）是德国商业和工业领域的代表性组织，其职责包括代表企业利益、提供咨询和服务等。该组织在校企合作中发挥了重要作用，为高校和企业之间的合作提供支持和指导，促进双方的交流和合作。美国的全国合作教育协会（NCEA）是一个非营利性组织，旨在推动合作教育的发展和改进。英国的全国高等教育联盟（NCHE）是一个代表英国高校利益的联盟组织，其宗旨是促进高等教育的改革和发展。该组织在校企合作中发挥了协调和中介作用，为高校和企业之间的合作提供支持和指导，推动校企合作项目的实施和发展。

（1）成立各种类型的技术转移中介组织。西方国家在校企合作中设立了一些技术转移中介组织，这些组织为高校和企业之间的合作提供技术支持和中介服务，推动技术转移和创新发展。这些技术转移中介组织通常由经验丰富的专业团队组成，具备技术评估、知识产权管理、合作对接等方面的专业知识和能力，可以为参与校企合作的人员提供全方位的支持和服务。如德国的技术转移中心（TTZ）是德国联邦政府资助的非营利性组织，旨在促进高校和企业之间的技术转移和合作。该中心为高校和企业提供专业的技术转移服务，包括技术评估、知识产权管理、合作对接等方面的支持和指导。英国的技术转移办公室（TTO）是高校内部设立的专门负责技术转移和知识产权管理的机构。这些组织为高校和企业之间的合作提供技术支持和中介服务，推动技术转移和创新发展。

（2）设立各种类型的职业技术培训中介组织。中介组织通常与当地企业合作，根据市场需求和行业标准提供相关的培训课程和实习机会，为校企合作项目的顺利实施提供全方位的支持和服务。如美国的职业培训中心（VTC）是由美国政府资助的职业培训机构，旨在为失业者和在职人员提供各种职业技能培训。这些培训中心通常与当地企业合作，根据市场需求和行业标准提供相关的培训课程和实习机会，帮助学生和企业人员提高职业技能和知识水平。英国的学徒培训中心（ATC）是英国政府资助的职业培训机构，负责提供学徒培训和技能培训服务。这些中心与当地企业合作，为学生提供实践培训和实习机会，同时也为企业提供专业的技能培训服务，帮助企业提高员工的技能水平。德国的职业培训中心是由德国政府和行业协会共同资助的职业培训机构，提供各种职业领域的培训课程和实习机会。

（3）成立各种类型的风险投资中介组织。这些组织为高校和初创企业提供资金和其他资源支持，帮助它们实现商业目标和发展壮大。美国的风险投资公司（VC）是一种专业的投资公司，主要投资于具有创新性和高成长潜力的初创企业。这些风险投资公司通常由经验丰富的投资专家组成，具备丰富的行业知识和很深的市场洞察力，为初创企业提供资金支持和其他资源支持，帮助其快速发展并实现商业目标。一些知名的风险投资公司如 KPCB、红杉资本等在校企合作中发挥了重要作用。欧洲的风险投资协会(EVCA)是一个代表欧洲风险投资行业的协会组织,旨在促进欧洲风险投资行业的发展和合作。该协会为会员提供信息交流、政策建议和合作机会等支持,帮助会员了解行业发展趋势、扩大业务网络和寻找投资机会。EVCA也积极参与校企合作项目,为高校和初创企业提供资金和资源支持。澳大利亚的创业投资协会(AVCA)是一个代表澳大利亚创业投资行业的协会组织,旨在促进澳大利亚创业投资行业的发展和合作。该协会为会员提供行业交流、市场研究、培训项目等支持,帮助会员了解行业动态、扩大业务网络和寻找投资机会。AVCA也积极参与校企合作项目,为高校和初创企业提供资金和资源支持。

(八)注重多元化校企合作模式

国外校企合作注重多元化的发展。学校和企业可以根据不同的需求和特点采取不同的合作模式,如联合培养、实习实训、科研合作等。这种多元化的发展可以满足不同领域、不同层次的需求,促进企业和学校的共同发展,以培养适应社会需求的高素质人才。这些模式结合了学校和企业的优势资源,为学生提供了实践经验和理论知识的综合培训机会。美国除了合作教育模式外,还有工学交替模式、政府科技园区模式、专利许可与技术转让模式、"复制P-TECH"模式、实习/见习模式、合作研究模式、行业协会参与模式、创业实践模式、继续教育模式等。在德国,除著名的"双元制"模式外,还有企业项目合作研发模式、顾问合作制模式、校企联合体模式、委托项目模式、实习就业一体化模式、知识转移模式等。日本除著名的"产学官"模式外,还有校企共同研究模式、企业捐赠模式、委托研究模式、校企共建研发中心模式、委托培养研究员模式、校企共建科技园模式等。在英国,除著名的"三明治"模式外,还有政府科学园区模式、科技企业孵化器模式、中介组织服务模式、"教学公司"模式、行业技能委员会模式等。加拿大除了"专业学习与实际工作相结合"模式外,还有合作教育部、工学交替模式、"1+1"模式、"实习+就业"模式、"订单式"培养模式等。新加坡除了"教学工厂"模式外,还有"项目制"模式。法国除了"学徒制"模式外,还有法国校企联合培养博士项目、企业与大学研究机构的合作等模式。

（九）重视应用技术型高校建设

应用技术型高校是指以应用技术为导向,注重实践教学和校企合作的高等教育机构。这些高校旨在培养学生具备实际操作技能和解决实际问题的能力,以适应当前社会和经济发展的需求。为了适应经济发展需求、提升就业竞争力、推动技术创新和产业发展、促进教育多元化发展以及提高高等教育质量和实用性,西方发达国家普遍重视应用技术型高校建设。在西方国家,应用技术型高校建设得到了政府和企业的重视和支持。政府通过制定相关政策和规划,鼓励高校向应用技术型转型,加强实践教学和校企合作。企业也积极与高校合作,提供实习和实践机会,共同培养符合市场需求的人才。如德国的 FH(Fachhochschule)和荷兰的 HBO(Hoge school)等,以实践性和职业性为特点,注重与行业合作,提供实用的课程和培训,培养了大批高素质的应用型人才。这些高校在西方国家的高等教育发展中占有重要地位,为推动经济发展和社会进步做出了贡献。在西方国家,校企合作被视为促进应用技术型高校发展的重要途径,强调校企合作助推应用技术型高校的发展。高校与企业合作,可以更好地了解行业发展趋势和市场需求,调整课程设置和教学内容,提供更加实用和有针对性的教育。同时,校企合作也可以为学生提供实习和实践机会,帮助他们将理论知识应用于实际工作中,以提高实践能力和职业素养。

第四章

我国实施产教融合的现状

一、我国实施产教融合、校企合作的基本情况

为发挥典型实践的示范效应,2021 年 7 月教育部发布《关于征集产教融合校企合作案例的启事》,最终遴选出 485 个典型案例。根据刁庆军、李桂云、徐云清主编的《2021—2022 产教融合校企合作典型案例 100 篇》,现以485 个典型案例为样本,从案例基本情况、典型经验与成效、现存主要问题、未来的探索方向等方面进行总结分析,以期为进一步推动产教融合、校企合作的理论研究与实践探索提供借鉴和参考。

1. 申报单位情况分析

在 485 个产教融合典型案例中,申报单位包括高职院校、中职院校、行业企业、普通高校、其他(政府单位和产业集团),其中高职院校占比最大,占案例总数量的 66.0%,之后分别为中职院校(19.6%)、行业企业(9.5%)、普通高校(3.5%)、政府单位和产业集团(1.4%)。

2. 参与主体情况分析

参与主体占比最大的是"企+校",占比 61.6%;"政+行+企+校"占比 15.9%,"行+企+校"占比 12.1%,"政+企+校"占比 6.8%,其他组合形式占3.6%。从获奖案例来看,校企双主体合作仍是目前产教融合的主要形式,政府统筹、行业指导、校企合作的联动运行模式还未广泛应用。

3. 参与主体中院校情况分析

从院校的办学层级来看,高职院校占比 70.5%,中职院校占比 20.6%,本科院校占比 5.7%;另外,多所院校合作的有 15 所,特殊教育学校 1 所。从获奖案例来看,中职和高职在校企合作的院校中发挥了主力军的作用。

从院校的区域分布来看,东部院校占比66.5%,中部院校占比17.4%,西部院校占比16.1%。从获奖案例来看,东部院校产教融合的参与程度与实施成效更加突显。

4.服务的产业企业分析

从服务的产业来看,在485个案例中,第一产业占比4.7%,第二产业占比29.7%,第三产业占比65.0%,多产业占比0.6%。由此可见,产教融合主要集中在第三产业,即服务业。

根据产业创新特点,产业类型分为传统产业和新兴产业。传统产业主要指劳动力密集型的、以制造加工为主的行业;新兴产业是指关系到国民经济社会发展和产业结构优化升级,具有高技术含量、高附加值、资源集约等特点的产业。485个案例中,服务传统产业的占比54.0%,服务新兴产业的占比45.2%,另外有4个项目兼具复合性。从案例中呈现的服务产业类型来看,传统产业和新兴产业差别不大。

从服务企业的所有制形式来看,在485个案例中,国有企业占比18.8%,民营企业占比76.4%,外资企业占比3.6%,另外还有13个项目涉及多家企业、研究所和政府部门。由此可见,民营企业在职业教育中的生力军作用得到了进一步彰显。

5.校企合作的内部治理分析

从合作层面来看,院校中系部、二级学院层面开展产教融合占比68.5%,学校层面开展产教融合占比31.5%,产教融合更多集中在学校的二级机构层面。

从组织体系来看,针对产教融合,有近80%的案例中提出成立校企合作理事会、工作领导小组、专业教学委员会、管理委员会等专门管理机构。由此可见,产教融合的规范化、制度化组织体系正在逐步形成。

二、典型经验与成效

本次样本分析的485个案例是我国产教融合、校企合作领域的优秀成果和标杆实践,在一定程度上代表了我国目前在产教融合、校企合作方面的实践成就和发展水平,具有一定的引领示范作用。

透过这些案例,我们可以看出:党的十八大以来,国家从政策顶层设计上持续深化产教融合,经过行政、行业、企业、院校多方持续探索,我国产教融合在一些领域已成功破局,由院校单打独斗走向政府、行业、企业、院校合力推动,由单一、粗浅、零散、小规模合作走向产教综合体运营,由"1+1"走向"1+1+N"等更大范围的产业链融合,由协议式、合同式、虚拟式合作走向实体化、市场化、产出型运作,产教融合、校企合作在服务国家重大战略、产业转型升级、区域经济发展以及增强职业教育适应性等方面发挥了重要的作用,取得了很多国家级、国际化的高端成果,呈现出可喜的发展态势,其发展特征和典型经验总结如下;

(一)产教融合平台建设呈现主体多元化与类型多样性

产教融合平台是教育和产业统筹融合、良性互动的重要载体和抓手。通过案例分析,从搭建主体来看,政府、行业、企业、院校、协会等以不同的组合共建产教融合平台,汇聚多元主体的资源优势,形成校企命运共同体、产教利益共同体;从平台类型来看,85%左右的案例均建设了有形的融合平台,涉及140余个现代产业学院、35个职业教育集团、11个职教联盟、60余个综合实训基地、7个大师工作室、8个研究院、协同创新中心等科研平台,以及16个产教园、教学工厂、创新基地等产学研创大型综合体等,并有20余个产业学院、生产性实训基地等实施了混合所有制运营管理,建立了现代企业管理的组织架构。以下对现代产业学院、职业教育集团、实训基地3种平台类型进行介绍。

1. 现代产业学院

在国家政策的大力倡导下,以区域产业经济为纽带、以龙头企业人才需求为导向,建立校企双主导、共建共管共享的产业学院,已成为推进产教融合体制机制创新的重要举措。例如,浙江经济职业技术学院与物产中大集团创办了全国首家产业学院——物流产业学院,并持续探索实践"嵌入式产业学院""股份制产业学院",开创了以产业学院为引领的系统化、集成化的教育服务新模式。同时,部分产业学院围绕校企合作模式下各方利益纠缠、权责不清、运行不畅等体制机制难题,积极探索混合所有制改革,并取得了一定的成效。例如,四川水利职业技术学院国际电工学院,通过明确股权结构、成立股份有限公司、建立现代企业运营模式、共建共享共管的资源投入与利用模式,形成了权责利清晰的"行企校命运共同体",形成了混合所有制产业学院发展的新范式。武汉职业技术学院都市丽人服装产业学院成功实施混合所有制办学,并提炼出公办院校实施混合所有制办学的"五要素三机制",即品牌资产、教学资源、技术资源、人力资源和研发基地5个要素,建立权责制约、运行管理、共享共赢3个机制。

2. 职业教育集团

集团化办学是实现职业教育资源整合和优势互补,谋求各参与主体多方共赢的载体,是我国职业教育改革和发展的重点。例如,泉州市政府牵头成立泉州市建筑职业教育集团,以黎明职业大学为理事长单位,创新实践"董事会+理事会"法人实体型职教集团运行模式,构建"实体+"建筑职教集团育人共同体。

3. 实训基地

校企发挥各自优势共建实训基地,是各种形式、规模的校企合作中的重要内容。例如,湖北城市建设职业技术学院提出了"源于现场、高度集成、功能多元、资源共享"的基地建设理念,在政府、行业、企业、院校四方联动下,统筹规划,合作治理,聚焦装配式建筑全产业链中的重点环节,对接职业岗位,精准定位三大环节,围绕四大核心能力,构建模块化课程体系,打造"六位一体"的高效能实训基地。青岛职业技术学院与国家产教融合型企业京东集团合作,共建京东物流"校园云仓"生产性实训基地,实行理事会领导下总经理负责制的管理模式,建立现代企业制度,进行市场化运营,实现自我"造血"功能。

(二)校企协同育人实践取得典型经验

1. 中国特色学徒制战略框架基本成型,试点工作稳步推进

自2014年国务院颁布《关于加快发展现代职业教育的决定》以来,国家相关部门组织实施了现代学徒制和企业新型学徒制等试点工作,开启了中国特色现代学徒制的实践探索,为构建技能型社会、培养高质量技术技能人才奠定了坚实的基础。

经过多年发展,探索出一种中国特色的多元化学徒制育人模式,为解决

产业转型升级带来的人才供需结构性矛盾,提高职业教育人才培养质量和服务产业发展能力提供了有效的解决方案。在485个典型案例中,有59个案例以现代学徒制为主题,其中高职院校46家、中职院校12家、地方教育局1家。例如,广西交通职业技术学院打造了"多元·服务·共享"交通教学工场新品牌,实施"集团化、集群化、多样化"现代学徒制人才培养,推动了现代学徒制培养由"一校一企"向"集团化协同"转变,由"单个专业"向"集群化发展"转变,由"单一供给"向"多样化培养"转变。常熟市滨江职业技术学校主动融入核心产业发展生态,通过构建"企业学院、产教融合型企业、现代学徒中心"三类支撑平台,"政校园企"四方联动,立足"六个共同"育人理念,形成了现代产业园模式下"政府主导、园区主推、校企主体"的特色学徒制"常熟实践"。地方政府在推进现代学徒制的过程中,顶层设计,高位推动,如江西新余构建了地方政府、职业院校、企业"三元"参与的现代学徒制人才培养模式,政府顶层设计,成立领导小组,建立联席会议制度,出台优惠政策,引导、协调、激励企业和学校开展现代学徒制试点。

2. 适应产业需求的专业群动态调整机制进一步健全

根据国家经济结构转型升级和区域经济发展态势,校企更加注重从专业建设起点顶层谋划,建立专业与产业对接机制,动态调整专业设置,不断优化专业布局,构建与区域产业结构相适应的专业结构,形成特色专业群,并推动专业伴随产业技术升级而迭代,以更好地对接产业需求,提升社会服务能力。例如,北京电子科技职业学院坚持"依托开发区产业办专业、联合政园企建标准、对接职业岗位育人才"的专业建设原则,精准对接生物医药高端产业,面向"研发+高端生物产品生产"企业集群岗位需求,优化专业布局,"因岗施教"高质量培养SCI(skilled,comprehensive,innovative)三型技术技能人才。上海电机学院面向高端制造业及现代服务业,在与产业集团共建过程中不断调整学科专业结构,优化学科专业布局,共建电力电子与电力传动、电机与智能电器学科,共建电气工程及其自动化、测控技术及仪器等专业,由企业技术主管和二级学院专业负责人共同担任专业建设的"双负责人",大力推进了学科专业的建设成效。

3. 校企协同推进"三教"改革提升人才培养质量

"三教"改革是实现职业教育高质量发展的关键抓手。以教师改革为主导,以教材改革为载体,以教法改革为媒介,不断缩减产业链、教育链与人才链之间的差距,为增强职业教育适应性提高了基本保障。例如,深圳信息职业技术学院紧密围绕深圳集成电路产业需求,产教科融合互促、汇聚行业企业资源,通过产业发展支撑"三教"改革,校企合作开发建设一流的项目化课程资源,对标岗位技能打造一流的模块化教学团队,以赛促学促教打造一流的技能竞赛训练平台。北京信息职业技术学院创新校企合作模式、人才培养模式,一体设计"岗课赛证"融通课程体系、建设高水平专兼混编师资队伍、构建"三位一体"实践教学场所、开发校企合作课程资源,变革教学、教法组织形式,形成在团队建设中"赋能"教师,在课证融通中"升级"教材,在教学实践中"创新"教法的生动、活泼的"三教"改革局面。

4.企业牵头推进产教融合的实践探索取得阶段性成效

近年来,国家出台了一系列政策,引导和支持企业深度参与产教融合,支持国有企业和大型民营企业举办或参与举办职业教育。在国家政策引领和推动下,企业参与产教融合的责任感不断被激发,意愿不断增强,一批国有企业、民营企业及作为国民经济和社会发展生力军的中小企业主动担当作为,在积极探索中形成了一系列企业牵头推进产教融合的典型经验。例如,作为大型央企的中国中车集团,充分发挥龙头企业优势,联动优势职业学校、教学设备开发商,多方筹措助力轨道车辆技术赛项迈向世界技能大赛(以下简称"世赛")舞台;强力实施校企联动,推广世赛理念,广泛开展"双师"培养、专业教学标准开发转化、教材和人才培养方案优化,探索混合式教学方法,突破轨道车辆制造与维护领域人才培养瓶颈,推动世赛牵头集训基地建设,创新实践世赛理念下人才培养模式。甘肃富通电梯工程有限公司作为地方性民营小微企业的代表,牵头聚集和组建区域性行业小微企业群,结合地域环境和行业需求,通过院校、学生、企业和政府多方协作,以多种灵活方式共同开展电梯工程技术专业建设,摸索出一套适合西北特色的电梯职教方法,积极探索具有西部特色的产教融合发展新业态,逐步实现"校行政企生"之共赢生态。

5.产教协同科技创新助推产业发展

国家越来越重视发挥产教融合"技术技能积累"的功能作用,国务院《关于加快发展现代职业教育的决定》中提出:"推动职业院校与行业企业共建技术工艺和产品开发中心、实验实训平台、技能大师工作室等,成为国家技术技能积累与创新的重要载体。"教育部和财政部在《关于实施中国特色高水平高职学校和专业建设计划的意见》中提出:"以技术技能积累为纽带,建设人才培养与技术创新平台;与行业领先企业深度合作,建设技术技能平台,支撑国家重点产业、区域支柱产业发展,引领新时代职业教育实现高质量发展。"在485个典型案例中,产教深度融合紧密对接地方产业链,通过技术技能积累与创新成果对有效赋能产业技术升级进行了有益的探索,有39个案例分享了协同技术技能创新的相关内容,其中普通高校1家、高职院校30家、中职院校2家、行业企业5家、地方教育局1家。

一是通过校企共建技术服务联盟、技术创新中心、创新创业实践平台等不断强化技术技能积累功能,协同开展技术攻关、工艺升级与产品研发,解决企业生产制造和工艺流程中的关键现实问题,助力产业结构优化和产业转型升级。例如,江苏经贸职业技术学院依托全国现代服务业职业教育集团,"政行校企"共同打造"三高一标"现代服务业产教融合试验区,试验区联合高校、科研院所,构建研究院和成果转化中心,共建院士工作站、博士工作站,"不间断、全方位、高效率"精准服务企业科技创新,形成现代服务业技术积累、创新、转化一体化发展体系。江苏食品职业教育集团(江苏食品药品职业技术学院)共建江苏省食品加工工程技术研发中心等省级以上科研平台6个,累计完成技术攻关项目近600项,科技服务到账经费突破1.35亿元,主持省级产业化推广项目20项,为区域行业企业增加经济效益近5亿元。

二是在项目实训、创新创业教育中融入产品研发、工艺开发、技术迭代功能,实现"产学研"一体化发展。例如,天津轻工职业技术学院,鼓励学生在实训期间参与企业技术和工艺攻关,将与企业共同研发和科研攻关产品转换成课程资源与案例,提升学生"双创"能力、高端技术技能人才培养和企业高端技术服务的"双适应",实现了"培养"和"服务"在不断循环中相互作用、互为支撑、同向并行。

6. 校企合作职业培训赋能企业人才开发

职业教育与培训并举是深化职业教育改革的重要内容,是职业院校服务企业人才开发、提升服务发展水平的重要举措,也是产教融合、校企合作的一项重要内容。在485个案例中,80%以上都合作开展了规模不一的企业培训项目,其中有14个校企专门共建了企业培训基地、继续教育基地等,体系化开展企业员工职业技能提升培训、岗位培训认证等。例如,清华大学继续教育学院服务中冶赛迪集团有限公司,研究搭建企业分类分级分层的人才培养体系,开展系列人才培养项目。石家庄邮电职业技术学院服务中国邮政,搭建了员工培训、网络教育、人才评价等体系,形成了职业培训专业化开发模式,并创新引进绩效改进技术与培训融合,助力企业业务绩效增长。河北工业职业技术大学与知名钢铁、智能装备制造等企业开展深度合作,通过坚持"菜单"适配培训需求,打造具有专业化特色的培训品牌,搭建了特色化、多元化的高端培训平台。

(三)现存主要问题

通过采集部分案例,发现当前在推进产教融合、校企合作过程中,主要还存在以下问题:

1.校企融合利益平衡机制亟待健全

新修订的《中华人民共和国职业教育法》中明确提出,国家发挥企业的重要办学主体作用,推动企业深度参与职业教育,鼓励企业举办高质量职业教育。

当前,虽然涌现出了一批积极开展产教融合并取得突出成效的企业代表,但从总体情况来看,产教融合主要以院校参与为主,还存在企业参与积极性不高的现象。在职业教育逐步上升至国家战略高度的背景下,学校期望深化产教融合,联合企业共同培育高层次技术技能人才,深度参与产业转型发展,发挥自身优势对经济社会发展做出贡献。对比而言,行业、企业在参与产教融合过程中存在投资缺乏政策依据、所获取的利益与投入成本不成正比、短期投资回报率低下等潜在风险。综上,企"冷"的深层次原因是校企的价值追求不同,教育的公益性与企业的逐利性存在天然矛盾。因此,构建政策保障机制,确保校企双方利益均衡是解决问题的关键。政府部门需坚持高位统筹,从利益均衡视角出发,建立健全政策保障机制,通过购买服务、设立专项基金、奖励性补助和税费减免等多元方式给予行业企业政策倾斜,发挥政策杠杆效应,降低企业在产教融合中的成本投入,有效化解校企之间的利益冲突。

2.多元主体办学体制机制亟须完善

《国家职业教育改革实施方案》指出,要支持和规范社会力量兴办职业教育培训,鼓励发展股份制、混合所有制等职业院校和各类职业培训机构。因此,多元主体融合、混合所有制运作等形式将呈上升趋势。产教融合是集实践教育教学要素资源为一体的融合,并不是学校和企业资本的简单叠加,其核心问题是资本背后的不同投资主体在教育观念、教育资源禀赋及优势、治理能力等方面的高度互补互信与协同协作问题,若冲突处理不好,注定融而不合。具体来说,产业学院缺乏相关政策法律法规,评估评价制度不完善,人员招聘、资产管理、财务等方面需要深化协调;公办院校的产权问题也一直是混合所有制办学的难点问题。因此,需要出台配套的制度和政策,健全国有资产评估、产权流转、权益分配、干部人事管理等制度。

3.产教融合质量评价体系亟待健全

从国家政策的质量导向来看,国务院办公厅在《关于深化产教融合的若干意见》中提出,要"健全社会第三方评价,积极支持社会第三方机构开展产教融合效能评价,健全质量评价体系"。《国家职业教育改革实施方案》指出:"做优职业教育培训评价组织,建立健全职业教育质量评价和督导评估制度,建立职业教育质量评价体系。"《提质培优行动计划》提出:"完善政府、行业、企业、学校、社会等多方参与的质量监管评价机制。"从产教融合的现实需要来看,部分申报单位提出,希望通过构建完善的质量评价体系,科学评价产教融合成果,合理引导产教融合方向,更好地发挥产教融合对产业的支撑价值,激发各利益主体高质量地履行职责。但当前我国尚未建立行之有效的产教融合质量评价体系,对各利益主体的作用缺乏细化的评价指标与刚性要求,对校企协同育人过程缺乏有力的监管和质量评估,对产教融合的具体成果缺乏客观、全面、合理的评价标准及相应的操作流程和机制保障,造成各利益主体参与产教融合的主动性不高、获得感不强,产教融合部分停留在表面化、浅层化阶段。

建议成立产教融合质量评价专职部门,建立"政行企校"四位一体的多元化质量评价机制;搭建评价框架,明确评价主体职责,引入外部评估监督主体;构建多元化的评价内容体系,从政府对产教融合的社会价值、学校的育人价值、行业组织的资源整合价值、企业的人才供给价值等方面进行全方位评价;采用科学、客观的评价方法,保障评价结果全面、客观、公正;建立评价结果应用机制,为产教融合的长效、可持续、高质量发展提供动力。

三、国内产教融合、校企合作的典型案例

(一)首家物流产业学院

浙江经济职业技术学院是一所位于浙江省杭州市的高职院校,而物产中大集团是一家以物流为主要业务的国有企业。两方在物流领域均有着深厚的背景和资源,为合作创办物流产业学院提供了良好的基础。2007年2月,浙江经济职业技术学院与物产中大集团合作创办了全国首家物流产业学院,这是浙江省高职院校与行业龙头企业深度合作,共同培育生产一线高技能人才的创举。

1. 实施流程

(1)共同制订培养方案。学院与物产中大集团共同制订物流产业学院的培养方案,确保教学内容与行业需求紧密结合。

(2)实践教学。学院将实践教学环节纳入培养方案,学生在学习理论知识的同时,可参与物产中大集团的物流项目实践,接受实战训练。

(3)师资共享。学院与物产中大集团实现师资共享,学院的教师可参与物产中大集团的实际运营,而物产中大集团的高级管理人员和技师也可受邀到学院授课或担任实践导师。

(4)共同评估。学院与物产中大集团共同评估学生的学习成果和实践表现,确保教学质量和人才培养效果。

(5)资金和技术支持。物产中大集团在合作中也向学院提供了资金和技术支持,帮助学院建设物流产业学院,共同开展科研项目。

(6)提供实习机会。物产中大集团还为学生提供了实习机会,让学生能够亲身参与实际操作,提高实战能力。

2.特色

(1)紧密的产学研合作。物流产业学院是产学研紧密合作的典范,学院与物产中大集团共同开展科研项目,并将研究成果应用于实际运营中。

(2)"实战"教学。学院将实战教学融入日常教学,学生在物产中大集团的物流项目中可亲身参与实际操作,提高实战能力。

(3)系统化的技能培训。学院与物产中大集团共同制定系统化的技能培训体系,确保学生能够全面掌握物流领域的实际操作技能。

(4)行业引领作用。通过创办物流产业学院,浙江经济职业技术学院与物产中大集团在行业内起到了引领作用,为其他高校和企业提供了可借鉴的合作模式。

浙江经济职业技术学院与物产中大集团合作创办的物流产业学院实现了产学研的紧密结合,将课堂与实践相结合,为培养高技能物流人才提供了有力支持。这种合作模式不仅有利于提高学生的实践能力和就业竞争力,而且也为浙江省乃至全国的物流行业发展提供了有力的人才保障。

(二)"校园云仓"生产性实训基地

青岛职业技术学院作为国家示范性高等职业院校,拥有物流管理、电子商务等相关专业,这些专业的特色与京东集团的业务需求高度匹配。双方的合作可以实现资源共享、优势互补,共同培养符合市场需求的高素质人才。京东集团作为中国最大的自营式电商企业之一,拥有完善的物流体系和先进的技术支持。京东物流在仓储、配送、供应链管理等方面具有丰富的经验和优势,可以为学校提供宝贵的实践教学资源。

1.实施流程

(1)双方签署战略合作协议。青岛职业技术学院与京东集团签署校企合作协议,明确双方的合作内容和目标。

(2)共同制订实训基地建设方案。根据合作协议,双方共同制订实训基地的建设方案,包括建设内容、投入资源、建设时间等方面的规划。

(3)投入资源建设实训基地。根据建设方案,双方投入资金、设备、技术和人员等资源,建设"校园云仓"生产性实训基地。

(4)开展实践教学活动。在实训基地建成后,双方共同开展实践教学活动,包括课程实践、实习实训、创新创业等,确保学生能够得到实际的实践机会和经验。

(5)共同评估和改进。根据实践教学的效果和反馈,双方共同评估实训基地运行情况和教学质量,及时发现问题并改进,不断提高实训基地的教学效果和水平。

2.特色

(1)产教深度融合。青岛职业技术学院与京东集团实现了产教深度融合,将产业与教育紧密结合,共同推动人才培养的创新和发展。

(2)真实工作环境。通过共建"校园云仓"生产性实训基地,学生可以在校期间就接触到实际的物流运营和管理,拥有真实的工作环境和实践机会。

(3)以实践教学为主导。实训基地以实践教学为主导,注重学生的实践能力和职业素养的培养和提高,为学生未来的就业和发展打下坚实的基础。

(4)企业参与实践教学。京东集团派遣员工担任实践导师,参与到实践教学中来,带来了实际的工作经验和技能,让学生更好地了解和掌握物流运营和管理的实际操作。

(5)以就业为导向。实训基地的建设和运行以就业为导向,为学生提供了更多的实习和就业机会,帮助学生更好地融入社会,提高就业竞争力。

总的来说,青岛职业技术学院与国家产教融合型企业京东集团共建京东物流"校园云仓"生产性实训基地,实施流程科学合理,特色鲜明。这种合作模式有利于提高学生的实践能力和就业竞争力,同时也为推动职业教育改革和创新提供了有益的探索和实践。

(三)分类分级分层的人才培养体系

清华大学继续教育学院与中冶赛迪集团有限公司合作,共同研究搭建企业分类分级分层的人才培养体系,开展系列人才培养项目。该项目的背景是为了满足中冶赛迪集团有限公司在业务领域拓展和转型升级过程中对人才的需求,同时提高员工的专业技能和管理能力,推动企业可持续发展。

在人才培养体系方面,双方的合作主要包括以下几个方面:

(1)建立分类分级分层的人才培养体系。根据中冶赛迪集团有限公司的业务领域和员工的发展需求,将员工分为不同类别、级别和层次,针对不同类别、级别和层次的员工制订相应的培训计划和培养方案,确保人才培养的针对性和有效性。

(2)开展系列人才培养项目。双方共同制订了多个针对不同类别、级别和层次的员工培训计划,包括新员工入职培训、专业技能培训、管理培训等,以提升员工的专业技能和管理能力。

(3)建设企业大学。双方合作建设企业大学,为中冶赛迪集团有限公司员工提供更为全面和系统的培训和学习机会。企业大学将根据企业的业务需求和员工的发展需求,设计符合企业实际的课程和培训内容,推动企业人才队伍的建设和发展。

(4)开发在线课程和学习资源。双方合作开发在线课程和学习资源,包括专业课程、讲座、案例分析等,为员工提供更为灵活和便捷的学习方式,满足不同员工的学习需求。

(5)实施评估和反馈机制。双方共同建立评估和反馈机制,对培训计划和培训效果进行评估和反馈,及时调整和完善培训计划,确保人才培养的质量和效果。

通过清华大学继续教育学院与中冶赛迪集团有限公司的合作,中冶赛迪集团有限公司能够更好地满足自身对人才的需求,提高员工的专业技能和管理能力,推动企业的可持续发展。同时,这种合作也将为其他企业提供有益的借鉴和启示,促进企业与高校之间的产学研合作和创新发展。

(四)"菜单"适配培训需求合作模式

河北工业职业技术大学是国家示范性高等职业院校、国家优质专科高等职业院校,入选中国特色高水平高职学校和专业建设计划(B档),获得全国毕业生就业典型经验高校、全国创新创业典型经验高校称号。学校前身是龙烟钢铁公司技术学校、河北冶金职工大学和河北省冶金工业学校,是一所专注于工业领域的职业学校,其专业设置与钢铁企业的生产和管理需求高度匹配。这种对口性为双方的深度合作提供了基础。在工业技术领域拥有较强的研发实力和教学水平,特别是在钢铁生产、工艺设计、质量控制等方面具有丰富的经验和专业的技能。这使得学校能够为企业提供技术支持和创新解决方案。学校拥有先进的实验设备和教学资源,能够为学生提供真实的工业生产环境和实践机会。河北工业职业技术大学与河钢集团有限公司进行深度合作,共同建设河北省钢铁生产过程智能化控制技术创新中心。与浪潮集团签订战略合作协议,共同建设河北省钢铁生产过程智能化控制技术创新中心。该中心将跟踪钢铁企业生产过程中人工智能控制领域的关键技术,推动科技成果转化。与新龙软件科技股份有限公司联合建设河北省钢铁生产过程智能化控制技术创新中心,该中心将与浪潮集团国家重点实验室合作,主要针对钢铁企业生产过程中的海量数据实时智能大数据处理、人工智能大数据故障诊断等方向进行研究。与唐山东华钢铁企业集团有限公司等企业进行深度合作,共同培养具备专业技能和管理能力的高素质人才。通过与知名钢铁企业、智能装备制造企业等开展深度合作,通过坚持"菜单"适配培训需求,为现代钢铁企业、智能装备制造企业培养了大量的高素质、高技能人才。这种深度合作模式有助于实现人才培养和企业需求的精准对接,提高人才培养质量和就业竞争力,同时也有利于推动钢铁、智能装备制造等行业的转型升级和创新发展。

1. 实施流程

(1)需求调研。学校会对钢铁、智能装备制造等企业的岗位需求、技能要求等进行深入调研,以了解企业对人才的具体需求。

(2)制订培养计划。根据调研结果,学校与企业共同制订人才培养计划,包括课程设置、教学内容、实践环节等,确保培养出的学生能够满足企业的实际需求。

(3)实践教学。在培养过程中,学校会积极引入企业实际案例和现场教学,让学生在实践中掌握实际操作技能和解决问题的能力。同时,学校还会与企业合作开展实践教学基地建设,提供更多的实践机会。

(4)联合科研。学校还会与企业合作开展横向课题研究、技术攻关等项目,推动技术创新和成果转化。通过联合科研,可以加强学校与企业之间的联系和合作,提高学校的科研水平和人才培养质量。

(5)就业推荐。在培养结束后,学校会根据学生的表现和企业的需求,为学生提供就业推荐服务,确保学生能够顺利进入企业工作。

2. 特色

(1)深度合作。河北工业职业技术大学与知名钢铁企业、智能装备制造企业等开展深度合作,共同制订人才培养计划和教学方案,确保培养出的学生能够满足企业的实际需求。

(2)以企业需求为导向。学校始终以企业需求为导向,根据企业需求调整和优化人才培养计划,确保培养出的学生能够适应企业岗位的变化和技术的更新。

(3)以实践教学为主。学校注重实践教学,通过引入企业实际案例和现场教学,让学生在实践中掌握实际操作技能和解决问题的能力。同时,学校还积极开展实践教学基地建设,提供更多的实践机会。

(4)联合科研创新。学校与企业合作开展横向课题研究、技术攻关等项目,推动技术创新和成果转化。通过联合科研创新,可以加强学校与企业之间的联系和合作,提高学校的科研水平和人才培养质量。

(5)全程服务。学校不仅提供教学服务,还提供就业推荐服务等全过程服务,确保学生能够顺利进入企业工作并发挥自己的才能。

河北工业职业技术大学与知名钢铁企业、智能装备制造企业等开展深度合作,通过制订针对性的人才培养计划、注重实践教学、联合科研创新等措施,为现代钢铁企业、智能装备制造企业培养了大量高素质、高技能人才。这种合作模式具有深度合作、以企业需求为导向、以实践教学为主、联合科研创新、全过程服务等特色,为其他高校和企业提供了有益的借鉴和启示,促进了产学研合作和创新发展。

(五)职业培训专业化开发模式

石家庄邮电职业技术学院始建于1956年,是中国邮政集团公司所属的高等院校,专门为中国邮政培养专业人才。学院在邮政领域专业背景深厚,行业经验丰富,在全面的培训内容、优秀的师资力量、良好的培训设施、定制化的培训服务以及高度适应行业变化等方面优势突出。这些优势为学院提供优质的培训服务提供了有力保障。作为中国邮政的培训机构,形成了职业培训专业化开发模式,并创新引进绩效改进技术与培训融合。

1.实施流程

(1)需求分析。学院首先对中国邮政的培训需求进行深入分析,了解其员工在专业技能、知识水平、职业素养等方面的需求,为后续培训计划的制订提供依据。

（2）培训计划制订。根据需求分析结果,学院制订全面的培训计划,包括培训内容、师资力量、时间安排等,确保培训内容符合邮政企业的实际需求。

（3）培训课程开发。学院自主开发了一系列针对邮政企业的培训课程,包括邮政业务知识、客户服务技巧、团队协作能力等,为邮政企业提供全面培训支持。

（4）培训实施。学院通过面授、在线学习、实践操作等多种形式开展培训,确保员工能够全面掌握所需技能和知识。

（5）培训效果评估。学院会对每期培训班的培训效果进行评估,通过考试、问卷调查等方式了解员工对培训内容的掌握情况,为后续的培训计划和内容的完善提供参考。

2. 特色

（1）专业化开发。学院拥有一支专业的培训团队,具备丰富的邮政行业经验和实践能力。学院通过与邮政企业的深度合作,了解其实际需求,为邮政企业提供专业化的培训解决方案。

（2）系统化设计。学院的职业培训专业化开发模式是一个系统化的过程,从需求分析到培训效果评估,每个环节都经过精心设计,以确保培训内容的科学性和系统性。

（3）个性化定制。学院根据不同邮政企业的需求和特点,为其提供个性化的培训方案。培训内容和形式都可根据企业的实际情况进行调整,以满足不同企业的实际需求。

（4）全面性覆盖。学院的职业培训专业化开发模式涵盖了邮政企业的各个方面,包括邮政业务知识、客户服务技巧、团队协作能力等,确保员工能够得到全面的培训。

（5）持续性改进。学院不断关注邮政行业的发展动态和新技术应用,对培训计划和内容进行持续改进和更新,以确保员工能够掌握最新的知识和技能。

石家庄邮电职业技术学院的职业培训专业化开发模式具有专业化、系统化、个性化、全面性、持续改进等特点,通过服务中国邮政,搭建员工培训、网络教育、人才评价等体系,形成了职业培训专业化开发模式,并创新引进绩效改进技术与培训融合,以增强培训效果。这些举措对于其他企业来说具有一定的借鉴意义。

(六)订单式人才培养模式

天津轻工职业技术学院是国家级优秀示范性骨干高职院校、优质专科高等职业院校、"中国特色高水平高职学校和专业建设计划"建设单位、全国"第六届黄炎培职业教育奖"优秀学校、天津市职业教育创优赋能建设项目高水平高职院校建设单位、天津市"世界先进水平高职院校"建设项目单位、天津市职业教育先进单位。学院设有机械工程学院、电子信息与自动化学院、经济管理学院、艺术工程学院、马克思主义学院,与喜马拉雅、浪潮等知名企业共建 5 个产业学院。校企共建校内实训中心 13 个,拥有校内实践教学场所 92 个、校外实习基地 194 个,并建有 7 个具有现代职业教育特色的优质专业群,开设 33 个高职专业和 2 个联合培养技能本科专业。模具设计与制造、光伏工程技术为中国特色高水平专业群,大数据技术为市级高水平专业群,大数据与会计、造型艺术创意设计、智能控制、数字传播为校级特色专业群。

学院聚焦天津市八大支柱产业,于 2014 年首创"三级贯通式"校企合作体制机制,即由校企合作董事会、校企合作执行委员会、专业建设委员会三级机构自上而下贯通组成。围绕天津市"1+3+4"现代产业体系对技能人才的需求,坚持校企共育、五业联动,为区域经济发展和解决技术技能人才供需矛盾提供可参考经验。在首届世界职业技术教育发展大会上,学院向教育部和天津市党政领导汇报产教融合校企合作"轻工模式",受到行业内广泛认可。

(1)精细管理,创新产教融合协同育人模式。学院围绕精密制造、智能制造行业转型升级需要,以模具设计与制造专业(群)为核心,以先进技术为引领,与中国模具工业协会、天津汽车模具股份有限公司等单位合作共建国内首个混合所有制性质模具产业学院。通过"行业+龙头企业+学校"多元主体办学,对接并聚焦产业链,在"共投、共建、共管、共用、共享、共赢"机制下共育人才。同时,学院牵头组建的京津冀模具现代职业教育集团入选教育部第二批示范性职业教育集团(联盟)培育单位,在跨区域建设、连锁式运行模式下实现校企合作一体化、课程建设一体化、优质教育资源开发和使用一体化、"双师型"教师队伍培养一体化。

(2)精准定位,打造技术技能创新服务平台。模具设计与制造专业群对标高精度模具国际尖端产品和技术,与多个单位共建华北地区高职院校首个精密模具协同创新中心,建成国内首条高职院校精密模具智能制造生产线,共同面向机械手表机芯零件高速精密级进模具进行关键技术研发。学院与天津海鸥表业集团有限公司以政府支持为基础,以项目研发为抓手,攻破关键性技术壁垒,由国家级技能大师工作室牵头,依托校企共建的高职院校首个"国字号"工程技术研究中心——中国轻工业精密模具工程技术研究中心,研发高速精密级系列级进模具35项,其中"智能在线检测棘爪拨片高速精密级进冲模"荣获中国模具行业"精模奖"一等奖,打破我国机械手表机芯精密级进模具长期依赖进口的局面,填补了国内空白,为企业创造经济价值2200万元。

(3)精心培养,共育行业高端技术技能人才。学院通过校企双方组建产教联合体,在人才培养、招生就业、科技创新与服务等方面进行一体化运作,实现学生从校园到企业无缝衔接,并以手表零件模具为载体,开展现代学徒制订单式培养,形成"厂校共育"培养机制。此外,学院与企业构建"双导师"团队,共同修订人才培养方案、开发课程资源、组织开展教学、制订考核机制,累计有1.5万余名学生从中受益,毕业生对口就业率达95%、跟踪满意度达98%。

(4)培养高标准"双师型"师资队伍。学院坚持从"双师、双能、双创、双语"四个维度,打造政治素质好、业务水平高、实践能力强的'双师型'教师队伍。光伏发电技术与应用专业教学团队先后荣获"首批国家级职业教育教师教学创新团队""全国高校黄大年式教师团队""天津市三八红旗集体"称号,成员"双师型"教师比例达到100%。同时,聚焦创新校企合作协同机制,打造高素质双师型团队,以行业企业技术发展为引领,遴选五家企业高级工程师担任兼职教师,组建校企合作、专兼结合、产学发展的"双师型"团队;通过调研分析产业对技术技能人才的需求,共同制订人才培养方案,提升专业群与产业链的匹配度;制订"1+X"职业技能等级证书标准,形成对接职业标准的模块化课程体系;共建高水平实习实训基地、能源产业学院,开创校企协同工作新局面。

(5)国际化办学。学院聚焦国际产能合作,在印度、埃及建立3所鲁班工坊。2017年揭牌的印度鲁班工坊,是在应用技术大学实施的首个项目,实现了职业教育伴随中国企业"走出去"的首个鲁班工坊的落地。2020年启动埃及鲁班工坊,建有3个高职层次专业和2个中职层次专业,首创在一个国家同时建立中高职两个不同层次鲁班工坊的先河,构建了"中、高、本"衔接办学体制,为完善和补齐埃及职业教育体系中的"短板"做出贡献。学院与多方携手共建埃及鲁班工坊培训就业基地,在数控设备应用与维护专业、新能源应用技术专业、汽车运用与维修技术专业等方面开展合作,共同培养鲁班工坊学员,积极向在非中资企业推荐精技术、通语言、懂文化且具备较高就业竞争力的技术技能人才。目前在非洲已运行的鲁班工坊中,埃及鲁班工坊场地建设面积大、专业建设数量多、培训师资层次高、国际化标准完备、立体化资源丰富,成为非洲鲁班工坊的标杆项目。鲁班工坊实现了合作国教师实施本土化教学、开展本土化培训的建设目标,为鲁班工坊的健康发展提供了可靠保障。

(七)打造产教融合试验区

江苏经贸职业技术学院聚焦现代服务业发展需求,开设了多个与现代服务业紧密相关的专业,包括电子商务、物流管理、旅游管理、金融管理、会计等。这些专业为试验区的建设提供了必要的人才支撑和智力支持。学院依托全国现代服务业职业教育集团,行政、学校、企业共同打造"三高一标"现代服务业产教融合试验区,是一个创新的尝试,旨在促进现代服务业的快速发展和人才培养质量的提升。

江苏经贸职业技术学院与中国贸促会商业行业委员会联合打造了全国现代服务业产教融合试验区,通过搭建"科技+服务融合"平台,叠加线上、线下服务效能,汇聚现代服务业领域的高校、企业和科研院所,精准对接产教融合、校企合作,有效改善了区域科技创新与营商环境,全面提高企业运营活力和创新能力。试验区聚集 300 余家现代服务业领域的企业,由政府相关部门牵头成立管委会,制定专项扶持政策,创新产教融合运行机制,校企共建多个产业学院、实践教学基地、名企工作室和教师工作站,以师资共用、课程共担、标准共建、人才共育为引领,激发校企内生动力,提升学校人才培养质量,优化企业人力资源配置,促进教育链、人才链和产业链、创新链有机衔接。

试验区联合高校、科研院所,构建现代服务业研究院和成果转化中心,共建院士工作站、博士工作站,"不间断、全方位、高效率"精准服务企业科技创新,激活创新源头,提质增效服务,为企业技术创新、成果转化提供沃土,形成现代服务业技术积累、创新、转化一体化发展体系。培育的规模以上企业、高新技术企业、上市企业、瞪羚企业逐年递增,促进了企业的可持续发展。试验区建设已获得国家和省相关认定,构建了教育和产业融合发展格局,通过"科技+服务融合"平台辐射累计完成国内外知识产权授权、横向课题等万余项,服务企业转型升级效果显著,服务高校科研水平提升明显,服务区域就业创业质量精准,服务高校人才培养成果卓越,服务校企产教融合成果丰硕,具有改善人才结构、提高技术技能、促进就业创业、带动地方税收及拉动区域经济发展等多重作用。

(八)校企一体化模式

为了适应区域经济发展和产业转型升级的需要,培养高素质的技术技能人才,威海市职业中等专业学校意识到要解决育人与用人"两张皮"的矛盾,必须实现学校、企业"双主角"协同育人的目标。因此,借助山东省建设职业教育创新发展高地的契机,学校与企业先后共建 10 个"教学工厂"和生产性实训基地,依产育人,从"三教"改革入手,共建校企双元教学团队、开发校企并设课程体系、推行工学一体教学组织,实现了人才培养由半成型向成熟型的跨越。

(1)引企入校,建立校企双元教学团队,是实现人才培养向成熟型转变的关键跨越。该校凯特液压生产性实训车间由学校原有数控实训车间改造而成,分专业实训区和生产车间区,学生在实训区由校企"双导师"进行技术培训,在生产区由企业师傅带领进行产品生产,根据不同年级学生的技能基础在校内完成实习和生产的递进式培养,学生一毕业就能独立上岗。这样的模式在新北洋数码科技钣金匠场、汇泉服装生产性实训基地、康派斯房车制造"双创"基地、阳光永好实习酒店等驻校项目中都在推广。

(2)岗课互融,依产定学,用人与育人一体化设计课程体系,以企业生产管理和工艺流程为蓝本开展教学,切实将职工培养前置到学校阶段,是企业主动与学校合作的引力所在。该校与山东汇泉工业有限公司共建的服装生产实训基地,完全按照企业生产车间进行设计改造,拥有 1 条标准服装生产线,包括缝制流水线、辅工区、整烫区、成品检验区、成品包装区、裁剪区、存货区以及服装样品和师生教学成果展示区等。每个功能区的生产工艺就是一个教学模块,岗位与课程紧密对接,学校课程与企业课程相互融通,学生分组轮换实训,边生产边学习,并逐步向设计、加工和销售等产学研结合方向拓展。仅 2022 年,基地就承接和参与合作企业被服产品加工 4300 多套,学生在生产中锤炼了真本领。

(3)工学交替,递进培养,解决教学与生产矛盾,是实现校企合作的根本保证。学校将"产教互存、工学相证"的理念贯穿育人全过程,统筹规划各学段生产性技术技能教学,实行工学交替教学。实施"一年有型、两年成型、三年定型"的能力递进培养,打破原有每周文化课、理论课和实训课"三版块"穿插式排课方式。在康派斯房车制造"双创"基地,1200 多平方米的车间被分为 7 个工作区和 1 个学生创客实训区,承担康派斯新能源车辆股份有限公司房车和黑海游艇有限公司的木质板材生产任务,采用企业技术指导、专业教师组织生产、学生小组轮换生产的方式进行,理论教学与生产训练交替进行。

(4)仿真教学,工学一体,打造学以致用育人平台,是实现专业向职业转化的重要途径。该校餐旅服务部的"茶点吧",是在合作企业支持下建设的师生自主经营管理的创客空间。烤箱一打开,十几种中西面点香气氤氲。售卖区前台,购买的学生排起了长队。"茶点吧"采取"前店后厂"的布局,专门划出一间实训室作为加工车间,新建了售卖专区。学校教师和企业导师共同研发产品,并指导制作和经营管理,学生自主进行产品推介、订单定制、销售服务、财务管理等,面向校内师生服务,实行网上预订与线下售卖相结合的方式,在实训课上加工,中午、下午放学后开放,用校园卡支付。

威海市职业中等专业学校实施校企一体化模式是成功的职业教育办学模式之一,具有鲜明的特色和创新性。这种模式适应了区域经济发展和产业转型升级的需要,为当地经济发展提供了高素质的技术技能人才。

(九)引企入校模式

上海第二工业大学引企入校的专业包括机械工程及自动化、车辆工程、信息管理与信息系统、电子信息工程、计算机科学与技术、网络工程、智能科学与技术、环保设备工程、材料化学等。学校通过与相关企业合作,将企业的生产线、研发项目等引入校园,实现了真实企业环境的再现。同时,学校与企业共建实习实训基地、研发基地等,为学生提供实践机会和就业保障。

(1)积极探索工程教育模式改革。学校在机械、电子、计算机等专业开展了工程教育试点,实施以提升工程基础知识、个人能力、团队能力和工程系统能力为主要目标的新型工程教育模式,并将取得的初步经验与卓越工程师计划、市教委应用本科试点专业相结合,专业覆盖面、学生受益面得到扩大。同时,学校积极借鉴欧洲应用科技大学和"双元制"教育、德国手工业协会证书教学、台湾科技类大学的应用型人才培养经验,逐步建立起以提高职业素养和创新实践能力为核心内容,以产教融合、校企合作培养为基本途径,以学生全面发展兼具专业特长为主要目标的特色培养模式。

(2)开展专业建设论证。按照"专业设置与产业需求对接、课程内容与职业标准对接、教学过程与生产过程对接"的要求,对全校37个本专科专业和20个高职专业进行了广泛而深入的论证,专业定位和人才培养目标进一步明确,课程设置更加合理;精简学分并实行完全学分制,为学生自主选择、自主学习留出了更大空间;凸显实践教学,构建了基础实践、综合实践、工程实践、创新实践等四个层次的特色实践教学体系;将职业资格证书融入课程,实行双证融通,并积极参与专业国际论证;加强通识教育,成立通识教育中心,统筹全校通识教育资源的开发与管理。

(3)加快"双师型"教师队伍建设。学校通过教师企业实践计划、企业挂职锻炼、参与技术开发与转移等途径不断改善师资结构,提升教师素质。明确要求进入"双师型"序列的教师5年内有累计1年以上的行业、企业实践经历,并将其作为相关教师考核和岗位聘任的必要条件。制订了具有学校特色的"骨干教师带头人计划",将骨干教师激励计划团队和学科团队、教学团队有机统一,明确任务和目标,强化团队建设绩效评价,并体现于绩效分配中。同时,学校还建立了与校外行业和企业的专家、技术骨干双向聘用机制,制定并完善了兼职教师队伍管理办法,根据不同类型,明确其任职资格、基本职责、聘用程序、考核与薪酬管理办法,力争5年内兼职教师达到学校在编专任教师的50%。

(4)构建应用型人才培养"立交桥"。学校选择多个优势工科本科专业向校内外高职学生提供升本通道,同时与多所中职学校实施中高职贯通。为确保培养质量,学校与中职学校密切合作,进行中高职、中本人才培养工作一体化设计,定期开展教研活动,跟踪、检查教育教学过程和质量。

(5)大力推进教育国际化。学校把国际化列为学校的重要发展战略,和世界众多应用型高校和相关机构建立了稳定的合作关系,以联合培养、互派交换生、组织短期访学等途径,大力推进学生国际交流,拥有海外学习交流经历的学生数量逐年增加,国际上许多先进的教育理念、优质教学资源被吸纳采用并进行本土化实践。

(6)加强职业信用教育。学校把职业信用列为学校人才培养目标要求,育人实践中,与劳模精神的宣传教育相结合,把职业信用的内容编入教材,进入学校通识教育课程体系,纳入教学计划。在实施课堂教学的同时,还以企业实习、志愿服务、创业项目、社团建设等为载体,积极开展形式多样的职业信用教育。

(十)"产教融合型企业"模式

广东轻工职业技术学院是省属唯一国家示范性高等职业院校、中国特色高水平职业学校和高水平专业群("双高计划")建设单位,拥有多个重点专业,包括精细化工技术、产品艺术设计、高分子材料加工技术、食品营养与检测、机电一体化技术(灌装生产线)、广告设计与制作等。这些专业在各自的领域内具有一定的特色和优势,如精细化工技术专业注重化学工业的生产和研发,产品艺术设计专业注重艺术与技术的结合,高分子材料加工技术专业注重高分子材料的制备和应用等。学院积极落实职业教育供给侧结构性改革,深化产教融合,促进教育链、人才链与产业链、创新链有机衔接与精准对接,探索"平台+制度+项目+绩效"的校企合作体制机制改革,围绕广东"双十"产业集群,打造"一群一院一联盟"产教融合模式,培育产教融合生态圈,校企深化合作内涵,推进学校人才培养质量与技术服务水平的快速提升,服务粤港澳大湾区产业发展格局,取得较大成效。

(1)"政校行企"协同打造产教融合平台。学校在广东省发改委的指导下,牵头广东省应用型本科、中高职院校、知名企业和行业组建广东省产教融合促进会。打造覆盖全省的产教融合综合服务平台,通过举办产教融合研究交流活动,建立产教融合统计评价体系。2020年,围绕广东"双十"产业集群,促进会逐步建立面向不同产业的专家委员会,首批遴选广东省产教融合型企业培育单位878家。

(2)持续打造国家示范职业教育集团。学校通过打破省、市属界限,整合广东省轻工行业教育资源,与省内知名企业及行业协会打造战略联盟。经过7年发展,集团现有各级理事单位109家,成员单位600余家。2020年入选教育部首批示范性职业教育集团(联盟)培育单位。

(3)搭建产教融合联盟。学校牵头共建广东省工业互联网产教联盟、全国化妆品技术产教联盟等8个产教联盟。通过联盟的校企常态化交互对接,建立覆盖学校主要专业领域的教师企业实践流动站,开展"一个专任教师联系不少于两家企业"的产教交互计划,并以产教联盟和产业标杆产教融合型企业为依托,建成15个特色产业学院,助推技术、课程、师资、实训、实习、就业、创业、培训等信息互通、资源汇聚、共建共享。

(4)"四链衔接"优化校企协同育人模式。学校通过优化校企合作管理制度,多方共建技术创新平台、实训实习基地、"双师"教师团队、人才培养方案及新课程、人才培养质量评价体系,汇聚企业新要素,多元联动重构课程体系。学校通过与华为、腾讯、科大讯飞、金发科技、树根互联、华中数控等产业优势企业合作,从技术岗位复合型人才需求出发,以典型工作项目为载体,打造产教融合型实训实习基地,共建技术应用协同创新中心、工程技术开发中心等20个技术创新平台,满足不同水平的学生对专业知识应用能力提升的需求,校企协同分层分类精准培养适应了产业转型升级对技术技能人才的需求。

(5)打造"产学研训赛创"特色产业学院。学校先后与天意有福、瀚蓝环境、华为、SGS、广东省广告集团、环亚科技、金发科技、华中数控、科大讯飞、广汽丰田等一批行业标杆企业合作共建产业学院15个,共建实训基地、研发中心、培训基地、校外实践基地等项目310个,累计引入企业合作办学资金、设备(含准捐赠)超过6000万元。同时依托产业学院,校企合作开展国家现代学徒试点专业3个,广东省现代学徒试点专业10个,试点班级24个,在培学徒551人;校企联合开展订单班21个,累计培养学生1450人。构建"四方参与、五步实施"的专业质量保障体系。学校采用"回应—协商—共识"建构型方法,依循学校自评、学生评价、企业评价、行业评价、专业改进五个步骤,由行业、企业、学校、学生等四方,构建以学习成果获得的条件保障、过程控制、结果输出、服务对象体验为核心的专业评价指标体系,保障专业建设与人才培养质量,获广东省教学成果一等奖。学校以建设智慧校园3.0为契机,在校企合作管理实践经验基础上,通过制度规范、流程再造、过程追踪、绩效评价、数据分析、源点治理,开发基于校园大数据中台的校企合作管理服务信息系统,打通产业与教育之间信息交互壁垒,提升治校办学水平。

(十一)"企业学院"模式

苏州经贸职业技术学院实施"企业学院"模式具有其独特的特点和优势。通过与多家企业合作,共建"盛虹企业学院""永鼎智慧工厂产业研究院"等企业学院,学院实现了深度的校企合作,与企业共同开展人才培养和社会服务。这些企业学院在人才培养方面不断加大投入,推动产教融合走向深入,同时也符合国家对职业教育的要求,体现了自身发展特色。

(1)符合市场需求的专业设置。苏州经贸职业技术学院在设置专业时,充分考虑了市场需求和行业发展趋势,开设了一系列符合市场需求的热门专业。这些专业涵盖了财经、商贸、物流、艺术、信息等多个领域,为培养适应市场需求的高素质人才提供了基础保障。

(2)具有实践导向的课程体系。学院注重实践教学,建立了完善的实践教学体系。通过实践教学和项目实战,学生能够更好地掌握实际操作技能,提高自身的实践能力和职业素养。学院还与多家企业合作,建立了实习实训基地,提供实践教学环境,培养学生的实践能力和职业素养。

（3）企业深度参与人才培养。学院在实施"企业学院"模式时,积极邀请企业参与人才培养过程。企业专家参与课程设计、教材编写、实践教学等方面的工作,将企业实际需求和先进理念融入教学中,使人才培养更加贴近企业实际需求。这种深度参与人才培养的方式,使得学院的专业设置和人才培养更加符合市场需求和企业要求。

（4）注重学生职业素质培养。学院注重培养学生的职业素质,通过开设职业规划课程、创业教育课程、职业道德课程等,帮助学生树立正确的职业观念和职业道德意识。同时,学院还通过开展各类社会实践活动和志愿服务活动,培养学生的社会责任感和团队合作精神。这些措施有助于提高学生的综合素质和就业竞争力。

（5）师资力量雄厚。学院重视师资队伍建设,通过引进高水平教师、培养青年教师、聘请企业专家等方式,建设了一支高素质的教师队伍。这支队伍在教学、科研、社会服务等方面发挥着重要作用,为学院实施"企业学院"模式提供了有力支持。

苏州经贸职业技术学院实施"企业学院"模式的专业优势,主要体现在市场需求导向的专业设置、实践教学体系、企业深度参与人才培养、职业素质培养以及师资力量雄厚等方面。这些优势使得学院在人才培养方面更加贴近市场需求和企业要求,提高了学生的综合素质和就业竞争力。

第五章

河南省产教融合相关政策、产教融合模式及人才需求分析

一、河南省产教融合相关政策

产教融合的发展离不开政府政策的引领,政府政策的引领有助于明确产教融合的发展方向和目标、激发产教融合的内在动力、促进产教融合的规范化和制度化发展。河南省在产教融合方面颁布的多个文件,为产教融合提供了明确的指导方向和政策支持,有助于推动产教深度融合,培养更多高素质技术技能人才。

2005年河南省人民代表大会常务委员会发布《河南省职业教育条例》。该条例明确规定了职业教育的地位、目标、任务和管理体制,强调了职业教育与普通教育的相互沟通和协调发展,鼓励企业、高等学校和科研机构等参与职业教育,推进产教融合、校企合作。

2012年河南省人民政府发布《河南省职业教育校企合作促进办法》。该办法旨在促进职业学校和企业之间的深度合作,规定了校企合作的基本原则、合作形式、合作内容和管理机制,强调了企业在职业教育中的重要地位和作用,鼓励企业参与职业教育的办学和教学过程。

2018年10月,河南省政府办公厅印发《河南省人民政府办公厅关于深化产教融合的实施意见》(豫政办〔2018〕47号)。该实施意见提出了深化产教融合的总体要求、主要任务和保障措施,明确了政府、企业、学校和社会各方面的职责和任务,加强产教融合师资队伍建设、推进实践教学改革、加强产学研合作等方面的工作。

2019年11月27日,河南省人民政府发布《河南省职业教育改革实施方

案(2019—2022年)》。该方案提出了促进校企"双元"育人、健全产教融合校企合作激励政策等具体政策举措,鼓励企业特别是大型企业举办高质量职业教育,有利于引导更多的社会资源投入职业教育领域,提升职业教育的整体水平;允许企业以土地、资本、知识、技术、管理等要素依法参与办学,与公办职业院校合作举办混合所有制性质的职业院校(或二级学院)和职业培训机构,并享有相应权利。这种混合所有制办学模式有助于打破公办与民办职业院校之间的界限,激发办学活力,提高职业教育的适应性和竞争力。该方案还建立了产教融合型企业认证制度,对进入产教融合型企业认证目录的企业给予"金融+财政+土地+信用"的组合式激励,并按规定落实相关税收政策。这有利于引导企业积极参与职业教育,形成产教融合的良性循环。

2019年12月,河南省人民政府下发了《关于印发河南省职业教育改革实施方案的通知》(豫政〔2019〕23号)。该文件提出开展省级产教融合试点城市建设培育工作,推广"订单式"培养、现代学徒制、企业新型学徒制等"双培型"培养模式,推动制定《河南省职业教育校企合作促进条例》,建立产教融合型企业认证制度,对进入目录的企业给予"金融+财政+土地+信用"组合式激励,并按规定落实相关税收政策。

2020年,河南省教育厅发布《河南省高等教育高质量发展行动计划(2020—2025年)》。该计划旨在促进高等教育与产业的深度融合,加强高校与企业的合作,提高高等教育对经济发展的贡献度。

2020年1月,河南省人民政府发布《河南省国家产教融合试点建设方案》,目的是集中力量破除体制障碍、领域界限、政策壁垒,推动实现全要素深度融合。具体来说,该方案旨在通过产教融合型城市、行业、企业的试点建设,探索产教融合的新模式和新机制,提高人才培养质量,促进产业升级和经济发展。同时,该方案还要求首批产教融合建设试点应按要求对各自推荐的试点城市、行业、企业,认真做好建设培育、组织实施和协调推进工作,并适时启动第二批试点,将首批产教融合建设试点的改革成果面向全国推广。

2021年河南省教育厅发布《河南省职业教育改革发展"十四五"规划》,

提出了"十四五"期间河南省职业教育改革发展的总体要求、主要目标、重点任务和保障措施,强调了加强产教融合、校企合作的重要性,鼓励企业参与职业教育的办学和教学过程。

2021年河南省人民政府办公厅发布《河南省人民政府办公厅关于推动现代职业教育高质量发展的实施意见》。该实施意见提出了推动现代职业教育高质量发展的总体要求、重点任务和保障措施,强调了加强产教融合、校企合作的重要性,提出了建设高水平专业化产教融合实训基地、打造示范性职业教育集团等具体举措。

2023年河南省教育厅等六部门下发《关于进一步加强职业教育校企合作管理的意见》(豫教职成〔2023〕83号),文件规定:学校不得将学生全程委托给合作企业或其他机构进行培养和管理;在学生缴纳的学费之外,严禁以校企合作名义向学生额外收取费用;不得将培训证书等增值服务项目与学生考试成绩以及发放毕业证书、学位证书挂钩。同时支持企业以土地、资本、技术、管理等要素依法参股入股,以混合所有制形式举办或参与举办职业学校、二级学院和培训机构。

2023年河南省教育厅发布了《关于申报市域产教联合体的通知》(教办职成〔2023〕148号)、《关于开展河南省市域产教联合体建设的通知》(教办职成〔2023〕258号)两份与市域产教联合体相关的文件。这两份文件旨在推动市域产教联合体运行,在省域层面积极探索市域产教联合体建设,实现培养高技能人才、推动区域经济高质量发展。《关于申报市域产教联合体的通知》(教办职成〔2023〕148号)要求各单位积极申报市域产教联合体项目,并明确了申报条件、申报材料和申报程序等要求。文件鼓励有条件的市(县、区)与职业院校、行业协会、企业等合作,共同组建市域产教联合体,促进教育链、人才链与产业链的有机衔接。《关于开展河南省市域产教联合体建设的通知》(教办职成〔2023〕258号)对市域产教联合体的建设提出了具体要求和指导意见。文件要求各市(县、区)结合实际制订市域产教联合体建设方案,明确建设目标、主要任务、保障措施等,并加强组织领导和政策支持,确保市域产教联合体建设取得实效。

这些法律法规政策的出台为河南省的产教融合和校企合作提供了有力

的制度保障和政策支持,有助于推动职业教育快速发展和人才培养质量的提高。

二、河南省产教融合模式

目前,河南省现有比较成功的产教融合、校企合作模式包括订单班、产业学院、现代学徒制、混合所有制办学和职教集团等,这些模式将学校教育与企业需求紧密结合,提高了职业教育的质量和适应性,能够更好地满足产业发展的需求;通过实践教学和校企合作等方式,提高学生的实践能力和职业素养;实现了人才培养与就业的紧密结合,能够满足企业的特定需求,提高学生的就业竞争力;适应产业发展的需求,能够推动产业升级,为河南省的经济社会发展做出贡献。总之,河南省现有比较成功的产教融合、校企合作模式具有创新性和实用性,能够提高职业教育的质量和适应性,促进人才培养与就业的结合,推动产业升级和发展。

(一)订单班

目前河南省产教融合、校企合作最成熟的模式之一是订单班。通过这种合作方式,学校和企业可以共同培养符合市场需求的高素质人才,为河南省的经济发展和人才培养做出积极的贡献。

订单班是指学校与企业签订合作协议,按照企业的要求和标准,共同制订人才培养方案和教学计划,共同参与人才培养过程的一种合作方式。通过订单班的方式,学校可以更好地与企业对接,满足企业的需求,提高人才培养的针对性和实用性。同时,订单班也可以帮助学生更好地了解企业的需求和标准,提高自身的实践能力和职业素养,为未来的就业做好准备。河南省实施订单班人才培养模式的学校有很多,其中包括漯河职业技术学院、黄河科技学院、郑州铁路职业技术学院等。这些学校与多家企业开展订单班合作,共同培养符合市场需求的高素质人才。例如,漯河职业技术学院与双汇集团、黄河科技学院与华为集团等都开展了订单班合作。

漯河职业技术学院作为行业性、地方性、应用型的高职院校,积极探索教学改革、校企合作和服务地方经济社会发展的三位一体的办学模式,走出了一条富有高职特色的办学之路。双汇是中国最大的肉类加工基地,农业产业化国家重点龙头企业,在发展的过程中始终重视与学院合作教育的问题。在 2002 年,双汇集团与漯河职业技术学院开始合作,成立"订单班",在双汇集团的销售市场和生产车间开展协同育人,在全国开创了"订单培养"人才培养模式的先河。随着双汇集团规模的扩张,双汇集团需要更多的专业化人才。深化校企合作,实现职业教育、专业人才和产业发展的精准对接,是满足企业人才需求的重要举措,是教育和产业统筹融合的有效途径,是校企互惠共赢的现实需要。在 2019 年 1 月 21 日,双汇集团正式和漯河职业技术学院合作成立了"双汇学院",开办了"双汇销售致用班"、"双汇品管厚德班"、"双汇设备砺能班"和"双汇物流敏学班"4 个精英班,以培养销售区域经理、品质管控部长、设备安全经理、物流经理为方向,共有 650 名预备学员入班。

"双汇学院"健全了校企合作人才培养模式,包括方案设计、课程设置、学生实习、就业支持等,成为全省乃至全国食品行业人才培养培训的示范基地。同时,以学院为载体,推动企业内的销售、技术等高技能人才与漯河职业技术学院教师深度对接,开展专业课题研修、技术推广服务、项目咨询论证及行业高端培训,持续输出食品加工、食品营养与检测、市场营销等方面的专业人才。

(二)产业学院

产业学院是一种以产业为引领的人才培养模式。学院与产业园区、行业协会等合作,建立产业学院,围绕产业链进行人才培养。产业学院不仅承担学院的教育教学任务,还发挥产业聚集效应,推动产业升级和发展。合作方式可以实现学校与企业的深度融合,共同培养符合产业发展需求的高素质人才。通过产业学院建设,学校可以更好地了解企业的需求和标准,提高人才培养的针对性和实用性。同时,企业也可以通过产业学院获得符合自己需求的高素质人才,提高企业的竞争力和发展潜力。

作为河南省示范性应用技术类型本科院校,平顶山学院把产业学院建设作为深化产教融合的重要突破口,先后与平顶山市人民政府、中国平煤神马集团、平高集团、中原鲲鹏生态创新中心等单位合作共建河南省重点建设现代产业学院,如尼龙新材料学院、全国首家鲲鹏产业学院、智能电力装备学院、陶瓷学院、大河传媒学院等多个成效明显的产业学院。经过多年的探索与实践,形成了"政产学研协同,教学做创融通"的产业学院建设模式。

(1)打造特色学科专业群,夯实服务产业发展的基础。平顶山学院坚持"服务需求、交叉融合、特色发展、创新发展"的建设理念,以产业学院为载体,对接区域产业链、创新链打造了一批特色优势学科专业群,夯实服务产业发展的基础。尼龙新材料学院对接河南省战略性新兴产业尼龙新材料产业和平顶山市中国尼龙城建设,打造尼龙及化工新材料学科专业群,立项建设省级重点学科"化学工程"、省级一流专业"化学工程与工艺",立项教育部、河南省新工科研究与实践项目"面向'中国尼龙城'战略的现代产业学院建设探索与实践",打造特色学科团队"尼龙新材料与绿色化工新技术团队"。智能电力装备学院对接智能电网产业,打造智能电力装备学科专业群,立项建设省级重点学科"高电压与绝缘技术"、省级一流专业"电气工程及其自动化",建成省级精品开放课程"高电压技术",建成"智能输配电装备研究河南省创新型科研团队"。

(2)"政产学研"共建平台,为"三协同"提供有力支撑。平顶山学院紧紧依靠政府引导,牵手行业龙头企业,联合高水平研究型大学和科研机构,以产业学院建设为抓手,"政产学研"共建了一批高水平科研和育人平台,为校企协同育人、协同创新、协同服务提供了有力支撑。尼龙新材料学院、智能电力装备学院、大河传媒学院等产业学院校企合作建成了"特种石墨功能材料河南省工程实验室"、"高压智能电器河南省工程技术研究中心"、"伏牛山文化圈研究中心"、"河南省全媒体科普传播中心创作基地"等一批省级科研创新平台,与行业企业共建传媒大讲堂、影视实训中心、无人机航拍飞行实训室等一批实训平台。陶瓷学院校企研合作建成"河南省中原古陶瓷研究重点实验室"、"河南省鲁山花瓷工程技术中心"2个省级平台,共建了陶瓷创意工场、创新创业基地。学校先后成为中国北方陶瓷产品设计师培训和考试基地、河南省文化产业发展研究基地、中国陶瓷设计艺术大师评选考试基地和河南陶瓷艺术大师评选考试基地。

(3)"六个对接"引企入教,全面深化校企协同育人。平顶山学院通过"六个对接"全面推进引企入教,校企协同育人日益深化。"六个对接"指人才培养方案修订与合作单位对接、课程教学团队建设与合作单位对接、课程建设与合作单位对接、实践教学平台建设与合作单位对接、教学过程与合作单位对接、教学质量评价与合作单位对接。陶瓷学院邀请厦门匠仕工业设计有限公司等10余家单位的行业专家参与专业人才培养方案修订论证,吸纳箭牌卫浴、鲁山花瓷等10余家公司设计师构建校企一体、专兼职结合的"双师双能"型课程群教学团队,校企合作共建"建筑陶瓷设计""鲁山花瓷创新设计"等6门行业特色课程,与广东佛山金牌陶瓷等合作共建校外实习实训基地40余个,建设8个"师带徒"教师工作室,连续6年邀请合作单位的行业专家担任学生毕业论文答辩评委、创新创业竞赛评委。"六个对接"推动陶瓷学院实现了专业建设与产业需求对接、课程内容与职业标准对接、教学过程与生产过程对接,毕业生就业率连年保持在95%以上。

（4）"教学做创融通",推动专创深度融合。平顶山学院依托各产业学院"政产学研"共建的平台,建成一批特色工作室、开放实验室,推进"教学做创融通",实现了创新创业教育与专业教育深度融合。每个特色工作室或开放实验室都组建校企双导师团队,导师带领学生团队在"真实环境"中以"真实项目"开展"真实流程"的全程实战。特色工作室以"创意—创作—创新—创业"为教育主线,开放实验室以"构思—设计—实现—运作"为教育主线,培养学生的实践应用能力和创新创业能力。学生毕业论文（设计）真题真做,应用类专业来自实践一线的课题占比平均达到80%以上。

（三）现代学徒制

现代学徒制是一种现代职业教育人才培养模式,旨在通过学校与企业、教师与师傅的深度合作,培养具有实践能力和职业素养的高素质技能人才。现代学徒制注重学生的实践经验和职业技能培养,通过真实的工作环境和实践教学,使学生能够在实际工作中学习专业技能和知识,提高职业素养和综合能力。

河南省自2019年起开始推进实施现代学徒制,选取商丘医学高等专科学校、河南机电职业学院、河南职业技术学院、河南工业职业技术学院、河南轻工职业学院、河南对外经济贸易职业学院、郑州旅游职业学院、河南信息工程学校、河南省工业科技学校等学校为试点。2019年3月,河南省人社厅等两部门印发《全面推行企业新型学徒制实施办法(试行)》,明确自 2019 年起到 2020 年底,河南每年培训企业新型学徒 2 万人以上;自 2021 年起,全省每年培训学徒 3 万人以上的培养目标。河南省政府出台了多项支持现代学徒制的政策,给予了资金和政策支持。对开展学徒培训的企业,按规定给予补贴,中级工每人每年 5000 元,高级工每人每年 6000 元。同时,有条件的地方可安排工作经费,对学徒培训教材开发、师资建设、管理人员培训、管理平台开发等基础工作给予支持。同时,企业因接收学徒所实际发生的支出,可按税收法律法规的规定在企业所得税前扣除。

2015 年 8 月,商丘医学高等专科学校成功入选教育部首批现代学徒制试点单位,成为唯一入选的医学高等专科学校,药学专业为试点专业。项目实施以来,试点专业与中国医药集团开展合作,探索构建了由政府引导、行业参与、社会支持、企业学校双主体育人的具有专业特色的现代学徒制人才培养模式,开展了"招生即招工、入校即入厂、校企联合培养"的现代学徒制试点,创新和建设了一套针对试点专业的校企人才共育、过程共管、责任共担、成果共享的现代学徒制教学管理与运行机制,并在学校护理、口腔医学、临床医学、医学检验技术等专业推广。

(1)校企联动,实现了招生招工一体化。校企共同制订了《现代学徒制校企联合招生管理办法》。按照联合招生、联合培养的基本原则,校企联合成立了招生工作领导小组,校企共同制定录取标准、录取办法,按照公平自愿、择优录取的原则共同选拔学生(学徒),学校、企业、学生三方共同签订协议书,明确了学员、学徒双身份。2015 级选拔 16 名学生(学徒)、2016 级选拔 43 名学生(学徒)、2017 级选拔 35 名学生(学徒)进入现代学徒制"中国药业现代哈森班"进行学习。

(2)校企融合,构建了药学专业现代学徒制人才培养模式。校企双方根据药学专业特点,以企业岗位需求与未来发展为依据,共同对人才培养模式进行了改革,校企深度融合,企业全方位、全过程参与人才培养。建立了"分段制"人才培养机制,第一、第二学年校企交替,在校内实训基地、企业轮流开展岗位实景实训,企业师傅进入学校担负部分专业技能课程的教学工作,签订师徒协议;第三学年企业顶岗,以企业师傅带徒为主,学校导师进企业指导。第一学年学生(学徒)以校内学习为主,并安排 2 段 4 周企业见习及实训进行岗位感知教育。第二学年学生(学徒)在学校、企业交替进行学习,根据企业岗位特点开设特色专业课程,并安排 3 段(6 周)企业见习和实训进行岗位认知教育。第三学年学生(学徒)进入企业顶岗工作,进行岗位实践教育,企业支付薪酬、购买相关保险,学校购买实习责任险。

(3)多方参与、制订了特色人才培养方案。校企联合选拔优秀教育专家、行业技术专家、管理专家成立项目组,进行专业岗位调研,深入了解岗位需求。依据岗位需求校企联合制订特色人才培养方案,搭建专业与岗位对接、教学过程与工作过程对接、课程内容与职业标准对接的课程体系,初步形成了"校企双主体""现代学徒制"的人才培养新机制,为企业需求"量身"培养人才,增强了毕业生职业岗位适应力和就业竞争力。

(4)人才共育,校企联合进行课程建设。现代学徒制试点工作组围绕人才需求,明确目标岗位,进行典型工作任务分析,依据关键能力匹配学习目标,校企合作构建药学专业现代学徒制课程体系,以职业岗位需求为导向,依据生产服务的真实业务流程设计教学模块,按照企业真实的技术和装备水平设计理论和实训课程。新的课程体系依据岗位实际,加强实践教学,增加实践教学比例,校企共同开发了 GMP 实务、中药制剂加工与质量控制、制剂设备与车间工艺设计等课程。通过课程重构,使课程设置与职业岗位更好地对接、使学生的技能与岗位能力对接。依据工作任务校企联合重新修订了药剂学、药物分析、药理学、药物化学、天然药物化学等药学主干课程标准,使培养目标更加对接合作企业岗位实际。

(5)资源共享,实践教学基地建设成效显著。实践性是药学专业的特色,实践教学环节是对学生进行动手能力和创业能力训练的重要环节,校企联合构建了资源共享机制,依托合作企业先进的仪器设备,有效地补充了校内大型药学设备的不足,学生(学徒)按照教学安排定期进入企业进行见习、实习,增强了学生(学徒)的实践能力。

(6)互聘共用,建设"双导师"师资队伍。校企共同遴选师傅,建立企业人才库,师傅与学徒数量相匹配,按实际生产流程试行轮转带徒制。实行校企"双导师"制,学校选拔优秀的高素质教师承担教学和学生指导任务(学校导师),企业选拔优秀的高技能人才担任师傅(企业导师)。建立"双导师"的选拔、培养、激励制度,鼓励师傅带徒及教师获取职业证书,开展学校教师与企业师傅双向技能培训。项目实施至今,聘任企业师傅 25 人,教师到企业进行实践锻炼 11 人次。

(7)建立校企分工合作、协同育人的管理机制。项目组安排专职人员负责,加强对教学过程中学生(学徒)在企业期间的管理,严格进行教学秩序管理,严格执行请销假制度,对于住宿、就餐等统一安排。完善实习管理办法、安全管理规定及突发事件应急预案等。校企分工合作、协同育人,学生(学徒)的教育培养任务由学校(教师)与企业(师傅)共同承担,实行"双导师"制。学校实习指导教师分别与企业带教师傅组成双导师,学生(学徒)接受学校与企业的双重管理。在实习阶段,学校负责和参与企业共同制订轮岗方案,协调企业与学校在轮训中的事宜,跟踪学生在岗位轮训期间的实习、生活情况。学校、企业、学生(学徒)共同签订三方协议,明确了学徒在津贴、保险等方面的权益。学习期满,学徒和企业之间实行双向选择。

(8)建立了人才培养成本分担机制。校企共同协商,双方签订现代学徒制人才培养协议书,明确各方权利与义务及成本分担机制。学徒在校期间,由学校承担教师津贴、师傅课时津贴、校内实验实训等学徒培养的相关费用,学校聘请企业师傅到校任教,学校支付薪酬。学徒在企业轮岗实习期间,企业承担师傅带徒津贴、学徒薪酬及相关保险等费用。

(四)混合所有制办学

2012 年 5 月 4 日,河南省人民政府在全国省级层面率先出台《河南省职业教育校企合作促进办法》,支持探索混合所有制校企合作模式。该办法明确了政府、行业、企业、学校等各方在职业教育校企合作中的权利和义务,鼓励各类企业参与职业教育,推进产教融合,培养高素质技术技能人才。此外,河南省还出台了《河南省职业教育校企合作实施细则》等一系列配套文件,进一步细化校企合作的实施措施和保障机制,为推动混合所有制校企合作提供了政策保障。河南省开始探索混合所有制、公办民助、民办公助等多元办学体制改革。正是在此项政策指导下,河南机电职业学院电气工程学院与河南龙翔电气股份有限公司合作成立了全省首家混合所有制学院——

龙翔电气工程学院。

河南省比较成功的混合所有制办学案例之一是河南机电职业学院的线场模式。这种模式以"产教融合、校企合作"为核心,通过引入企业资源,将学校建在开发区,把专业办在生产链上,与企业共同开发课程、建设实践教学基地、培养师资队伍,实现人才培养与就业创业的无缝对接。此外,河南机电职业学院还与其他知名企业合作,实施了多种校企合作模式,如订单班、现代学徒制等,取得了显著成果。

(1)"线场体制"让企业参与办学动力十足。探索实施以产权托管、产权融合、产权协同、产权合作为主要形式,所有权、使用权、管理权"三权"分置的线场体制改革,充分调动企业的积极性。在2016年,河南机电职业学院开始探索"三权"分置改革,通过混合所有制改革,校企共建第一个混合所有制性质的龙翔电气学院,明确企业、学校在合作育人过程中的权利与义务,共担培养责任、共享收益权。2017年,学校与台湾友嘉集团共建了友嘉机电学院;2018年,学校通过托管商丘民权职教中心,建立了制冷技术学院,通过"驻厂包线"的方式承包万宝冰箱企业一条生产线,把专业建在生产线上,把专业教学放在生产车间;同年,学校与郑州宇通股份有限公司共建宇通汽车学院;2019年,通过购买服务的方式,学校与北京思威普智业投资顾问有限公司合作成立瑞德国际学院;2020年,学校与好想你健康食品股份有限公司合作成立乡村振兴学院等10余个产业学院和30余个"能吃、能住、能学、能练、能创"的五项全能线场课堂。"线场体制"拉近了学校与企业之间的距离,实现了深层次的校企合作,打破了原来只解决用工问题的浅层次需求,让学校的教学和企业的生产融合在一起,培养出来的学生更符合企业的用人需求。这种模式省去了企业大量的岗前培训,大大缩短了员工的培养周期,降低了企业的用人成本,同时也提升了一线技能人才质量,推动了产业工人队伍的升级。

(2)"线场教学"是线场模式的核心。2019年3月,河南机电职业学院成立课程与培训学院,打破"唯教材培养人"的传统模式,深入线场教学点,在企业岗位、生产线等真实场景中取材,校企共同开发线场课程。自2019年下半年开始,学校在云商学院、信息工程学院、汽车工程学院3个二级学院开展"线场教学"试点。"线场教学"是淡化学科专业、强化岗位技能的改革举措,其内涵体现在"真实、衔接、轮岗"等方面。所谓"真实",是指"线场教学"是在企业的岗位、生产线、产品链等真实场景中完成真实的任务,解决真实的问题,培养企业真正需要的技术技能型人才。所谓"衔接",是指师生走出校园,走进由学校和企业共同构建的能教学、能训练、能生产的"线场课堂"中开展教学;"线场教学"课程,是校企共同开发的,既能满足校内学生培养需要又适用企业员工培训,能够很好地实现培养、培训一体化;"线场教学"以"任务—完成、问题—解决"为导向,在工作任务中进行教与学,并且根据任务完成情况、岗位达标情况和职业标准等,对学生职业能力进行过程性评价。所谓"轮岗",是指线场教学针对不同企业,创造条件让学生经历多个岗位,给学生提供多岗轮学、轮训、轮创的机会,更有利于学生掌握系统的知识与技能,有利于学生的可持续发展。"线场教学"遵循职业教育理论和实践一体化的教学规律,符合《国家职业改革方案》提出的"专业设置与产业需求对接、课程内容与职业标准对接、教学过程与生产过程对接"的要求,真正解决了校企合作"两张皮"的问题,打通了校企合作的"最后一公里"。教师在开发"线场课程"、从事"线场教学"的过程中实现教学相长,专业技能和教学能力也得到了很大提升。

(3)"线场学分"是线场模式的关键。基于职业院校人才培养特点,取消纯理论性的试卷考试。为了对学生的学习、实训进行科学严谨的评价,保证毕业生质量,学院打造了配套系统工程的"线场学分"制。"线场学分"是指基于线场课程"全科、专科、专长"三个模块,把"线场课程"转化成学分,将企业真实绩效融入学生评价体系,用企业真实生产项目来考核学生,更加注重过程性评价。全科模块重在解决基础素养和基础能力"双基"问题,主要包括政治素养、人文素养等基础素养和专业认知能力、专业发展能力等基础能力;专科模块重在解决技能和技术"双技"问题,学校与企业深度合作,充分利用企业的技术来培养学生;专长模块解决学生"双创"问题,重在培育学生的创新创业能力,促进学生可持续发展。学生在"双基"的基础上进行"双技"的训练,再进行"双创"的提高。"线场学分"背后的课程体系,层次分明,逻辑清晰,注重整体性。在"线场学分"培养体系下,学生根据职业规划趋向自主选择专业大类、课程门类、学习方式,获取的学分存入"学分银行","学分银行"实现学分置换、存储、借贷、互认。学习任务相同或相似的课程,可通过学生参加各种产、学、研、创、赛等活动取得一定成果,通过申请和认定后可作为置换学分,置换学分可以用来免修课程、置换不及格课程、替代限修或限选和任选课程;经过认定和置换的学分存储在学生个人名下;可向"学分银行"申请借贷学分,学分借贷实行"双倍偿还"制;实现校内和校际学分互认。学生在2.5~5年内,修习完成包含全科模块40学分、专科模块40学分、专长模块50学分共130学分即可毕业。

(4)"线场平台"是线场模式的支撑。线场平台包括"纵横两线12个模块":纵线支撑线场课程开发,包括企业人力资源分析、线场课程清单生成、线场课程资源开发、线场课程审核、线场课程上架5个模块;横线支撑线场课程应用,实现培训培养一体化,包括用户管理、导师选择、职业规划、线场课程选择及线场学习、课程评价、学生画像、"学分银行"7个功能模块。实现一生一课表、一生一空间、一生一导航、一企一学校,支撑"课程、培训、培养一体化"。创新"生产、教学、人力资源闭环转化"运营平台。利用平台课程开发功能把企业生产资源转化为以线场课程为载体的教学资源,利用平台培训培养功能把教学资源转化为企业需要的人力资源,利用平台人力资源功能将产生的优质人力资源转化为企业生产资源,实现了生产资源、教学资源、人力资源闭环转化;具有行业代表性的企业入驻平台,发布人力资源需求;入驻平台的机构发布职业岗位、线场课程清单及资源包;学习者通过平台选择岗位和线场课程,实现智能选课、智能学习、智能评价。"现场平台"形成了企业、机构、学习者之间的良性运营机制。

"线场模式"实现了人才培养与就业创业的无缝对接,为学生提供了更多的实践机会和职业发展路径,同时也为企业提供了更符合需求的人才资源。这种模式取得广泛认可和好评,为河南省的职业教育和产业发展做出了积极贡献。

(五)职教集团

职教集团是由多个职业院校、企业、行业协会等组织组成的联合体。通过资源整合和共享,职教集团可以实现人才培养、技术交流、资源共享等多方面的合作,提高人才培养质量和就业率。职教集团通常以专业为纽带,将学校和企业紧密结合在一起,形成产教融合的合作关系。依据教育部《职业教育专业目录(2021 年)》中专业大类,对接《国民经济行业分类(2019 年修订)》中行业分类,结合河南省产业主攻方向、职业院校专业设置及办学实际进行分类,截至 2023 年,河南省共有 20 个省级骨干职教集团。为支持职教集团育人模式,2012 年河南省教育厅颁布了《河南省职业教育集团管理办法》,为职教集团提供了多方面的政策支持,包括组建原则和规范、管理体制与运行机制、合作形式和政府支持等,以促进职教集团的健康发展,推动河南省职业教育发展和人才培养质量的提高。

2023 年 6 月 15 日,河南国防科技工业高等职业教育集团第五届理事会暨河南国防科技工业产教融合共同体第一届理事会在郑州召开。会议审议通过了新修订的《河南国防科技工业高等职业教育集团章程》,共同体的组建是贯彻党的二十大精神,落实现代职业教育体系"一体、两翼、五重点"改革的重要举措,构建产业和职业教育深度融合、协同创新的发展格局,赋能河南国防科技工业高质量发展的重要创举。

河南工业职业技术学院作为全省国防科技工业重要的技术技能人才培养基地和军民融合协同创新基地,为国防科技工业事业开展了一系列深入工作,首开河南省职业教育集团化办学的先锋,2006 年学校牵头成立了河南省第一家高等职业教育集团——河南国防科技工业高等职业教育集团,成为我省职业教育开展集团化办学改革的模范和先锋。2022 年 9 月 6 日,河南工业职业技术学院牵头组建的河南省骨干职业教育集团——河南机电设备与自动化职业教育集团,探索推进职教集团独立法人实体化运作;校企共建恩大通用航空学院、鲲鹏产业学院、京东电商产业学院、装备制造荥阳产业学院、智能驱动卧龙电气产业学院、智慧城建产业学院、航天装备制造产业学院 7 个产业学院,实现优势互补、合作共赢、共同发展。其中,鲲鹏产业学院由黄河科技集团创新有限公司、华为科技有限公司和学校三方共建,校企将在人才培养模式、课程体系构建、师资队伍共建、专业共建、科技研发、技术培训与咨询等方面开展深度合作,为河南省数字经济的发展提供人才支撑。

学院在职教集团内与多家企业建立了深度融合的合作关系,共同制订人才培养方案和教学计划,实现了人才培养与产业需求的紧密结合。作为教育部首批现代学徒制试点院校,构建了系统的"12355"现代学徒制校企合作培养体系与创新"AB3×(1+1)"专业人才培养模式,采用了产业学院、订单培养、现代学徒制等多种形式,实现了学生技能培养与岗位需求的无缝对接。建立了完善的实践教学体系,引入了企业先进技术和设备,加强实践教学环节,培养学生的实际操作能力和职业素养。紧密结合产业发展需求,根据市场需求和产业发展趋势,调整专业设置和人才培养方案,培养适应产业发展需求的高素质技能型人才。学院在职教集团内拥有雄厚的师资力量,多名教师获得了省级以上教学成果奖和科技进步奖,为人才培养提供了有力保障。河南工业职业技术学院实施职教集团育人模式的亮点在于深度融合校企合作、创新人才培养模式、实践教学体系完善、适应产业发展需求、师资力量雄厚以及社会服务能力强等多个方面。这些措施旨在实现高素质技能型人才的培养和产业发展的良性互动,为河南省的经济发展和产业升级提供有力支持。

三、河南省产教融合人才需求分析

(一)教育资源需求分析

截至2021年年底,河南省共有高职专科学校99所,本科层次职业学校1所,中职学校471所。这些职业院校涵盖了理工、农业、医学、师范、财经、艺术等各个领域,为河南省的经济社会发展提供了重要的人才支撑。随着职业院校数量的增加,教学质量成为越来越重要的问题。如何保证每一所学校都能提供优质的教育资源,确保学生的技能和素质得到全面提升,是河南省职业教育改革面临的重要挑战之一。随着产业结构的升级和调整,就业市场对人才的需求也在不断变化。职业院校如何紧密结合市场需求,调整专业设置和课程内容,提高人才培养与就业市场的匹配度,是河南省职业教育改革必须面对的重要问题。随着职业院校数量的增加,资金投入也成为一个越来越重要的问题。如何保证足够的资金投入,以支持学校的日常运营、教学设备的更新以及师资队伍的建设,是河南省职业教育改革必须解决的一个挑战。随着产教融合政策的深入推进,校企合作成为职业院校发展的重要方向。然而,如何实现校企之间的深度合作,共同培养出符合市场需求的高素质技能人才,是河南省职业教育改革面临的另一个挑战。面对这些挑战,政府和职业院校需要共同努力,进一步深化产教融合、校企合作,加强师资队伍建设,提高教学质量和就业匹配度,以实现职业教育的可持续发展。同时,还需要积极探索新的教育模式和教学方法,以适应经济社会发展的需要,培养出更多的高素质技能人才。

国内部分省份院校数量对比详见表5-1。

表5-1　国内部分省份院校数量对比　　　　单位:所

省份	高职专科学校	本科层次职业学校	普通本科学校	普通、职业高校
河南省	99	1	56	156
广东省	93	2	65	160
江苏省	89	1	77	167
山东省	83	3	67	153
四川省	81	1	52	134
湖南省	76	1	51	128
安徽省	75	0	46	121
河北省	62	3	58	123
湖北省	62	0	68	130

数据来源:2021年国家统计年鉴数据整理所得。

（二）高技能型人才需求分析

随着经济全球化和市场竞争的加剧,传统产业面临着技术落后、成本上升、环境污染等问题,难以满足市场需求。国家自2015年开始实施新旧动能转换工程,旨在推动传统产业向高端化、智能化、绿色化方向发展,培育新兴产业,促进经济结构调整和转型升级。河南省作为中部地区的重要省份,也积极响应国家政策,2018年开始实施新旧动能转换工程,促进产业升级和转型,推动经济高质量发展。但在转换过程中遇到了很多的问题,严重缺乏高质量的技术技能型人才的支撑。尽管河南省有大量的劳动适龄人口,但从比例上看,技能人才数量相对较少,高技能人才占比也不高。这与发达省市相比存在较大的差距。根据 2021 年河南省人民政府工作报告,河南省拥有 5700 万劳动适龄人口,但技能人才只有 900 多万人,高技能人才占技能人才总数的比例为 25.1%。北京市的技能人才总数超过 300 万人,高技能人才占技能人才总数的比例为 32.8%;上海市的技能人才总数超过 500 万人,高技能人才占技能人才总数的比例为 35.2%;广东省的技能人才总数超过 1000 万人,高技能人才占技能人才总数的比例为 34.7%;江苏省的技能人才总数超过 1300 万人,高技能人才占技能人才总数的比例为 32.9%;浙江省的技能人才总数超过 1000 万人,高技能人才占技能人才总数的比例为 33.8%。

河南省在高技能人才培养方面面临挑战。河南省产业基础薄弱,工业大而不强,产业层次不高、产业竞争力不强、创新能力弱、高端制造业基础薄弱、新兴产业规模小等短板问题比较突出。在新一轮科技革命和产业变革的趋势下,河南省的创新能力显得不足。缺乏具有竞争力的新产业、新技术、新业态、新模式等"四新"经济。根据《中国区域创新能力评价报告2023》的数据,2023 年广东区域创新能力排名全国第 1 位,连续 7 年居全国首位,而北京、江苏分别排名第 2 位和第 3 位,浙江、上海分别排名第 4 位和第 5 位。在知识创造综合指标方面,北京排名全国第 1 位,广东排名第 2 位;在知识获取综合指标方面,广东排名第 1 位;在企业创新综合指标方面,广东连续 7 年居全国首位,江苏、浙江、北京紧随其后;在创新环境综合指标方面,北京超越广东,排名第 1 位;在创新绩效综合指标方面,表现最好的省份是广东,北京排名第 2 位。河南省的创新能力综合排名位列第 18 位,知识创造、知识获取、企业创新、创新环境和创新绩效 5 个一级指标排名分别为第 18 位、第 13 位、第 22 位、第 14 位和第 20 位。

高技能人才的缺乏是导致产业层次不高和创新能力不足的一个重要因素。为了解决这个问题,企业需要加强对高技能人才的引进和培养,提高高技能人才的素质和能力,以适应市场的变化和需求,推动产业升级和创新发展。同时,政府也需要加强对高技能人才的培养和支持,完善教育体系和政策支持体系,以提高高技能人才的素质和能力,促进经济的可持续发展。

（三）科技创新能力需求分析

根据 2022 年国家统计年鉴,2021 年河南省规模以上工业企业研究与试验发展（R&D）情况中,R&D 人员全时当量、R&D 经费、R&D 项目数排在全国第 7,与广东省、江苏省、浙江省等发达省份相比有较大差距。这与经济发展水平、科技创新能力、人才储备等因素息息相关,部分省份 R&D 人员全时当量、R&D 经费、R&D 项目数详见表 5-2。

表 5-2　部分省份 R&D 对比

省份	R&D 人员全时当量/人·年	R&D 经费/万元	R&D 项目数/个
广东省	709 119	29 021 849	146 858
江苏省	612 676	27 166 319	113 523
浙江省	482 140	15 916 604	124 853
山东省	349 379	15 653 402	87 598
福建省	186 328	7 716 534	30 925
安徽省	170 421	7 391 200	34 354
河南省	162 562	7 640 132	31 205
湖北省	147 504	7 235 941	22 613
湖南省	143 908	7 661 149	35 517

数据来源:由 2022 年国家统计年鉴统计数据整理所得。

河南省要缩小与发达地区的差距,需要加强科技创新投入、提高 R&D 人员全时当量和经费的投入水平、加强科技创新人才的培养和引进、提高科技创新能力、推动科技成果转化和应用等。此外,河南省还应该加强与发达地区的合作和交流,借鉴先进经验和技术,吸引更多的科技创新人才和企业来到河南,推动河南的科技创新发展。积极探索科技创新的新模式和新路径,积极推动高校、科研机构和企业之间的合作,共同开展研究与试验发展活动。通过产学研合作,促进科技创新成果的转化和应用,提高企业的技术水平和市场竞争力。同时,加强高校和科研机构与企业的联系,更好地满足市场需求,提高科技创新的针对性和有效性。推动职业教育和高等教育与产业发展的融合,培养更多的高素质技术技能人才。通过产教融合,可以为企业提供更多的人才支持,提高企业的研发能力和创新水平。同时,也可以为高校和职业院校提供更多的实践机会,提高人才培养的质量和针对性。通过政策引导和财政支持等措施,鼓励企业增加研发投入,提高企业的自主创新能力。政府出台相关政策,对研发投入达到一定规模的企业给予税收优惠、财政补贴等支持,激发企业的创新活力。加强科技创新服务体系建设,为科技创新提供良好的环境和条件。例如,建设科技创新公共服务平台,为企业提供技术咨询、成果转化等服务;加强知识产权保护,保障企业的合法权益;推动科技金融创新,为科技创新提供更多的融资支持。

（四）学历需求分析

根据"前程无忧"发布的2023年河南省用人单位学历要求占比的数据,不同学历层次的需求占比存在差异。硕士研究生学历的需求占比相对较低,仅为3.88%,而博士研究生学历的需求占比更低,只有0.12%,这说明高端人才的需求相对较少。而本科及大专学历的需求占比高达70.92%,这表明河南省的就业市场对中端人才的需求较大。学历需求与行业有密切关系,在河南省的制造业、服务业等行业,专科学历的人才需求比较大。这些行业需要的技能人才,通过专科学历教育可以获得必要的知识和技能。随着河南省的经济结构调整和产业升级,本科学历的人才需求也在不断增加。在高新技术、金融、教育等行业,本科学历的人才是主要的招聘对象。在河南省的科研机构、高等教育机构等单位,对硕士研究生及以上学历的人才需求比较大,这些单位需要高层次的研究人才和教学人才来推动科技创新和社会发展。

河南省对中端人才需求量较大,一是源于经济发展和产业升级方面。随着河南省经济的快速发展和产业升级,越来越多的企业和项目需要中端人才来支撑。这些中端人才不仅需要具备一定的专业技能和管理能力,还需要具备创新精神、团队协作能力和应对复杂问题的能力。二是因为人才结构调整,河南省在推进经济结构调整和产业升级的过程中,需要大量具备新技能、新知识和新能力的人才来支撑。中端人才作为人才结构中的重要组成部分,在河南省的经济发展中扮演着越来越重要的角色。三是市场竞争方面,随着河南省经济的快速发展和市场化程度的提高,企业之间的竞争也越来越激烈。为了在市场竞争中获得优势,企业需要招聘更多具备专业技能和管理能力的中端人才来提升自身的竞争力。因此,河南省对中端人才的需求量在不断增加。河南省对高端人才的需求也很大,但高端人才往往具有更高的稀缺性和更高的培养成本。在招聘和培养高端人才方面,河南省还需要付出更多的努力。同时,高端人才的引进和培养也需要更加完善的人才政策和更多的资源投入。

(五)行业结构分析

根据河南省就业市场的统计数据和分析报告,不同行业在河南省用人单位中的占比存在差异。根据公开的信息,截至2020年年底,河南省制造业、IT互联网/电子商务、房地产/建筑业、医疗健康、金融、教育等行业的就业人数占比分别为47%、26.1%、14.2%、11.7%、9.9%、8.7%。制造业在河南省的就业市场中占据了主导地位,其就业人数占比最高,这表明制造业在河南省的经济发展中具有重要地位,也是河南省就业市场主要吸纳就业的领域之一。IT互联网/电子商务行业的就业人数占比也较高,显示出河南省在信息技术和电子商务领域的发展势头和市场需求。随着互联网和信息技术的快速发展,这一领域的需求还将继续增加。房地产/建筑业、医疗健康、金融、教育等行业的就业人数占比相对较低,但这些行业在各自的领域中也有着重要的地位和发展前景。随着河南省产业的不断升级,这些行业对技能型人才的需求不断增大。制造业需要向智能化、数字化、绿色化转型,因此需要大量的技术人才来支撑。具体来说,制造业需要的人才包括工业自动化、物联网、人工智能、数据分析等领域的专业人才。IT互联网/电子商务行业需要不断地技术创新和业务拓展,因此需要具备互联网思维和技术能力的人才。具体来说,该行业需要的人才包括软件开发、网络安全、大数据分析、人工智能等领域的专业人才。房地产/建筑业需要向绿色建筑、智能建筑转型,因此需要具备相关技术和知识的人才。该行业需要的人才包括建筑设计、工程管理、智能化系统集成等领域的专业人才。医疗健康行业需要向数字化医疗、精准医疗转型,因此需要具备医学知识和技术能力的人才。该行业需要的人才包括医学影像技术、医疗大数据分析、生物医药研发等领域的专业人才。金融行业需要向科技金融、数字金融转型,因此需要具备金融知识和技术能力的人才。该行业需要的人才包括金融科技开发、风险管理、数据分析等领域的专业人才。教育行业需要向在线教育、数字化教育转型,因此需要具备教育技术能力和创新思维的人才。该行业需要的人才包括教育技术开发、在线教育平台运营、数字教育资源制作等领域的专业人才。河南省的制造业、IT 互联网/电子商务、房地产/建筑业、医疗健康、金融、教育等行业转型升级对技术人才的需求是多方面的,需要具备不同领域的知识和能力。政府和企业需要加大对这些领域人才的培养和引进力度,以推动河南省经济的转型升级和高质量发展。

(六)企业需求分析

从企业人才需求的角度来看,企业在进行人才储备时可以采用两种主要的方式:第一种方式,通过高薪抢夺有经验、能力较强的人才,通常是通过猎头或转介绍的形式,以更高的薪资吸引和抢夺能够给企业创造更多价值的人才。这种方式的优点在于能够快速吸引和招聘到经验丰富、能力较强的人才,为企业带来即时的效益。然而,这种方式也存在一定的风险,因为高薪抢夺的人才可能存在不稳定因素,同时这种方式也会对企业的薪酬福利政策产生影响。第二种方式,通过产教融合、校企合作从学校开始储备人才。这种方式主要是通过与学校合作,共同培养符合企业需求的人才,从学生阶段开始培养和储备人才。这种方式有利于提高人才的适应性和忠诚度,同时也能够降低企业的招聘成本。此外,通过校企合作,企业还可以更好地了解和掌握人才的培养和发展情况,有利于提高人才的素质和质量。

从经济发展规律的角度来看,产教融合、校企合作的人才储备方式更符合经济发展规律,有利于加快人才的孵化速度。这种方式不仅可以满足企业对人才的需求,提高人才培养质量,还有利于推动经济发展和社会进步。因此,企业应该积极探索和推广产教融合、校企合作的人才储备方式,以适应不断变化的市场环境和竞争态势。但这种方式需要企业与学校深度合作,投入较多的时间和资源,同时还需要对人才培养和发展进行持续的投入和管理。如果企业更注重人才的长期培养和发展,希望提高人才的适应性和忠诚度,那么通过产教融合、校企合作的方式可能更为合适。如果企业没有足够的资源和能力投入人才培养,或者没有正确的管理和培养方案,可能会导致人才培养的质量不高,甚至出现人才流失的情况。

第六章

河南省产教融合运行现状分析

产教融合是当前我国教育改革和发展的重要方向,也是河南省经济发展的重要战略。产教融合将产业与教育相结合,通过学校与企业、行业、政府等各方面的合作,实现教育与实践的紧密结合,提高人才培养质量,促进产业升级和经济发展。从河南省产教融合政策、人才需求及现有的产教融合人才培养模式等方面进行整理研究,已对河南省产教融合发展现状有初步了解,本部分主要通过对学生、高校、企业调研,以数据为支撑,较全面分析河南省产教融合的现状,找出制约河南省产教融合的因素,以期推动产教融合的深入发展。

一、基于学生层面的调研结果分析

(一)问卷调查设计

1. 调查目的

以高校学生为调研对象,调查目的是更好地了解学生对产教融合的认知和需求,为进一步推进产教融合提供参考和依据,促进产教融合的深入发展。同时,通过问卷调查也可以为学校和企业制订更加符合学生需求的培养方案提供依据,提高人才培养质量和适应性。

一是了解学生对产教融合的认知程度。通过问卷调查,了解学生对产教融合的概念、意义、作用等方面的认知程度。同时,了解学生对产教融合的态度,包括对产教融合的认可度、参与意愿等。

二是收集学生对产教融合的需求和期望。学生是产教融合的直接受益者,通过问卷调查收集学生对产教融合的需求和期望。

三是评估产教融合的实施效果。通过问卷调查,收集学生对产教融合项目实施效果的评价,包括项目的设计、实施过程、效果等方面的反馈,为改进和完善产教融合项目提供参考。

四是促进产教融合的深入发展。通过问卷调查,了解学生对产教融合的意见和建议,为进一步推进产教融合的深入发展提供参考,促进学校、企业、政府等各方面的合作,共同推动产教融合的发展。

2. 研究对象

职业院校是产教融合的重要实施主体之一。在产教融合中,职业院校与企业紧密合作,共同制订人才培养方案,开展实践教学和生产劳动,推动科技成果的转化和应用。通过观察和分析职业院校的产教融合实践,可以了解地区产教融合的整体水平和实施效果。同时,职业院校培养的人才直接服务于地区经济发展,可以了解地区产业发展的需求和趋势,从而为地区经济发展提供更加精准的人才保障和技术支持。为此,笔者从职业院校中选择河南机电职业学院、郑州职业技术学院、漯河职业技术学院、河南工业职业技术学院、黄河水利职业技术学院、平顶山学院、商丘医学高等专科学校、河南职业技术学院、河南经济贸易职业学院、新乡职业技术学院10所高校1100名学生作为研究样本。

3. 调查问卷设计与发放

本次调查共计发放问卷1100份,有效问卷1026份。对学生的问卷调查全部采用问卷星的线上形式。问卷内容涉及问题共计18题,考虑到学生自身特点,问卷内容设计较为简单,通俗易懂,可以提高问卷的真实度与可信度。产教融合对学生的影响是多方面的,包括提升实践能力、增强就业竞争力、拓展社交网络、培养创新创业意识等,是产教融合的直接受益者。所以,问卷设计内容以学生对产教融合的认知为主,问卷调查发放情况及问卷结构表详见表6-1、表6-2。

表6-1　问卷调查发放情况

院校名称	发放问卷数量/份	有效问卷数量/份
河南机电职业学院	110	103
郑州职业技术学院	110	98

续表6-1

院校名称	发放问卷数量/份	有效问卷数量/份
漯河职业技术学院	110	104
河南工业职业技术学院	110	105
黄河水利职业技术学院	110	102
平顶山学院	110	103
商丘医学高等专科学校	110	100
河南职业技术学院	110	103
河南经贸职业学院	110	106
新乡职业技术学院	110	102
合计	1100	1026

表6-2　调查问卷结构表

调查问题
1. 你认为现行的教学方式有哪些不足？
2. 你认为现行的教学方式可以做哪些改进？
3. 你对产教融合、校企合作的了解程度如何？
4. 在校期间，你是通过哪些渠道了解所学专业未来岗位需求的？
5. 你到企事业单位参加实习实训，最想提高自己哪些方面的能力？
6. 你在实习过程中最希望得到的帮助是什么？
7. 你认为学校参与产教融合对你的重要性如何？
8. 你与学校有合作的企业了解程度如何？
9. 据你了解，你所在的专业是否开设了产教融合项目？
10. 你是否满意校内的实训场所和实训条件？
11. 你认为学校是否有必要建设实训基地？
12. 你认为高校是否有必要引进企业人员进校担任教师？
13. 高校引进企业人员担任教师，你认为最大的优势是什么？
14. 高校引入企业人员担任教师，你认为最可能存在的问题是什么？
15. 你认为学校目前开展的校企合作如何？
16. 你认为学校的实训基地应当如何建设？
17. 你认为学校应以哪种形式与企业展开校企合作？
18. 你认为在推进产教融合过程中，应该构建哪些平台？

（二）问卷调查结果分析

1. 你认为现行的教学方式有哪些不足?

据调研,49.12%的学生认为现行的教学方式中课程设计缺少实践联系;45.61%的学生认为授课方式枯燥,知识传授流于表面;37.04%的学生认为受到教师教学经验与教材难易程度及趣味性的影响。回答结果体现学生对现行教学方式的不满情绪,他们觉得所学的知识和技能与现实工作或行业应用脱节,无法满足实际需求。这种情况可能会导致学生对所学知识的兴趣和动力下降,对未来职业发展的信心受到影响。

2. 你认为现行的教学方式可以做哪些改进?

59.45%的学生认为多组织学生到企业实时性参观实习,在实践中教学;46.98%的学生认为应根据教学内容和学生学习需要,配合使用教学方法。这一回答结果反映出学生渴望学以致用的积极态度和追求。通过实地参观和实习,学生可以更加直观地了解企业的运作流程、工作环境、岗位职责等,将所学的知识和技能应用到实际工作中,加深对知识的理解和掌握,提高实践能力和职业素养。同时,也可以让学生更好地了解行业发展趋势和市场需求,为未来的职业发展打下基础。在课堂中可以配合使用多种教学方法,如讲解、演示、讨论、实践操作等。通过多样化的教学方法,可以激发学生的学习兴趣和积极性,提高学习效果。因此,学校应该积极响应学生的需求,组织学生到企业实时参观实习,提供更多的实践机会和平台,让学生更好地将所学知识与实际工作相结合。同时,也需要注重培养学生的实践能力和职业素养,帮助他们更好地适应市场需求和行业要求。

3. 你对产教融合、校企合作的了解程度如何?

63.35%的学生对产教融合、校企合作不太了解。这可能表明学校在相关方面的宣传和教育不足。学校可以通过举办讲座、研讨会、宣传活动等方式,向学生介绍校企合作和产教融合的意义、目的和作用,让学生了解其重要性和必要性。学校可以与企业建立合作关系,共同搭建校企合作平台,为学生提供更多的实践机会和就业资源。同时,也可以邀请企业代表来校进行交流和讲座,让学生更好地了解企业的需求和行业发展趋势。在课程中引入案例教学,让学生通过实际案例了解校企合作和产教融合的具体实践和应用,加深对相关概念的理解和认识。学校可以组织学生参与校企合作项目或实践活动,让学生亲身感受和实践校企合作和产教融合的运作模式和实际效果。

4. 在校期间,你是通过哪些渠道了解所学专业未来岗位需求的?

57.31%的学生通过老师、家人等熟人介绍了解所学专业未来岗位需求,53.22%的学生通过高校、企业、政府部门线上信息公布了解,仅有12.28%的学生是通过行业部门、学研机构等中介机构了解专业未来需求。这说明学生对于专业未来的需求了解渠道比较狭窄,信息不够准确、全面和深入。这在一定程度上会影响学生对岗位需求的判断,导致他们在职业规划和发展方向上出现偏差。了解专业未来的需求是每个学生都应该关注的问题。通过参加行业展会和研讨会、参观企业或实习基地、建立就业信息平台、开展专业实践活动以及邀请企业代表来校交流等措施,可以帮助学生更好地了解专业未来的需求,提高他们的实践能力和职业素养,为未来的职业发展打下坚实的基础。

5. 你到企事业单位参加实习实训,最想提高自己哪些方面的能力?

实习实训是提升职业技能能力的重要途径。在实习实训过程中,学生可以将所学的理论知识应用到实际工作中,通过实践操作掌握相关技能和技巧。实习实训也是提高社会适应能力的重要手段。在实习实训过程中,学生需要与同事、领导、客户等不同角色的人进行沟通和交流,这有助于提高他们的沟通能力和人际交往能力。同时,实习实训还可以帮助学生了解职场的规则和文化,从而更好地适应职场环境。据调研,39.38%的学生想提升职业技能能力,31.38%的学生想提高社会适应能力。

6. 你在实习过程中最希望得到的帮助是什么?

在实习实训过程中,学生可以了解自己的职业兴趣和优势,从而更好地制订职业规划和职业发展目标。同时,实习实训还可以帮助学生了解职业发展的路径和机会,从而更好地规划自己的职业发展。据调研,42.69%的学生希望通过实习过程找到适合的工作方向,24.95%的学生希望通过实习找到具有竞争力的工作。通过实习过程找到适合的工作方向和具有竞争力的工作是学生的重要需求。学校可以通过提供多元化的实习机会、提供职业技能培训、建立实习导师制度、建立良好的校企合作关系等多种措施满足学生的需求,帮助学生更好地适应职场环境,为未来的职业发展打下坚实的基础。

7. 你认为学校参与产教融合对你的重要性如何?

40%的学生认为学校参与产教融合非常重要,54%的学生认为有些重要。学生认为学校参与产教融合重要,是因为产教融合是学校教育与社会实践相结合的一种重要形式,有助于提升学生的实践能力和职业素养,提高他们的就业竞争力。学校应该积极与企业建立稳定的合作关系,加强合作的沟通和协调,为学生提供更多的实践机会和经验,促进产业升级和发展。

8. 你对学校有合作的企业了解程度如何?

学生认为学校参与产教融合很重要,却有77.39%的学生对与学校合作的企业却不太了解,这表明学校与企业之间的合作可能只是停留在表面,没有深入实质性的合作内容,学生无法真正了解企业的需求和行业的发展趋势,也无法通过实习实训等途径提升自己的实践能力和职业素养。要确保学校参与产教融合真正落到实处,需要学校和企业共同努力,加强沟通和协调,建立紧密的合作关系,确定实质性的合作内容,并建立评价机制对合作效果进行评估和反馈。只有这样,才能让学生更好地了解行业的发展趋势和市场需求,提高他们的实践能力和职业素养,为未来的职业发展打下坚实的基础。

9. 据你了解,你所在的专业是否开设了产教融合项目?

据调研,学生所学专业有一半以上的比例没有开设产教融合项目。开展产教融合需要学校具备一定的实践经验和能力,但一些学校可能缺乏这方面的经验,导致学校在开展产教融合项目时遇到困难和挑战,无法达到预期效果。一些学校可能由于资源有限,无法开设产教融合项目,这包括人力、物力、财力等方面的资源限制,使得学校无法投入足够的时间和精力来开展产教融合项目。产教融合需要学校与企业之间的紧密合作,但一些学校可能缺乏与企业的合作机会。这可能是因为学校所处的地域、行业背景等因素,使得学校难以与相关企业建立合作关系。如果大多数学校没有开设产教融合项目,需要学校从自身实际情况出发,积极寻求合作机会和资源整合,借鉴成功经验,加强师资队伍建设等方面的工作,推动产教融合项目的开展。

10. 你是否满意校内的实训场所和实训条件?

校内的实训场所和实训条件是进行产教融合的起点。在产教融合中,校内的实训场所和实训条件是非常重要的。校内的实训场所可以为学生提供实践机会,让他们在实践中学习和掌握技能。同时,实训条件的好坏也直接影响到学生的学习效果和职业发展。因此,学校需要重视校内实训场所和实训条件的建设,提供良好的实践环境和条件,为产教融合提供有力的支持。校内的实训场所和实训条件也是学校与企业合作的重要前提。学校可以通过与企业合作,共同建设实训基地,引进企业的设备和资源,让学生在实践中更好地了解企业的需求和行业的发展趋势。据调查,41.72%的学生不满意校内的实训条件和场所。学校需要重视校内实训场所和实训条件的建设,提供良好的实践环境和条件,为产教融合提供有力的支持。同时,也需要加强与企业的合作,共同培养适应市场需求的高素质人才。

11. 你认为学校是否有必要建设实训基地?

实训基地是提高学生实践能力和职业素养的重要途径。通过实训基地的实践课程,学生可以更好地了解企业的需求和行业的发展趋势,掌握实际工作所需的技能和知识,提高自己的就业竞争力。此外,实训基地还可以为学生提供更多的实践机会和经验,让他们更好地适应未来的职业发展。同时,实训基地的建设也可以促进学校与企业的深度合作,提高人才培养的质量和针对性。92.98%的学生认为学校有必要建设实训基地。学校应该重视实训基地的建设,提供良好的实践环境和条件,让学生在实践中学习和掌握技能,提高职业素养和就业竞争力。同时,也需要加强与企业的合作,共同建设高水平的实训基地,为学生提供更好的实践机会。

12. 你认为高校是否有必要引进企业人员进校担任教师?

91%的学生认为高校有必要引进企业人员进校担任教师。

13. 高校引进企业人员担任教师,你认为最大的优势是什么?

首先,企业人员具有实践经验,能够将实际工作中的问题和经验带入课堂,让学生更好地了解行业的发展趋势和市场需求。同时,企业人员还能够为学生提供实践机会,让他们在实践中学习和掌握技能,提高职业素养和就业竞争力。其次,企业人员具有行业背景,能够为学生提供更加深入的行业知识和技能指导。他们能够将行业的发展趋势和市场需求融入教学中,帮助学生更好地规划自己的职业发展。此外,引进企业人员进校担任教师还可以促进学校与企业的深度合作,提高人才培养的质量和针对性。学校可以与企业合作,共同制订人才培养方案,将企业的需求和行业的发展趋势融入课程设置和教学内容中,为学生提供更加全面和实用的教育。

43.86%的学生认为企业人员掌握着当前专业技术领域最前沿的需求及信息,31.38%的学生认为企业人员具有丰富的实践经验。因为企业人员能够为学生提供更加实用和有针对性的教学与指导,促进学校与企业的深度合作,提高人才培养的质量和针对性。

14.高校引入企业人员担任教师,你认为最可能存在的问题是什么?

据调研,41.33%的学生认为难以找到实战经验丰富又能担任教师的企业人员。企业人员通常需要在工作中承担重要的职责和任务,他们的工作时间比较紧张,可能会面临时间上的冲突和压力。企业人员到高校授课,可能需要付出一定的时间成本,这可能会增加他们的负担和压力,难以保证授课时间。高校的教学计划和课程设置通常比较固定,而企业人员的工作安排可能更加灵活多变,可能会导致授课时间难以保证。34.5%的学生认为企业人员担任教师没有得到足够重视。有些高校认为企业人员只擅长实践操作,缺乏教学经验和理论知识,因此不适合担任教学工作。有些人认为高校应该以理论教学为主、以实践教学为辅,因此企业人员担任教师的作用相对较小。有些人可能认为企业人员担任教师缺乏教育心理学知识,教学效果不佳。这些认识可能导致企业人员担任教师得不到足够的认可和尊重。

为了解决这些问题,高校和企业可以加强沟通和合作,了解彼此的需求。同时,也可以通过培训和支持,提高企业人员担任教师的教学水平,让他们更好地适应教学环境和工作要求。此外,高校也可以通过设立实践教学基地、提供实践机会等方式,让学生更好地了解实际工作场景和需求,同时也能够提高学生的实践能力和职业素养。

15.你认为学校目前开展的校企合作如何?

38.01%的学生认为学校开展校企合作签订了协议,但仅仅是以促进就业和实习而已;25.15%的学生认为校企合作流于形式,未有实质性合作内容。深入推进校企合作,存在一种认识上的误区。校企合作应该是一种全面的、多方面的合作,包括人才培养、科学研究、社会服务等多个方面。缺乏明确的合作目标和计划、双方缺乏有效的沟通和协调、缺乏共同利益、缺乏有效的人才培养模式可能导致合作内容空洞。解决校企合作流于形式、未有实质性内容的问题需要学校和企业共同努力,建立明确的合作目标和计划、加强沟通和协调、加强深度参与和投入、探索多样化的合作模式、建立监督和评估机制以及加强政策支持和引导。

16. 你认为学校的实训基地应当如何建设?

62.96%的学生认为学校的实训基地应加强与企业协作,对企业生产中的工艺性、技术性、管理性、经营性难题进行研究。这反映了学生对实践教学的重视和对学校与企业合作模式的期望。学生认为,通过与企业合作,学校的实训基地可以更好地了解企业的实际需求和问题,从而将这些问题转化为研究课题,为人才培养和科技创新提供实践基础。同时,与企业合作还可以让学生更好地了解企业的生产工艺、技术研发、管理创新、市场营销等方面的难题,从而提高学生的实践能力和职业素养。44.05%的学生认为应该改革实践教学大纲、计划,建立独立的实践课程体系。传统的实践教学大纲和计划往往与实际需求脱节,缺乏针对性和实用性。因此,他们希望学校能够根据企业的实际需求和行业的发展趋势,对实践教学大纲和计划进行改革,以更好地满足学生的实践需求和职业发展。同时,学生还希望学校能够建立独立的实践课程体系,将实践教学与理论教学相分离,以更好地突出实践教学的地位和作用。他们认为,独立的实践课程体系可以更好地培养学生的实践能力和职业素养,提高他们的就业竞争力。

17. 你认为学校应以哪种形式与企业展开校企合作?

57.12%的学生希望到企业顶岗实习,这反映了学生对实践经验的渴望和对职业生涯发展的追求。学生希望通过顶岗实习,获得更多的实践经验,了解企业实际运作和职场环境,提高自己的职业素养和实践能力。了解自己所学的专业在实际工作中的应用和发展前景,拓展自己的人际关系网络,结交更多的业界人士,为未来的职业发展打下基础。53.41%的学生希望合作开展员工培训、技能鉴定与继续教育。这说明他们意识到,在竞争激烈的就业市场中,拥有优秀的技能和持续学习的能力是非常重要的。学生希望通过合作开展员工培训、技能鉴定与继续教育,培养自己的创新思维和解决问题的能力。这些项目往往需要学生面对新的挑战和问题,他们需要运用创新思维和解决问题的能力来寻找解决方案。在这个过程中,学生可以锻炼自己的创新思维和解决问题的能力,展示他们的实践能力和社会责任感,为未来的职业发展打下坚实的基础。

18. 你认为在推进产教融合过程中,应该构建哪些平台?

65.5%的学生认为应构建产教融合资源共建共享平台,61.99%的学生认为应构建实习实训平台。通过产教融合资源共建共享平台可以促进学校与企业的深度合作,学校可以了解企业的技术需求和人才标准,调整教学内容和方法,提高人才培养的针对性和有效性,从而提升人才培养质量。通过平台,学生可以深入企业进行实习、实训,了解企业的实际运作和工作环境,提升自己的实践能力和职业素养。59.26%的学生认为应构建沟通协作平台,构建沟通协作平台是产教融合过程中的重要环节。通过明确沟通协作目标、搭建沟通渠道、建立协作机制、促进信息共享、加强人才培养以及建立反馈机制,可以促进学校、企业、行业等多元主体之间的有效沟通和协作,推动产教融合的深入发展。

二、基于院校层面的访谈结果分析

(一)访谈背景

产教融合主要是在职业院校中推行,职业院校更能反映产教融合的运行现状。所以,访谈选择的院校主要为职业院校,通过访谈旨在了解高等职业院校在产教融合方面的现状、挑战和未来发展趋势。调研方式选择为访谈,通过与相关人员进行面对面的交流,可以更加直接地了解他们对于产教融合的看法、建议和需求。本次深度访谈对象主要为院校领导层,共访谈校领导8人,任课教师(包括辅导员)5人,通过与高等职业院校管理层与专业课老师的深入交流,我们获得了宝贵的信息和意见,为进一步推动产教融合提供了参考,其访谈人员情况详见表6-3,访谈内容见表6-4。

表6-3　访谈人员情况

序号	院校名称	访谈人员职务	访谈形式	访谈时间	访谈时长
1	河南机电职业学院	副院长	面谈	2023.11.7	60分钟
2	郑州职业技术学院	招办主任	面谈	2023.11.28	52分钟
3	漯河职业技术学院	副院长	电话	2023.11.22	18分钟
4	河南工业职业技术学院	副院长	电话	2023.11.16	15分钟
5	黄河水利职业技术学院	就业处处长	电话	2023.12.5	17分钟
6	平顶山学院	招办主任	电话	2023.12.13	20分钟
7	河南经贸职业学院	招办主任	面谈	2023.11.30	65分钟
8	新乡职业技术学院	就业处处长	电话	2023.12.26	18分钟

表6-4　访谈内容(院校领导)

访谈问题
1.您对"五链"的认知与理解如何?"五链"中的核心链是什么?
2.贵校是否开展产教融合、校企合作?是否设立专门负责产教融合的部门?
3.目前河南省实行的产教融合相关政策是否可执行?
4.高校参与产教融合、校企合作的动力因素有哪些?
5.实施产教融合时,政府的力量体现在哪里?
6.目前河南省现有的产教融合、校企合作的主要模式是什么?
7.选择合作企业最看重的是什么?
8.与本校合作的企业给予了哪些支持?
9.学校是否聘请企业技术人员作为兼职教师?是以何种方式参与的?
10.哪些因素制约了当前产教融合多主体协同发展?

（二）访谈结果分析

第一个问题的访谈结果为:在对五链的认知上,4所院校被调研者认为"五链"包含教育链、产业链、人才链、创新链、政府链;2所院校认为是教育链、产业链、创新链、人才链与资金链;2所院校认为是人才链、产业链、创新链、政策链、资金链。对于"五链"中核心链的理解,有5所院校认为是"政策链",2所院校认为是"产业链",1所院校认为是"教育链"。可以看出,多数受访者认为"五链"涵盖教育链、产业链、人才链、创新链、政策链,政策链是必不可少的。

第二个问题的访谈结果为:目前8所院校都已开展产教融合、校企合作。河南机电职业学院2016年开展"线场模式",郑州职业技术学院2015年、漯河职业技术学院2002年开始探索"订单班",河南工业职业技术学院2006年开始探索职教集团,平顶山学院2017年、黄河水利职业技术学院2018年开始探索产业学院,河南经贸职业学院、新乡职业技术学院2015年开展了产教融合、校企合作。最早开始时间为2002年,最晚时间为2018年,学校都成立了产教融合或校企合作办公室,专门负责与企业进行合作,共同培养人才以及推动学校与企业之间的深度合作。

对于第三个问题,被访谈人X副院长回答:"我认为河南省的产教融合、校企合作是一个具有示范意义的样板,可以为其他地区提供有益的参考和借鉴。河南省在产教融合、校企合作方面采取了一系列积极的政策和措施,这些政策和措施不仅符合国家对于职业教育改革和产教融合发展的总体要求,也结合了河南省自身的实际情况和特点。每年到学校参观考察的院校很多,因为缺少政策的支持导致实施难度较大。河南省的产教融合政策正在平稳实施,并且执行情况良好,这得益于河南省政府、教育部门和相关企业的共同努力和合作,推动了产教融合校企合作的深入发展,但不同的学校实施效果差距还是很明显的。"B处长认为:"虽然河南省在产教融合、校企合作方面取得了一定的成绩,但也存在一些不足和问题,比如政策在实际执行过程中存在不到位的情况,企业优惠政策没有得到落实,合作深度不够、资金投入不足、师资力量不足等,但整体上,政策是可执行可操作的。"

对于第四个问题,被访谈人Y副院长回答:"高校作为人才培养的重要基地,需要培养适应产业发展需求的高素质人才。通过与企业合作,高校可以更加深入地了解企业对人才的需求与要求,从而调整和优化人才培养方案,提高人才培养的质量和效益。"M就业处处长认为:"高校毕业生就业是高校的重要任务之一,而校企合作可以为毕业生提供更多的就业机会和实践经验。通过与企业合作,高校可以更好地了解企业的人才需求和就业市场情况,从而有针对性地开展就业指导和服务,提高毕业生的就业质量和满意度。"

对于第五个访谈问题,被访谈人 Z 副院长回答:"政府是政策的制定者,在制定政策时,必须深入企业和高校充分了解实际情况,把握问题的根源,以确保政策可以落地并得到有效的实施。"N 就业处处长说:"政府在制定政策过程中,应该广泛征求高校、企业、行业协会等利益相关方的意见和建议,可以通过召开座谈会、听证会等方式,与各方进行充分的沟通和交流,听取他们的诉求和建议,确保政策能够兼顾各方的利益。"A 招办主任说:"政府在制定政策时,应该注重政策的可操作性。政策条款应该明确、具体、可行,避免出现模糊和笼统的表述。同时,政府还应该考虑政策的实施成本和执行难度,确保政策能够在现实中得到有效执行。"Y 副院长说:"政府在制定政策时,可以借鉴国内外产教融合、校企合作的成功经验。通过学习和借鉴其他地区的成功做法,可以避免走弯路,提高政策制定的效率和质量。"Z 副院长回答:"一个国家开展产教融合、校企合作需要较深的文化背景和社会环境,职业教育在西方国家被认为是一种高层次的教育形式,虽然在我国也有法律保障职业教育的地位,但受到一些观念和社会偏见的影响,觉得职业教育可能不如名校,这就需要政府加强宣传,提升社会对职业教育的认知和认可度。"

第六个访谈问题的访谈结果是:漯河职业技术学院开展了订单班模式,平顶山学院开展了产业学院模式,河南机电职业学院开展了混合所有制的线场模式,河南工业职业技术学院开展了职教集团模式、现代学徒制模式,黄河水利职业技术学院开展了订单班模式,河南经贸职业学院开展了现代学徒制培养、订单培养、嵌入式培养、工学结合等合作模式,新乡职业技术学院开展了冠名班、订单班、现代学徒制试点班等多元培养模式。

对于第七个访谈问题,被访谈人 X 副院长回答:"合作企业的实力和知名度是评估其是否具备良好合作条件的重要因素。一般来说,具有较高知名度和较强实力的企业更有可能为学生提供更好的实习和就业机会,同时也有助于提升学校的声誉和影响力。"Y 副院长回答:"合作企业在行业中的地位和影响力也是学校考虑的重要因素,我们更注重本土企业的参与,从而带动本地经济发展。"M 副处长回答:"合作企业是否注重人才培养和提高学生的就业能力是学校选择的另一个关键因素。一个好的企业应该能够为学生提供良好的实习环境和培训机会,帮助学生提高实践能力和综合素质,从而更好地适应市场需求。"N处长回答:"企业资质、企业文化、能否与学校共创教学成果也是考虑的重要因素,一个具有积极向上、开放包容的企业文化以及与学校教育理念相契合的价值观,更有可能为学生提供良好的成长环境和职业发展机会。"A主任回答:"学校注重的是人才培养质量与社会效益,所以选择企业时我们比较看重这个企业的社会服务意识,只关注经济效益并不能实现长期合作,具有较强社会意识的企业才肯宁可舍弃一部分经济效益而注重社会责任和公共利益。"被访谈人的共同点是:学校比较看重企业的实力与影响力以及企业的社会服务意识。

对于第八个访谈问题,X副院长回答:"合作企业为学校提供了实践教学场所,如生产线、实验室以及实践教学所需的设备、原材料等,派遣技术人员作为学校的兼职教师,参与课堂教学和实践教学,共同开展科研和技术研发项目,提供技术支持和资金支持,促进科技创新和产业升级。"Y副院长回答:"学校主要通过订单式方式进行校企合作,合作企业给订单班学生提供实习机会与就业岗位,还为表现优秀的学生提供一定数额的奖学金,给予家庭困难的学生助学金。"A主任回答:"企业在参与产教融合过程中,虽然在人才培养、课程开发、实习实训、师资建设等方面与学校进行了合作,部分地区还建立了产业学院或企业学院,但企业没有从根本上认识到校企合作的重要性,没有从根本上参与人才培养全过程,校企合作的深度和广度还不够,缺乏创新意识和长远规划。"Z副院长回答:"企业除可以为院校提供实践教学所需的设备、场所和案例等资源,提供实习机会和就业岗位外,还为本校教师提供'双师型'培训。"从三位被采访人的回答中可以看出,其共同点是合作企业基本提供了实习机会与就业岗位、参与了实践开发与实践教学,但鉴于企业技术的保密性,共同研发新技术的机会较少。

对于第九个访谈问题,被访谈人均回答聘请了企业人员作为兼职教师,参与的形式均基本包括了参与课程开发,提供行业内的案例和素材;参与教材编写,与学校教师一起编写教材,为教材注入更多的实用性;定期到学校进行授课,将行业前沿的技术和经验带入课堂,传授给学生;参与学校的实践教学环节,指导学生进行实际操作,提高学生的实践能力和职业素养;指导学生进行实习,提供实践指导和职业规划建议,帮助学生更好地适应行业需求。

对于第十个访谈问题,X 副院长回答:"从外部环境上来说,河南省虽然有产教融合政策,但缺少相关的法律法规,毕竟政策不具有法律的约束力与强制力,所以企业与学校参与产教融合的意愿与水平是参差不齐的。"Z 副院长回答:"河南省组建了 20 个独具特色的骨干职教集团,但支持政策不详细、不具体,尚未全面进入实体化运作阶段。这需要进一步优化和创新集团化办学模式,推动产教融合、校企合作向更深层次发展。"M 处长回答:"产教融合的目的是通过学校和企业之间的深度合作,共同培养出更具有实际能力和创新精神的人才,以满足社会和经济发展的需求。但有些企业在参与产教融合、校企合作的过程中,只是为学生提供了一些简单的、重复性的工作,这样的合作方式并没有真正体现出产教融合的意义和价值。"B 招办主任回答:"目前产学研合作的比例相对较低,大部分的合作还停留在基础层面的招生、教学和就业方面。应该推动产学研合作的高层次发展,包括加强科研合作、推动技术创新、促进产业升级等,制定一套标准化的产教融合、校企合作政策,明确每个阶段应该做的工作和任务。"Y 副院长回答:"目前各学校在产教融合、校企深度合作中面临资金投入有限和人力不足的问题。按照我国职业院校办学标准,河南高职院校办学条件达标的尚不足两成,建设经费仍有较大缺口。这导致学校在产教融合、校企合作方面的投入不足,教育经费投入不足导致学校无法承担合作项目的费用,如设备采购、人员培训、项目研发等,从而限制了校企合作的深度和广度。还有'双师'型队伍建设,河南省要求'双师'型教师占比超过 60%,而各个院校的发展极不平衡,有的学校可以达到 70% 以上,而有的学校可能不足 20%。"A 主任回答:"一些企业的社会服务意识不强,参与产教融合、校企合作的积极性整体不高,参与程度不深、'一头热''两张皮'等现象还是比较普遍。"N 处长回答:"与发达国家校企合作相比,我国行业协会的力量发挥的比较薄弱,体制机制不完善,管理细则不明确,权责利不明,遇到问题处理效率低下,影响合作成效。"

本次调研还访谈了五位教师，分别来自河南机电职业学院、郑州职业技术学院、黄河水利职业技术学院、平顶山学院、新乡职业技术学院，访谈人员基本情况如表6-5所示，访谈内容如表6-6所示。

表6-5　访谈人员基本情况（教师）

序号	院校名称	访谈人员职务	访谈形式	访谈时间	访谈时长
1	河南机电职业学院	专业课老师	面谈	2023.11.7	35分钟
2	郑州职业技术学院	专业课老师	面谈	2023.11.28	42分钟
3	黄河水利职业技术学院	辅导员	电话	2023.12.5	25分钟
4	平顶山学院	专业课老师	电话	2023.12.13	28分钟
5	新乡职业技术学院	辅导员	电话	2023.12.26	22分钟

表6-6　访谈内容（教师）

访谈问题
1.对目前所在专业的产教融合、校企合作是否满意？
2.产教融合的合作过程应该有哪些内容？
3.学校是否开设紧跟行业前沿技术的相关课程？
4.企业与学校是否根据当前技术需求共同研究课程内容？
5.你是否满意校内的实训场所和实训条件？
6.学校教师每年到企业挂职锻炼的时间如何？
7.教师是否真正地参与到"双师型"队伍建设中？
8.产教融合、校企合作真正的受益者应该是谁？

对于第一个访谈问题，五位老师中有三位老师是比较满意的；一位老师对目前的合作程度感觉一般，希望在科研合作、技术创新上有深度合作；一位老师对合作程度不满意，认为合作层次比较低，主要停留在购买软件建设实训室、课程开发、课件、教材、案例等方面，教师的"双师型"队伍建设多是以假期培训为主，并未让教师真正深入企业生产环境。

对于第二个访谈问题，被访谈人A老师回答："合作应该是全过程、双向提供资源与学习的过程，从招生到就业、从管理到教学、从理论到实践，企业都应该全程参与。"B老师回答:"好的校企合作应该一切以学生为中心,应该充分考虑学生的需求和利益,确保学生能够从中获得最大的收益。"C老师回答:"好的校企合作应该是互利共赢的,学校能够为企业提供优秀的人才和科研成果,企业能够为学校提供实践机会和资源支持,实现双方的共同利益。目前一些企业'嫌贫爱富'现象还比较严重,为了扩大自己企业的影响力,倾向与知名院校合作,学校关注到企业的经济效益,企业也要意识到自己的社会责任。"D老师回答:"产教融合不仅仅是学校与企业的合作过程,也要得到行业、社会的认可。比如进入订单班的学生,就要让他们从入学开始意识到对于他们的培养与其他同学的不同之处与特色。"E老师回答:"产教融合是院校与企业相互学习的过程,院校可以通过企业了解行业最新的技术和趋势,更新教学内容和教学方法,提高教学质量和效果。同时,企业也可以通过院校了解最新的科研成果和人才培养模式,推动科技创新和产业升级。"

对于第三个访谈问题,A老师回答:"合作企业会定期更新实践案例,让学生了解新技术在实际应用中的效果和作用,以及如何应对新技术带来的挑战和机遇。"C老师回答:"在进行校企合作时会开设一些新课程,但课程的更新速度毕竟不如技术更新得那么快,因为一门新课程的原理及方法一般需要老师和学生几个学期的消化时间,所以认为课程开设的内容总体稍落后于行业技术。"E老师回答:"合作企业会定时发送更新的课件与案例,以及通过参加学科竞赛的方式了解行业前沿技术。"D老师回答:"企业会利用寒暑假提前对老师进行师资培训,但课程的开设有一定的时间差。"

对第四个访谈问题,五位老师均认为企业与学校会共同研究课程内容,如编写与修订教材,但更新教学内容的速度还是有一定的差距。这取决于行业技术的更新速度、校企合作的深度、院校教学计划调整的灵活性、企业参与课程设计与更新的积极性等。

对于第五个访谈问题,A老师回答:"对校内的实训场所和实训条件比较满意,学校与企业共建了功能较齐全的实验室并配备了先进的设备,让我们能够进行实际操作与模拟训练。"B老师回答:"我对校内的实训场所和条件感到满意,但是有时候设备数量不足,学生需要等待使用,对学习进度会造成一定的影响。"D老师回答:"我认为学校的实训场所和条件需要进一步改善,因为有些设备维护和更新不够及时,会时不时出现故障,还有实训场所的数量也需要增加。"E老师回答:"学校更新软件模块比较慢,这可能涉及一些资金的问题。学校购买软件的站点数较少,学生上课出现拥挤现象。还有一些软件后台的更新与维护比较慢,出现很多错误的答案。"从以上老师的回答中可以发现,学校都建设了实训场所,但实训条件还需要进一步改善。

对于第六个访谈问题,A老师回答:"因为平时上课时间和科研任务比较重,所以到企业挂职锻炼的时间并不多,主要集中在暑假一个月左右,这段时间里,教师们会深入企业,了解行业前沿技术和市场需求,与企业的专业人士进行交流和合作,提升自己的实践能力和职业素养。"B老师回答:"学校教师每年到企业挂职锻炼的时间通常在学期末至假期阶段,大概有两个多月时间,有时候是线上业务培训,有时候是进企业参与企业的各项工作,深入了解企业的运营和管理,提升自己的实践能力和职业素养。"E老师回答:"作为一名工科教师,需要较强的实践能力,我会利用假期深入合作企业的车间,了解生产工艺与生产流程以及遇到的技术瓶颈,这将为我的科研提供很好的选题。"C老师回答:"我一般有空就会进入企业,零零散散算下来有四五个月的时间,在上课期间总会遇到一些技术难题,我会利用假期深入合作企业,与技术人员共同实践与讨论。挂职锻炼给了我站在课堂上更多的底气,学生都比较喜欢与敬佩理论知识和实践经验都很扎实的老师,挂职锻炼也为我的教学改革提供了更多素材。"D老师回答:"教师是一个永远在学习路上的职业,挂职锻炼也是学习的方法之一,我认为这是一个比较接地气的方法,所以我会利用课余时间和假期深入企业调研、与车间技术人员交流,也结交了不少好友,扩大了我的交际圈子,开阔了我的视野。"从以上访谈结果可以看出,教师普遍认可挂职锻炼这种学习方法,通过积极参与企业工作、与企业专业人士交流等学习到更多的东西,提升了自己的实践能力和职业素养,为教学和人才培养工作提供了更好的服务。

对于第七个访谈问题,被访谈人A老师回答:"学校倡导并采取了一些措施让教师参与到'双师'型队伍建设中,但也要看老师自身的重视程度。"B

老师回答:"各学校都在搞'双师'型队伍建设,但重视程度与水平可能会参差不齐,我们学校里文科专业相比理工科而言,'双师'型队伍培养的途径与方法要窄很多。"C老师回答:"学校比较鼓励大家参与'双师'型队伍建设,但也离不开企业的参与,具体参与到什么样的程度,也要看企业的实力。"D老师回答:"学校确实实施了'双师'型队伍建设,但效果如何,取决于老师的自觉性与进取心、'双师'型队伍建设中补助和津贴等规定的落实程度以及参与企业对人才培养的重视程度等因素。"E老师回答:"学校比较重视'双师'型队伍建设,也制定了'双师'型队伍期间的薪酬待遇政策。我认为这是很好的一种自我提高与社会接轨方式。"从五位老师的访谈结果可以看出,这些学校都比较重视"双师型"队伍建设,也收到了大多数老师的积极反馈。

对于第八个访谈问题,被访谈人A老师回答:"我认为产教融合、校企合作真正的受益者应该是学生。通过这些合作,学生可以更好地将理论知识与实践相结合,提高自己的实践能力和职业素养。同时,学生还可以通过与企业的合作了解到行业前沿技术和市场需求,为未来的就业和职业发展打下坚实的基础。"B老师回答:"我认为产教融合、校企合作的受益者不仅仅是学生,还包括企业和教师。通过这些合作,企业可以更好地了解行业发展趋势和市场需求,提高自己的竞争力和创新能力。同时,企业还可以通过与学校的合作发掘优秀的人才资源,为未来的发展提供支持。对于教师来说,这些合作可以提供更多的实践机会和资源支持,提高自己的实践能力和职业素养。"C老师回答:"我认为产教融合、校企合作的受益者应该是整个社会。通过这些合作,学校和企业可以共同培养出更多高素质的人才,为经济的发展和社会的进步做出贡献。同时,这些合作还可以促进科技创新和产业升级,推动国家的发展和进步。"D老师回答:"我认为产教融合、校企合作的直接受益者是学生,最终受益者是我们国家。因为人才培养与经济建设是相辅相成的,经济建设需要人才的支撑,人才培养也是经济建设的重要环节。"E老师从教育链、产业链、人才链、政策链角度分析,政府是政策的制定者,高校是教育链与人才链的培养者,产业链是经济建设的基础,都在经济发展中扮演着重要角色,相互依存与相互促进。从以上访谈结果可以看出,受访者普遍认为产教融合、校企合作真正的受益者包括学生、企业和教师。

同时,也有受访者指出这些合作对于整个社会发展都具有积极影响。因此,产教融合、校企合作应该是一种多赢的合作模式,各方都应该从中受益。

三、基于企业层面的调查结果分析

(一)选择样本分析

1. 样本选择原则

笔者选取的调研企业为目前一直进行产教融合、校企合作的企业,调研对象为对企业参与产教融合有一定认知的企业管理者,以保证研究结果的客观性,在选择样本时遵循以下原则:

(1)代表性。选取的企业具有代表性,能够反映不同行业、不同规模和不同地区的企业参与产教融合的情况。

(2)多样性。样本企业涵盖不同的类型和领域,包括食品业、制造业、服务业、高新技术产业等,尽量避免同一行业或者同一规模、同一区域的企业,以确保调研结果的多样性。

(3)自愿性。受访者能够积极配合研究者展开调研,坦诚提供信息,确保所选企业了解调研的目的和内容,并自愿参与其中。

(4)保密性。依据相关法律规定,对受访者年龄、工作地点、性别等涉及被访者隐私的信息已进行模糊化处理。对于涉及敏感信息的调研活动,确保在数据处理和分享过程中遵守保密原则。

2. 企业选择

本次调研共选择 8 家企业,按照保密性原则,对被访谈者所在单位名称进行了模糊化处理,以 M 为代码,对访谈单位进行描述性统计,具体信息详见表6-7。

表6-7　访谈单位基本情况

企业	行业类型	企业规模	企业性质	企业网站	企业地点
M1	食品	大型企业	私有企业	有	漯河
M2	煤炭	大型企业	国有企业	有	平顶山
M3	汽车制造	大型企业	私有企业	有	郑州

续表6-7

企业	行业类型	企业规模	企业性质	企业网站	企业地点
M4	装备制造	大型企业	国有企业	有	郑州
M5	物流	小型企业	私有企业	无	郑州
M6	建筑	大型企业	国有企业	有	郑州
M7	钢结构	小型企业	私有企业	无	郑州
M8	汽车制造	大型企业	合资企业	有	郑州

8家企业中,从行业类型上分,有1家食品行业、1家煤炭行业、2家汽车制造行业、1家装备制造行业、1家物流行业、1家建筑行业、1家钢结构行业。从企业性质上分,有3家国有企业、1家合资企业、4家私有企业。从企业规模上分,有6家大型企业、2家小型企业。从有无企业网站分,6家企业建立了门户网站,2家企业未建立门户网站。从企业地点上分,有1家企业在漯河,1家企业在平顶山,6家企业在郑州。

3.访谈对象选择

本次调研选择对8家企业的20名员工进行访谈,访谈方式涉及线上访谈、电话访谈以及面对面访谈。对于办公地不在郑州的企业采取腾讯会议线上集体访谈的形式进行,办公地在郑州的企业采取面对面的集体访谈与个别访谈形式。考虑到受访者时间的有限性,不同企业的访谈分散进行,同一企业人员访谈集中进行,同一个企业的访谈时间控制在1个小时内。在访谈过程中,笔者尽可能地保持中立态度,对受访者的回答不进行诱导与评价,使访谈内容更具有真实性,访谈人员基本情况及访谈内容如表6-8、表6-9所示。

表6-8　访谈人员基本情况（企业）

访谈企业	访谈人员编码	访谈人员职位	访谈形式	访谈时间	访谈时长
M1	MI-A1	人事主管	线上集体访谈	2023.12.16	40分钟
	MI-A2	组长			

续表 6-8

访谈企业	访谈人员编码	访谈人员职位	访谈形式	访谈时间	访谈时长
M2	M2-B1	人事主管	线上集体访谈	2023.12.17	32 分钟
	M2-B2	组长			
	M2-B3	实习生	电话访谈	2023.12.17	22 分钟
M3	M3-C1	技术人员	集体访谈	2023.12.20	35 分钟
	M3-C2	部门主管			
M4	M4-D1	车间主管	个别访谈	2023.12.21	25 分钟
	M4-D2	技术人员	个别访谈	2023.12.21	22 分钟
M5	M5-E1	仓储总监	集体访谈	2023.12.26	43 分钟
	M5-E2	职校老师			
	M5-E3	人事主管			
M6	M6-F1	技术人员	个别访谈	2024.1.3	27 分钟
	M6-F2	部门主管	个别访谈	2024.1.3	24 分钟
M7	M7-G1	施工监理	线上集体访谈	2024.1.4	45 分钟
	M7-G2	人事主管			
	M7-G3	技术人员			
M8	M8-H1	车间主管	个别访谈	2024.1.10	20 分钟
	M8-H2	车间技术人员	个别访谈	2024.1.10	25 分钟
	M8-H3	职校老师	个别访谈	2024.1.10	28 分钟

表 6-9 访谈内容(企业)

访谈问题
1. 关于"产教融合"的认知。
2. 企业对产教融合政策的了解。
3. 贵公司参与产教融合的形式有哪些?
4. 贵公司是如何联系到产教融合合作学校的?
5. 通过产教融合您希望给公司带来哪些影响?
6. 企业参与产教融合的内在动机是什么?
7. 您认为在产教融合推进过程中企业的利益诉求有哪些?
8. 您认为贵公司在实施产教融合过程中有哪些问题与困难?

（二）企业访谈结果分析

1.关于"产教融合"的认知

受访者必须对核心词"产教融合"有一个基本的认知，如果受访者对"产教融合"有深入的理解，他们则可以提供更具体和深入的观点。在访谈中发现两个现象：一是对"产教融合"理解时，被访谈人基本都会加一个前置语"我理解得可能不深入""我认为可能是""我理解的意思大概是""我了解的不太专业，可能是"。二是在访谈中，不同企业对产教融合的认知可能存在差异。在访谈中，被访谈人高频率地将"融合"表达成"结合"与"合作"。其实，三者是不完全一样的概念。"融合"强调的是双方互相渗透，你中有我，我中有你。而结合则相对松散，双方各自保持一定的独立性。合作则是双方基于共同的目标或利益，进行的一种互利互惠的行为。合作可以是松散的，也可以是紧密的，但通常不会达到融合的程度。"融合"要比"结合""合作"更深入一些。

M1-B2、M2-B3、M4-D1、M7-G2 把"产教融合"理解为产业与教育的结合、产业与学校的合作。M1-B2 回答："其实产教融合也不仅仅是产业与学校的合作，还涉及政府与行业协会的参与。"M2-B3 回答："教育与产业的分工是不同的，教育的主要职责是培养人才，产业的主要职责是生产产品和提供服务，但产业的发展也离不开人才的支撑，至于怎么把产业与教育结合起来，我感觉难度不小，也需要一定的时间。"M7-G2 认为："将产业与教育结合肯定是一件好事，但至于效果怎么样，难度有多大，这就不好把握了。"M1-A1、M2-B2、M4-D2、M7-G3、M8-H1 的回答比较类似，认为"产教融合"就是理论与实践的结合。M1-A1 回答："在学校学生学的多为理论知识，就要在岗位中将理论知识运用起来，用到实践中去。"M2-B2 回答："实践是检验真理的唯一标准，学生需要在真实的工作环境验证所学知识的有用性。"M4-D2 回答："在学校所学的知识到底有没有用，用处有多大，那就需要有一个试验场所，这个场所就是企业。"M7-G3 认为："产教融合就像课岗融合，将课本上所学的知识与实际工作岗位结合。"

M1-A2、M2-B1、M6-F1、M7-G2、M8-H3 的回答比较类似，认为"产教融合"是一种人才培养模式。M1-A2 回答："我觉得国家所倡导的'产教融合'

是一种教育方式、教育理念,是一种有长远目标的人才培养方式。但实际上对现在学校与产业具体融合的程度如何不好下定论,毕竟我们不像西方国家一样校企合作是有公众文化基础的。"M2-B1 认为:"目前'产教融合'整体层次还不高,倡导与实施是两码事,现在有些人的观念也比较可怕,认为学生到我们这里实习实践,是在利用廉价劳动力。"M6-F1 认为:"'产教融合'人才培养模式中,需要企业参与人才培养全过程,这要求双方既要懂技术也要懂教育,无形中对院校与企业的要求标准都提高了。"M7-G2 认为:"这是一种很好的人才培养模式,但是社会公众需要慢慢改变对职业院校的看法,在德国、美国、英国,职业院校的社会地位就比较高,但相比而言,我们还对它存在一定的社会偏见,社会偏见不改变,职业院校与人才培养质量就很难提高。"M8-H3 认为:"我国参与'产教融合'的层次还有待提升,现在最多算是工学结合,产教融合所要求的技术创新与研发的能力还比较欠缺。"

由于受访者对"产教融合"这个概念不太熟悉,笔者借此向受访者抛出"你认为未来'产教融合'应该是什么样子"的问题。M2-B2、M4-D2、M8-H1 认为,未来"产教融合"应该是校中厂、厂中校的形式。M2-B2 认为:"现在学校与企业在空间上是隔离的两个主体,未来'产教融合'的形式可能是校中厂、厂中校,这种形式将学校和企业紧密结合在一起,学生不出校门就可以在真实的工作环境中学习和实践。"M4-D2 认为:"学生到企业实习实践,合作单位要安排吃住,也是一项比较大的开支,而校中厂、厂中校的形式免去了这项开支,降低了企业的经济负担,也方便管理,提高了安全性。"M8-H1 认为:"校中厂、厂中校形式中,学生具有双重身份,节约了企业的人工成本,同时学生也获取一定的经济收益;既检验了学生的学习扎实度,也提升了实践能力与创新能力。"

关于未来"产教融合"的专业设置,M2-B2、M4-D2、M8-H1 的回答比较类似,认为未来"产教融合"应该是所开设的专业更加符合企业岗位需求。M2-B2 认为:"现在的学生在校知识体系与内容上都有些过时,教育内容更新速度相对较慢,而社会和科技的发展速度却非常快,导致教育内容与实际需求之间存在一定的差距。"M4-D2 回答:"我们学工程的,我发现来的实习生里,有些学生连基本的 CAD 绘图软件都不会用,这令我非常吃惊,后来一问所开设的课程基本都是 20 年前的,教学设备也比较陈旧。所以,学校应该定期更新课程与教材,确保教学内容与社会、科技发展保持同步。"M8-H1 认为:"现在大数据很热,学校应利用人工智能、大数据等技术,开展智能化的教学,同时要结合当地经济发展需求设置专业,使专业设置更加符合当地产业发展需求。"

2. 企业对产教融合政策的了解

企业普遍反映在申报产教融合过程中遇到很多难题,政府部门分工不清,存在申报手续复杂、审查周期过长、办事效率低下等现象。比如申报流程一般是自下而上逐级申报,但找到区里,区里不知道怎么解读,让去市里;到了市里却说越级了,应先到区里。虽然产教融合政策是由河南省人民政府发布的,但省教育厅、发改委、财政厅都参与了制定,也会涉及税务部门。其实,真正去申报的过程中,又找不到人来管这件事。还有一些很多细微的指标,都需要提供素材和证据,申报的过程中把人弄得又累又气又无奈,能想到和想不到的问题都能遇到,需要跑很多冤枉路。

M2-B1 回答:"国家发布的文件,前后经过省里、市里、区里,手续已经变得模糊不清,也没有一个直接的对应部门给予解读。既然国家倡导并支持企业去参加产教融合、校企合作,那么就应该简化流程,在开始申报时就遇到这么多问题,企业参与的积极性也会大打折扣。另一方面,企业对政府补贴经费满意度不高。虽然政策中对进入认定产教融合企业目录的企业给予享受教育费附加和地方教育附加抵免政策、'金融+财政+土地+信用'的组合式激励,但实际上也没有太大利好,在税收上还是多少有些影响的。"M1-A1 表示:"我们企业参与产教融合其实不是冲着所给予的什么利好政策,我们就觉得企业做大做强了,离不开社会和政府的支持。当然,现在政府提倡我们以这种方式去回报社会,尽我们的社会责任,这责无旁贷。"M3-C3 回答:"在这个优惠政策上我们了解一部分,但至于影响有多大,这就不清楚了,实际上我们还是将重心放在如何把企业做得更大更强更好。"M5-E3 回答:"申请补贴的流程比较麻烦,标准也比较低,补贴范围比较窄,对于企业来说其实影响并不大。"

3. 贵公司参与产教融合的形式有哪些?

M2 与 M8 以产业学院形式参与产教融合。M2-B2 回答:"我们与合作院校将产业学院建立在了校内,学校在制订人才培养方案时,企业专家给予了指导意见,目前来看,还是比较符合企业的实际工作环境的。单位每年都会报一些省奖、专利发明,会让一些老师参与进来,老师们因为有科研任务量的考核,都是比较积极参与的,这对学校和企业的科技创新和成果转化也起到了积极作用。当然,单位也提供了一些岗位供学生和老师们利用课余时间与寒暑假到企业进行实践锻炼。"M8-H3 回答:"我们会和高校在技术难题上进行合作,定期汇报进度与成果。当然也有个别难度不大的课题交给老师,由老师带领着学生去完成。同时我们企业工程师会到学校集中授课,有时是以客串技术人员身份展开讲座,让学生了解目前的技术环境与技术难题。毕业的学生可以到我们单位应聘或者推荐就业,帮助他们更好地融入职场。"

M5、M6、M7 主要是以实习方式参与产教融合。M5-E1 回答:"我们和学校签订了认知实习与专业实习,认知实习主要是学校组织学生到我们工作地点观摩和体验,时间主要集中在一年级,学生的积极性都比较高,看到我们的工作环境眼神很稀奇,态度也很认真,因为他们进企业的机会并不多,尤其是学习物流专业的学生,对于包裹从下单最终达到消费者手中的流程是比较好奇的。"M6-F2 回答:"我们会把学生派到施工现场与生产线,手把手地教他们每天施工资料怎么收集、整理,施工日志、施工记录、检验报告如何填写,并进行施工现场技术指导,比如钢筋的绑扎,混凝土的搅拌、运输、浇筑、养护,土方的挖掘、运输、填筑、压实,等等。我们会让学生亲自上手操作,有些学生嫌脏怕累不乐意上手操作,我们是有严格考核要求的,你必须让他尝到吃苦的滋味,我们工作了十几年的人员有时都要亲自上阵,与工人同吃同工,工地上第一课就要学会吃苦。"M7-G1 回答:"我们钢结构公司主要是让学生进施工现场,实习工作主要包括施工现场安全讲解、施工现场资料的整理、施工质量检查、施工进度监控、现场施工协助等,具体包括了解如何应对和处理安全事故,如何进行钢构件的尺寸、焊接质量和防腐处理等的检查,如何处理质量问题,如何收集、整理、归档施工现场的相关资料,如何制订和执行施工计划等。学生普遍听得比较认真,也会时不时做笔记,我感觉态度上还是比较端正的。我特别强调团队协作的重要性,在钢结构公司,每个项目都是需要多个部门和人员协作共同完成的。所以,碰到要脾气的学生,我会给予严厉批评。"

M4 是以项目式参与产教融合的。M4-D1 回答:"我们单位很多工作和项目涉及保密性,所以不可能让学生大规模地进来实习。我们更多地采用教师带领优秀学生参与到个别项目的方式来进行,对于一些需要进实验室的项目,我们有严格的进入流程、时间限制并签订保密协议。干我们这一行的精神压力都比较大,加班早已习以为常,没有办法,我们属于高新技术行业,就要进行技术创新,并且承担了国家的一些大型工程,进度和质量都必须全力保障。我们常常要到比较偏远的井下作业,不管男生女生都一样下到井下,有时一干就是一天,一天都见不到太阳是很平常的事。你不下井,不在现场,问题出在哪里,哪里需要改进,你怎么知道?所以承担项目的老师和学生都一样下井作业。"M1 与 M3 以订单班形式参与产教融合。M1-A1回答:"学生一进学校经过考核合格就进入订单班,订单班的培养方案,包括课程设置、教学内容、实习实训都是我们单位与院校共同负责和管理的。每年的招聘会我们优先考虑订单班的学生,总体上来说,订单班的学生培养质量还是比普通学生质量要高一些。"M3-C2 回答:"我们单位一般会把学生实习时间安排在寒暑假,时间 1～3 个月,也配备有专门的技术人员全程跟踪与指导,企业会给学生提供一定的实习津贴,保障学生的基本生活需求。当然,学校组织的一些新生见面会、毕业生跟踪调研,学校组织的一些专业技能大赛、学校招聘会、宣讲会等,我们会派工作人员过去参加。"

4.贵公司是如何联系到产教融合合作学校的?

据调研,8 家企业中有 5 家企业是学校主动联系进行校企合作的。M1-A1 回答:"因为学校是人才培养的主体,学校需要为学生提供实践教学的机会,提升他们的就业率与就业质量,并且学校开设的专业也是我们需要的。"M2-B1 回答:"一些学校需要评估和转设的时候会主动联系我们进行合作,因为教育厅评估有这一项,校企合作数量不够可能就过不了,由初级的合作然后慢慢深化,开始建设基地、实践教学、订单班、产业学院等。"M5-E3 回答:"这几年随着物流业的快速发展,这一行业的专业人才比较缺乏,开设这个专业的学校也不是很多,所以为了储备人才、降低招聘成本,我们会主动找开设这个专业的学校进行合作。"M4-D1回答："我们比较看重学校的科研优势,尤其是一些横向课题,需要借用高校教师的资源。同时,因为单位的特殊性,必须承担一定的社会责任,通过支持教育事业、捐资助学、提供奖学金等方式,增强社会责任感,这应该是双向互动与合作。"M7-G2回答:"学校要为教师提供挂职锻炼机会,也要为学生提供真实的工作环境。所以,学校的主动性更强一些,但是也在一定程度上满足了我们对人才的需求。所以,我认为理想中的校企合作应该是双方处于平等地位。"M3-C2回答:"社会效益不像经济效益来得那么快那么明显,所以有些企业是不愿意参与校企合作的,这里面有太多体制的原因。我们企业非常支持与高校进行科研合作,加速科研转化的速度。"M8-H3回答:"这是要分情况考虑的,有些项目比如实践基地建设、教师挂职锻炼一般是学校处于主动地位,像订单培养、科研成果转化一般是企业处于主动地位,不管是谁热谁冷,都要建立有效的沟通机制和合作关系,共同制订合作方案和计划,明确双方的权利和义务,实现优势互补和互利共赢才能长久。"

5. 通过产教融合您希望给公司带来哪些影响?

M1-A1回答:"我觉得认可很重要,企业花费这么多时间和精力去做这件事情,肯定是想得到认可的,被认可之后动力会更大,很多时候我们是需要这种仪式的,更是一种标杆榜样。"M6-F2回答:"除了认可还希望能起到一定的宣传作用,社会对我们行业的认知很多时候停留在偏僻、苦累脏乱工地的认知上,其实我们有很多部门,也有高端的研发部门,但社会对建筑行业的认知一般都停留在工地的层次上。"M4-D2认为:"经济效益是比较有说服力的,你能给这个企业带来利好它肯定愿意继续合作,不管是以什么样的形式来开展产教融合,还是推动了公司的技术创新与研发、降低成本、提高社会影响、促进产业升级等,最终都会用经济效益来衡量,并以此为标准来决定是否有必要继续开展。"M3-C2回答:"我们单位作为郑州比较大的单位,很多人都知道,但是不一定清楚我们的企业文化。所以,通过产教融合对企业文化起到了一个很好的宣传作用,并且在不断辐射整个汽车行业,相当于我们在行业里立了一个标杆。这样也有助于员工增强对企业的认同感与归属感,我们是一个懂得感恩的、回报社会的企业。"

6. 企业参与产教融合的内在动机是什么?

一是一些企业参与产教融合更多体现的是承担社会责任。M4-D1 回答:"其实对于国有企业,它们的性质就决定了这类企业势必要承担一些社会责任,它们本身就比民营企业要承担得多一些,肩负着促进人才培养、推动科技创新、服务社会等。所以,不是说你愿不愿意去做这个事,或者创造了多大的价值,是你必须带头去做这件事的,像民营企业它们可能没有更多的时间与精力去研究和做这个事情。"M4-D2 回答:"当一个企业做得足够大足够强的时候,它就不再以盈利为唯一目标了,因为企业作为社会的一部分,其发展离不开社会的支持和帮助。它就开始思考如何履行社会责任了,通过履行社会责任,企业可以提升自身的形象和声誉,增强社会影响力,经济效益和社会效益是相辅相成的。"M6-F2 回答:"国企的资金相对雄厚,资源比较丰富,可以为学校提供实习机会、实训基地等支持,帮助学生提升实践能力和职业素养。一些国企还设立了奖学金、助学金等资助项目,支持贫困学生完成学业;开展了环保、扶贫等公益活动,推动社会进步和发展。我觉得一方面宣传吧,这个企业的文化是回报社会的,也扩大了知名度,树立了口碑;另一方面我认为一些国企领导尤其是吃苦过来的领导,他有为社会履行责任的情怀。"M6-F2 认为:"企业要想获得长期的发展,必须同时注重经济效益和社会效益。一方面企业需要通过提高生产效率、降低成本、增加销售额等手段来提升经济效益,为企业的生存和发展提供更多的资源。另一方面企业也需要关注社会效益,通过保护环境、促进员工福利、扶持弱势群体等方式来履行社会责任,树立良好的品牌形象,提高社会声誉,并获得社会各界的认同与支持。参与国家倡导的产教融合,正好体现了其社会效益。"

二是有些企业参与产教融合、校企合作是为了宣传企业文化,获取行业地位。M1-A1 回答:"其实我们参与产教融合、校企合作的另一个目的就是向学生传递企业文化和价值观,让学生更好地了解企业的经营理念、管理方式、企业文化等方面的内容。这样有助于提升我们企业的形象,提高企业的社会知名度和美誉度。"M3-C2 回答:"在参与产教融合之前我们是经过慎重考虑的,当然我们必须承认,能获批参与产教融合的企业一般是经济实力比较强的,我们一方面确实是基于要在行业内树立标杆、获得行业地位的考虑;另一方面是扩大更多群体的认同感,学生当然是一个比较庞大的群体,并且学生进来实习后也会通过口碑、朋友圈等途径来宣传企业的文化和价值观,这是一个很好的传播群体与途径。"M7-G2回答:"学生是很单纯的一个群体,尤其比较看重第一份工作,一旦对我们公司产生了安全感与认同感,我们就可以留任一部分优秀学生,学生之间通过信息传递也可以让我们招聘更多的优秀学生。"M8-H3回答:"我进校给学生讲课时,都会无形中加入单位的企业文化,包括团队合作、创新,当然也有谈到工资福利待遇等,学校在新生见面会、企业招聘、专业比赛,学生和教师到企业进行实习实践、挂职锻炼时,我们都会展示企业的文化和价值。"

三是政府的鼓励与引导作用。M4-D1回答:"我们这个行业属于高新技术制造业,国家对制造业发展有明显的政策倾向,但这个行业涉及多学科和多领域的高精尖技术,需要跨学科、跨部门、跨行业协同攻关,目前这方面制造技术人才还是比较短缺的。通过产学研合作,一方面我们可以有针对性地开设一些专业和课程,让学生有这方面的专业基础;另一方面通过高校、企业、科研机构的合作,开展这方面制造技术的基础研究、应用研究和关键技术攻关,提升制造技术的自主创新能力。"M2-B1回答:"政府政策是企业的风向标,在我们推动能源行业可持续发展过程中,煤炭企业需要充分发挥自身的资源和经验优势,积极拓展新能源业务。通过产教融合,可以加强与政府、高校等机构的合作,可以共同培养具备新能源知识和技能的人才,为企业的转型提供强有力的人才保障。"M8-H1回答:"政府制定的鼓励性政策确实能起到一定的促进作用,但实际上对我们这个吸引大量劳动力的企业来说,在建立初期政府在土地、各种税费等方面都已经给予了很大的扶持,国家的这个政策缩短了企业与院校合作的时间与空间,它确实在两者之间搭起了一个桥梁。"

四是产业升级是促进产教融合的一个重要因素。M2-B2回答:"随着产业技术的不断进步和市场竞争的加剧,企业需要不断提高自身的技术水平和创新能力,以适应市场需求和实现可持续发展。而产业升级需要大量具备专业技能和创新精神的人才支撑,这就为产教融合提供了重要的契机。"

M4-D2回答："随着产业技术的不断升级,企业需要不断更新技术装备和管理理念,这就需要大量具备专业技能和创新精神的人才。同时,随着新技术的不断涌现,企业也需要不断引进和培养具备新技术应用能力的人才,以适应市场的变化和产业升级的需求。"M5-E3回答："物流行业是随着互联网和电子商务的发展而迅速崛起的行业,其运作和管理都需要大量的技术支撑。物流行业目前比较缺乏具备信息技术和电子商务技术的人才、具备数据分析和技术应用能力的人才、具备自动化和智能化技术的人才,物流行业对于技术创新人才的需求客观上促进了产教融合的达成。"

7.您认为在产教融合推进过程中企业的利益诉求有哪些?

一是体现在储备人力资源上。M2-B1回答："现在人才流失太严重了,单位需要的项目经理、部门主管、车间主任等职位我们基本都是从单位内部进行选拔,主要也考虑到要留住人才,也减少了与公司的磨合所带来的问题。对于基础岗位我们主要从合作院校里进行选拔,因为企业在学生毕业之前已经与之建立联系,对他们的专业技能和兴趣有一定的了解,相当于提前锁定了符合企业需求的人才,这样选拔人才也比较对口,可以马上上岗;招聘成本也会相对低一些,避免企业在招聘过程中花费大量时间和精力,降低了招聘时间成本和人力成本。"M2-B2回答："和我们单位合作的院校,学生也提前对我们单位的情况和企业文化有所了解,这缩短了他们的适应期,加快了角色转变。"M5-E3回答："在用人标准上,因为在产教融合期间企业参与了课程设置,说明课程设置是符合企业对人才的需求的,这实际上相当于降低了企业在人才培养方面的精力和成本。"M5-E2回答："在人力资本上,单位可以获得更多的优秀毕业生,为企业发展提供有力的人才保障。"M7-G2回答："人才储备上,通过产教融合,企业更加了解市场需求和人才培养方向,从而更好地制定人力资源战略和培训计划。"

二是体现在降低生产成本、追求利润最大化上。M1-A1回答："企业想要生存下去,就要开源节流,我说的这个节流就是节约成本,生产成本中人力成本在企业的开支里占比较大,学生在实习期间是相对而言的廉价劳动力,其实相当于降低了生产成本。"M5-E1回答："寒暑假期间合作院校的学生就会到我们物流公司进行帮忙,我们也会给学生工资,但实际上这部分开支相对于正式员工还是低的。"M5-E1 回答:"其实政府给予的各项补贴,据我了解很少有企业全部能拿到,最多就是里面的个别项目给优惠一些,主要是税收影响大一点吧。"M7-G2 回答:"与合作学校建设的实践基地、实训室都在校内,占用的是学校的场地,硬件不用我们管理,学生在学校吃住,这些费用都不用我们负责,我们只需要把项目运作起来,职教人员到校指导上课就可以了,这实际上在很大程度上减轻了我们的经济负担。"

三是企业家的责任精神,是企业参与校企合作的重要保障力。M4-D1 回答:"国内盾构机从无到领先于国际技术,在发展过程中,习近平总书记多次来我们单位视察,使我们感受到党和国家领导人的重视与关怀,也意识到技术人员的责任感与使命感。领导作为单位的决策者,领导重视了自然就会投入一部分资金去关注社会责任。"M6-F2 回答:"具有社会责任感的领导更加注重人才培养质量。他们明白,人才的培养不仅仅是为企业输送合格员工的过程,更是为社会培养高素质、有责任感人才的过程。所以,领导的决策、格局与见识很重要。"M6-F1 认为:"领导的决策虽然很重要,但这要看企业的发展实力,你企业经济效益不行,自身都难保,你哪来的情怀、时间和精力去搞产教融合呢?"

8.您认为贵公司在实施产教融合过程中有哪些问题与困难?

一是学生普遍缺少吃苦精神与职业道德导致人员流动性比较大。M6-F1 回答:"因为我们这个建筑行业是必须下基层锻炼几年的,和工人同吃同住同工,但现在的大学生很难吃得这个苦,有的学生一看是在荒郊野外,工作条件比较差,工作场合和他想象的不一样,他就离开了。你要知道这个行业不可能一下子就让你做监理或坐在办公室画图设计的,这是每个建筑行业的人必经的过程。学生一般干几个月熬到拿毕业证就走了。"M6-F2 回答:"把学生派到施工现场,他觉得你给他分配的活低端,就是打杂,把他当成了廉价工人。我们这个建筑行业就是这样,你必须要在基层与现场熬几年,你不能总羡慕这个监理那个主管的工资对吧,大家都是苦过来的,只有下基层才能掌握最初的专业本领。现在大学生生活太优越了,他们看到工地上干活的工人都惊呆了,以为现在都实现自动化了,怎么还有这么艰苦的工作,普遍缺乏吃苦的精神,没有经历过太多的困难和挑战。"

M7-G1 回答："还有就是'90后'与'00后'的学生自我保护意识比较强，比我们前几代人要强很多，到下班时间就立马走人，不愿意加班，周末更与工作无关，他们更加注重个人时间和权益的保护，不愿意为了工作而牺牲自己的休息和娱乐时间。这不是说他们有错，但很多时候在工作中是行不通的。"

M7-G2 回答："现在的学生缺乏基本的职业道德，没有工作时间观念，觉得自己是实习生，迟到早退纪律涣散，干两天不符合心意就直接不来了，招呼不打、离职手续不办，没有一点责任心与职业道德。"M7-G3 回答："站在我们企业的角度，我们是对学徒寄予厚望的，对实习生的留任与发展都很重视，因为这是在给我们自己单位储备人才。我们也有具体的培养细则与激励机制，但毕竟是一个双向选择的过程，建筑行业就很特殊，不管你是否聪明能干，不管你是男孩子还是女孩子，首先考验的就是吃苦精神，因为能吃苦的人，往往具有更高的自我要求和更强的自律能力，它代表了一个人的坚韧、毅力和责任心。我的一些学徒可能会认为我从事的是低端的工作，跟他的学校或老师教给他的工作环境不一样，但我们这个行业目前就是这样的状态。很多学徒看到这个工作环境，坚持不了多久就一走了之。"M8-H3 回答："确实，大部分学生缺乏吃苦耐劳的精神，这可能与他们在家庭和学校中的成长环境有关。学校在职业道德培训方面也可能存在不足。虽然许多学校都开设了职业道德课程，但这些课程往往只是停留在理论层面，缺乏实际操作经验。学生可能只是了解了职业道德的基本概念和理论，但在实际工作中仍然难以应用和实践。"

二是社会认同感不强。M3-C1 回答："社会上认为技术工人地位较低的观念仍然存在，对蓝领不认可的偏见还比较普遍，写字楼办公室白领还是主要选择，很多家长和学生认为职业院校是低分学生迫不得已的选择，即使上了职业院校，多数学生也想选择学历提升以获得更好的发展机会。还有就是（至少在我们河南省是这样的），职业类院校的学生学习天赋稍微弱一些，增加了后期企业的培养难度。"

三是企业经济实力不雄厚。M1-A1 回答："像我们企业作为农业产业化国家重点龙头企业，经济实力相对雄厚一些，技术和资金没有那么紧张，受外界环境的影响相对要小一些。但疫情那几年,有很多小企业扛不住倒闭了,很多小企业资金实力没有那么雄厚,研发技术没有那么先进,说白了要资金没资金,要技术没技术,你让它怎么参与校企合作呢?" M1-A2 回答:"不管产教融合还是校企合作,学生总是要来企业实习的吧,最基本的吃住企业总要解决吧,还要有一定的工资,这都是企业的成本,学生实习的效益不明显,但企业出去的钱可是实实在在的,还要分摊出技术人员去带领他们,难免会影响到自己员工的工作效率。"

四是政策激励落实不够。M1-A1 回答:"产教融合实施前中后也要看当地政府的支持程度,一旦有政府的支持,事情就好办很多,否则企业的一些权益保障以及参与积极性就会大打折扣。目前企业的生存环境比较艰难,国内外经济环境不好,用人成本增加,技术上发展滞后,企业要生存就要讲经济效益,在缺乏效益的前提下,或者说要平衡经济效益与社会效益,相当于企业牺牲了一部分经济效益来成全社会效益,那么政府肯定要有明确的保障机制,否则我自身发展都难保,怎么去为社会服务? 并且产教融合牵涉的部门比较多,还要与财政部门、税务部门、劳动部门等协调沟通,过程多,流程复杂,如果政府没有相应的保障机制,则很难激励企业参与产教融合。"

第七章

河南省产教融合存在的问题及原因分析

通过调研,发现政府、企业、学校三者在推进产教融合进程中,都存在或多或少的问题,主要体现在经费投入不足、成果分布不均衡、缺少法律支撑与监督机制、企业缺乏内涵建设、高校发展理念不清晰等方面,在一定程度上影响和制约了河南省产教融合的推进。

一、经费投入不足

2021年,全国教育经费总投入为 57 873.67 亿元。全国中等职业学校生均一般公共预算教育事业费支出金额为 15 898.62 元、普通高等学校为 20 990.88 元。2021年,河南省教育经费总投入为 2767.48 亿元,中等职业学校、普通高等学校生均一般公共预算教育事业费支出分别为 8530.45 元、14 646.45 元。其中,中等职业学校生均一般公共预算教育事业费支出金额仅略高于贵州省,排在全国倒数第二位,普通高等学校生均一般公共预算教育事业费支出金额排在全国倒数第三位,中等职业学校、普通高等学校生均一般公共预算教育事业费支出总额排在全国最后一位。所投入的经费不仅远远落后于率先开展产教融合的广东省与江苏省,也难以与周边的山东省、湖北省、陕西省、安徽省相比,甚至落后于广西壮族自治区与云南省。2021年中等职业教育和普通高等教育生均一般公共预算教育事业费支出及增长情况详见表7-1。

表7-1 中等职业教育和普通高等教育生均一般公共预算教育事业费支出增长情况

单位:元

地区	中等职业学校		普通高等学校	
	生均一般公共预算教育事业费	增长率(%)	生均一般公共预算教育事业费	增长率(%)
全国	15 898.62	1.75	20 990.88	0.34
北京市	70 514.69	3.01	65 957.02	16.00
西藏自治区	40 775.57	31.51	58 342.44	−11.59
上海市	40 581.93	8.69	33 883.02	−5.38
天津市	25 777.60	10.05	17 066.28	−15.86
浙江省	24 437.66	0.96	23 813.60	1.30
吉林省	22 389.70	−3.66	16 206.38	2.47
内蒙古自治区	22 197.50	5.59	21 245.61	−0.3
黑龙江省	21 639.59	8.09	17 672.21	0.37
广东省	19 757.65	4.49	28 340.89	−2.65
江苏省	19 934.67	0.03	21 647.56	6.03
宁夏回族自治区	18 537.37	16.65	26 499.94	0.37
青海省	18 170.47	−1.20	36 501.88	1.81
甘肃省	17 745.68	9.00	16 441.38	2.03
山西省	17 128.13	−3.79	20 053.66	12.83
山东省	16 648.49	−0.35	18 135.80	3.30
新疆维吾尔自治区	16 482.14	12.68	21 204.84	−6.04
湖北省	16 173.78	−0.12	18 499.83	1.27
福建省	15 846.55	−5.35	18 815.40	−4.81
辽宁省	15 620.94	0.92	14 660.28	−1.79
河北省	15 128.93	−3.13	16 630.07	−2.71
安徽省	13 999.70	6.27	16 046.35	9.78
江西省	13 769.15	−3.40	18 732.74	−5.69
陕西省	13 495.16	−0.02	15 800.40	−6.09
四川省	13 320.85	1.40	18 116.99	6.01

续表 7-1

地区	中等职业学校		普通高等学校	
	生均一般公共预算教育事业费	增长率(%)	生均一般公共预算教育事业费	增长率(%)
湖南省	13 192.57	6.14	14 182.18	-3.36
重庆市	13 174.48	2.29	15 758.20	2.73
海南省	12 970.68	-0.05	24 502.07	-18.41
云南省	12 434.41	1.02	16 239.19	0.97
广西壮族自治区	10 287.81	4.79	13 628.91	3.44
河南省	8 530.45	-3.36	14 646.45	4.86
贵州省	7 898.44	-1.00	20 005.38	10.11

数据来源:由国家统计局公布数据整理所得。

河南省作为一个人口大省、教育大省、劳务输出大省,面临着人力资源质量提高问题。大量的"候鸟式"就业现象给本地经济发展带来了一定困难。资金投入不足所导致的经费保障缺失、辅助设备短缺等问题已严重影响了职业教育发展。各地级市政府、企业、高校过于依赖省里统一调配的资金,社会资本参与度不高,资金的规模与来源在一定程度上制约了产教融合的深入推进。资金使用不透明,一些地区和学校在资金使用方面存在不规范的问题,导致资金未能有效用于支持产教融合、校企合作。由于缺乏有效的管理机制和评估体系,一些地区和学校在资金使用方面存在效益不高的问题,未能充分发挥资金在促进产教融合、校企合作方面的作用。

企业作为产教融合的重要参与方,参与产教融合不仅可以提高人才培养质量,满足企业自身的人才需求,还可以通过与学校的合作,推动技术创新和产业升级。因此,企业有责任和义务投入一定的资金、人力和设备等资源,参与到产教融合中。但在调研中发现,多数企业并不愿意投入过多资金,究其原因主要有:一是基于这几年国内外经济大环境所致。河南省中小企业过多,企业自身资金不富裕,无法抽出过多资金给予支持。二是基于经济利益考量。企业参与产教融合需要投入大量的人力、物力和财力,但这种投入的回报可能并不直接和快速。在某些情况下,企业可能面临投资无法收回的风险,这使得一些企业对产教融合的积极性不高。三是管理体制掣肘。目前,河南省产教融合的管理体制还存在一些问题。例如,产教融合的各方主体权责利关系不明确、合作过程中的协调和沟通机制不顺畅等,这些问题都可能导致企业对于投入产教融合持谨慎态度。四是传统惯性束缚。一些企业对于产教融合的认识不足,认为教育是学校的事,企业只需要关注自身的生产和经营。这种观念导致企业对于产教融合缺乏主动性和积极性。五是风险担忧。企业在参与产教融合过程中,可能会面临一些风险,例如技术泄露、人才流失等。这些风险可能会对企业的利益造成影响,因此一些企业对投入产教融合存在担忧。六是追求短期利益。企业通常更加注重短期利益,而产教融合通常需要长期的投入和付出。如果企业无法在未来获得足够的回报,那么它们可能不愿意参与产教融合。企业最明显的获利途径主要局限在毕业生供给环节,所以相对于企业对学校的重要性来说,企业对学校的依赖性不强,因此,不愿意给予学校过多的投入。

二、产教融合成果地域分布不均衡

截至2022年,河南省作为拥有18个地级市、99所高职院校的职教大省,在教育部公示的三批入选国家级现代学徒制的15所试点学校里,学校所属地在郑州的有7所,南阳1所、开封2所、商丘1所、漯河1所、洛阳1所、济源1所、三门峡1所、许昌1所(见表7-2)。在教育部和财政部启动的"国家示范性高等职业院校建设计划"里,郑州3所、开封1所、商丘1所、平顶山1所、南阳1所(表7-3)。从分布的区域来看,产教融合成果主要集中在郑州,像新乡、濮阳、鹤壁等地级市没有辐射到。首先,许多省份的省会城市和其他中心城市往往是产教融合成果的集中地。郑州作为河南省的省会城市,通常拥有更多的教育资源、企业集群和人才储备与区域优势,从而吸引了更多的企业、学校和专业人士参与,为产教融合提供了良好的环境和条件。省会城市和中心城市的政府可能为某些地区或特定的学校和企业提供更多的支持和引导,还有成果主要集中在一些知名学校或特定领域,其他学校或领域的发展相对滞后。这导致了教育资源的分布不均衡,影响了河南省产教融合整体发展。

表7-2   河南省入选国家级现代学徒制试点单位

学校	地点	批次
河南工业职业技术学院（高职）	南阳	第一批
开封文化艺术职业学院（高职）	开封	第一批
河南农业职业学院（高职）	郑州	第一批
商丘医学高等专科学院（高职）	商丘	第一批
漯河职业技术学院（高职）	漯河	第一批
洛阳铁路信息工程学校（中职）	洛阳	第一批
黄河水利职业技术学院（高职）	开封	第二批
济源职业技术学院（高职）	济源	第二批
河南信息工程学校（中职）	郑州	第二批
河南经贸职业学院（高职）	郑州	第三批
河南水利与环境职业学院（高职）	郑州	第三批
河南职业技术学院（高职）	郑州	第三批
三门峡职业技术学院（高职）	三门峡	第三批
许昌职业技术学院（高职）	许昌	第三批
郑州铁路职业技术学院（高职）	郑州	第三批
郑州信息科技职业学院（高职）	郑州	第三批

表7-3   国家示范性高等职业院校建设单位

学校	地点	入选年份
黄河水利职业技术学院	开封	2006
平顶山工业职业技术学院	平顶山	2006
商丘职业技术学院	商丘	2007
河南职业技术学院	郑州	2008
河南工业职业技术学院	南阳	2010
河南农业职业学院	郑州	2010
郑州铁路职业技术学院	郑州	2010

三、缺少法律保障与监督机制

(一)产教融合缺乏有效的法律制度保障

目前,中央层面出台的产教融合政策主要以"意见""通知""办法"等为主,这些政策具有较强的宏观指导性与引领性,省级及以下层面的产教融合政策,多是转述或重复中央政策,缺乏落地的创新性。河南省也主要通过制定和实施一系列政策和规划来推动产教融合的发展。例如,河南省人民政府出台了《河南省职业教育改革实施方案》,提出了深化产教融合、校企合作的具体措施和目标。此外,河南省还制定了《河南省高等教育高质量发展行动计划(2020-2025 年)》等一系列规划,旨在促进高等教育与产业的深度融合。虽然政策和规划可以为产教融合提供一定的指导和支持,但这些规定大多数是以行政规章或地方性政策的形式存在,缺乏更高层次的法律保障。

很多发达国家以完备的法律制度体系保障职业教育产教融合发展。这些法律制度体系明确了政府、企业、学校等各方在产教融合中的权利、义务和责任,为产教融合提供了有力的法律保障。如德国的《职业教育法》规定了企业必须参与职业教育,职业学校必须与企业合作,共同培养技术技能人才。美国的《职业教育法》则规定政府必须提供资金支持,促进企业和学校在职业教育中的合作。澳大利亚的《职业教育法》也明确指出,职业教育必须与行业企业紧密合作,共同制定课程标准、开展实践教学等。这些完备的法律制度体系,有效地保障了产教融合的顺利实施,促进了职业教育的健康发展,提高了技术技能人才的培养质量。

据调研,企业比较迷惑的是:什么标准的企业才有资格申报产教融合,是不是有指定的学校或企业参与产教融合? 是企业自己找学校还是学校自己找企业还是政府部门进行分配?

当前实践中,产教融合多为缺乏法律法规指引和约束的"自愿行为"。学校和企业双方的责、权、利,实习过程中实习生与企业之间的劳动权益、劳动报酬、劳动安全、劳动保障等规定不够健全,体现不出实体法规定和确认的教育行政机关、学校、企业、学生等主体之间的权利、义务和责任,也没有程序法规定实现权利的必要规则、方式和程序等。由于责、权、利关系不够明确,企业在接受学生实习实训时对出现的任何问题(如人身伤害等)均有可能要承担无限责任,导致许多企业即使认为十分重要也不敢或不愿承担培养学生的工作。建立实习学生的劳动保护制度,能免除学生、学校、企业的后顾之忧。

企业对于是否有法律制度保障的关注度确实很高。要想激发企业参与职业教育产教融合的积极性,必须满足企业生存的必要条件,其中最基本的条件就是能够保障企业基本的利润。学校和企业在产教融合过程中的目标和关注点是不同的。学校更注重人才培养和社会效益,希望通过产教融合提高学生的实践能力和就业竞争力,提高人才培养质量和社会影响力。而企业则更注重经济效益和市场需求,如果参与产教融合无法获得预期的利润,或者存在亏损的风险,那么企业就会失去参与的积极性。在调研中发现实施产教融合过程中一般要求企业先有一定的投入,企业利润后置第二年、第三年,这确实给企业带来了一定的风险与压力,在企业投入程度比较高的情况下,企业需要了解自己的权益和责任,同时也需要得到相应的保障和支持。一些产教融合涉及技术研发和创新,企业需要投入大量资源进行技术研发和人才培养,有些会涉及企业的机密信息,如果在合作中遇到泄密的问题,就可能导致企业损失惨重。在产教融合过程中,企业与学校之间的合作需要遵循一定的行业标准和规范,如果合作方不能履行合同约定或者出现纠纷,就不能依法依规进行处理。所以,很多时候企业不是不想尽社会责任与义务,而是在合作过程中遇到问题时没有相关的法律制度来保障自己的利益。当合作取得良好效果时,双方的利益分配和方式也需要法律来保障,保障企业获得合理的回报,降低企业的风险和不确定性。

(二)不同政府部门缺乏统一的指导和协调

为响应国家号召,河南省人民政府出台多项产教融合文件和政策,为推动产教融合提供了重要的政策支持和保障。这些政策和文件明确了产教融合的重要性和目标,提出了具体的工作任务和措施,有助于促进教育、产业和政府的深度合作,提高人才培养的质量和适应性。然而,产教融合政策的落地不仅涉及教育部门,还涉及财政、税务、发改委、人力资源和社会保障、科技等部门。由于涉及的政府部门较多,不同政府部门在执行产教融合相关政策时缺乏统一的指导和协调,出现执行力度、方式和标准的不一致,个别部门认为教育是教育部门的责任,因此,在处理产教融合相关问题时重视程度不足。这种不一致会给企业和学校带来困惑,影响政策的实施效果。由于不同层级政府、不同部门之间也存在各自的利益追求,在产教融合政策的实施过程中,导致资源分配不均或出现推卸责任的现象。这不仅会影响政策的实施效果,还可能引发部门之间的矛盾和冲突。政府部门之间的信息沟通不畅是导致不协调问题的另一个重要原因。由于缺乏有效的信息共享机制,导致产教融合相关的政策信息、企业需求、学校资源等信息无法及时、准确地传递。这种信息不畅可能引发误解和误判,降低工作效率。在产教融合政策的制定和实施过程中,缺乏明确的责任分工,各部门之间缺乏协同意识,导致工作重复、效率低下等问题。这不仅会影响政策的效果,还造成资源的浪费。政府部门作为独立的利益主体,可能在产教融合过程中出现利益诉求的冲突。教育部门更注重教育质量和学生利益,而经济管理部门更关注产业发展和经济效益。这种冲突可能导致政策制定和实施过程中的分歧和矛盾。

(三)产教融合过程缺乏监督与评价机制

产教融合过程中,由于涉及学校、企业和学生等多个主体,容易出现义务不明晰的问题。在产教融合过程中,学校、企业和学生的角色和责任分工不够明确,则会导致合作过程中出现任务交叉或责任空白的现象,影响合作效果;在签署校企合作协议时,对于具体合作内容、合作方式、时间安排等方面的规定不够具体,则会导致合作过程中出现分歧和矛盾,难以顺利推进;学校、企业和学生在产教融合过程中缺乏有效的信息沟通机制,则会导致合作进展情况无法及时反馈,问题得不到及时解决,影响合作效果;学校、企业和学生的权益保障不够充分,如企业技术保密、学生实习安全等问题,可能导致合作过程中产生纠纷和矛盾;对于产教融合的过程和效果,缺乏有效的监督与评价机制,无法及时发现和解决问题,影响合作效果和产教融合的长远发展。所以,是否具有明确的责任分工和考核标准、有效的反馈机制、公正的评价体系、监管措施等都会影响到产教融合的实施效果。

西方国家在校企合作中设立了一些专门的监督机构来确保合作过程的

顺利进行和合作效果的实现。如美国在校企合作中设立了独立的监督机构,如校企合作委员会或校企合作办公室。这些机构由学校、企业、政府和行业代表组成,负责监督和评价校企合作项目的实施情况。监督机构制定了明确的评价标准,包括学生满意度、企业满意度、课程质量、实习质量等。这些标准为评估校企合作的效果提供了客观的依据。美国监督机构定期对校企合作项目进行评估,收集学校、企业和学生对于合作过程的意见和建议。美国监督机构将评价结果作为改进校企合作的重要依据。对于合作效果不佳的项目,监督机构会提出警告或建议终止合作。英国在校企合作中设立了一些半官方机构,如行业技能委员会和高等教育质量保证机构等。这些机构承担着对校企合作项目的监督和评价职责,以确保合作过程的规范性和效果。英国对于校企合作项目的质量制定了严格的标准,包括课程质量、实习质量、学生满意度等。这些标准为合作过程提供了明确的指导,确保合作效果达到预期目标。英国对于校企合作项目实施外部评估和认证制度。评估机构对合作项目进行全面评估,并对其效果进行认证。这种制度有助于提高合作项目的质量和公信力。它们还建立了信息共享平台,促进学校、企业和学生之间的信息交流与反馈。通过平台,各方可以及时了解合作进展情况,发现和解决问题,推动合作的顺利实施。

尽管河南先后成立行业职业教育校企合作指导委员会、数字经济产业协会产教融合专委会等多个组织,据调研,超过半数的受访者认为行业协会在产教融合中的作用不大,影响力有限,其会员主要集中在某些领域或行业。还有一些行业协会的运作并不规范,一些合作项目仅停留在表面层次,缺乏实质性的技术研发和人才培养等方面的合作。

四、产教融合参与企业缺乏内涵建设

(一)企业责任意识薄弱

产教融合是一项长期、复杂的社会系统工程,产教融合的初衷是为了培养适应经济发展需求的高素质人才,这就需要企业不仅关注自身的经济利益,还要关注人才培养的效果和长远影响。很多企业在参与合作过程中出现问题时或者学生对合作评价不高时,就会中途中止合作,而不是共同解决问题,导致学校还要处理合作的收尾工作。企业参与产教融合的目的应该是提高人才培养质量,促进经济发展。在合作中一些企业只关注短期的经济利益,忽视学生的利益,没有将产教融合纳入企业的发展战略和长期规划中,当短期经济利益不明显时,就会减少投入,而忽视了对社会的贡献和责任。这样的企业往往缺乏对公共利益和社会价值的认识和思考,难以在产教融合中发挥积极的作用。一些企业只是将产教融合作为获取人力资源的一种方式,而缺乏对人才培养的重视和投入。这样的企业往往只关注员工的技能和经验,而忽视了对员工的素质、职业规划和长期发展的关注,难以在人才培养方面发挥积极的作用。企业参与产教融合的合作包括课程设计、教学实施、师资培养等方面。据调查,一些企业只是被动地等待学校的安排,不积极参与合作,影响到双方合作的深度和效果,这让学校和学生感受到企业缺乏责任感。

（二）企业宣传的内容与实践不符

有些企业在与学校合作时,为了达成合作意向或获取更多利益,在合作初期会夸大自己的优势或做出不切实际的承诺。然而,在实际操作过程中,由于各种原因（如成本、技术、市场变化等）,这些承诺可能无法真正兑现,导致合作效果不如预期。这种行为不仅会损害企业的形象和信誉,也会对学校和学生造成不良影响。例如,学校可能基于企业的承诺调整教学计划或资源投入,但最终却无法获得预期的回报。学生则可能因为企业的虚假宣传而选择了不适合自己的职业方向。一些企业可能只是形式上参与产教融合,而没有真正地参与到学校的课程设计、教学实施和师资培养等过程中。这可能导致合作流于表面形式,无法实现真正的深度融合。

（三）企业参与的积极性不高

据调研,一些企业存在"嫌贫爱富"现象,企业在参与校企合作时,会考虑自身的利益和成本。如果合作院校的经济实力较弱,企业可能会担心无法获得足够的回报,或者担心合作的风险较大,因此更倾向于与经济实力较强的院校合作。一些企业参与产教融合的目的过于偏向宣传和品牌推广,而不是真正地投入资源和精力来推动合作。它们只是借助产教融合的平台来展示自己的品牌形象,而不是真正地推动人才培养和技术创新。一些企业参与产教融合的形式比较单一,往往只是派遣员工到学校进行简单的实习或培训,缺乏深度的校企合作和资源共享。这种合作形式不能充分发挥企业和学校的优势,也难以取得实质性的合作成果。还有一些企业参与产教融合的人员数量和素质不能满足合作项目的需求。企业只是派遣少数员工参与项目,或者派遣的员工不具备相关的专业知识和技能,导致合作效果不佳。企业在产教融合项目中投入的经费较少,基于投资回报的不确定性,不愿意承担更多的成本和风险。他们只愿意投入有限的资源,而不是全力以赴地推动合作项目的开展。一些企业没有专门的团队负责产教融合项目,导致项目执行过程中出现协调不力、沟通不畅等问题。

(四)小微企业对产教融合不够重视

河南省的小微企业数量众多,占全省企业总数的93%以上,已成为构建现代产业体系的重要组成部分、扩大就业的主要途径、促进科技创新最活跃的生力军,在国民经济发展中起着不可替代的作用。据调研,一些小微企业对产教融合的重要性和意义了解不够,或者对如何参与产教融合缺乏清晰的认知。此外,由于缺乏专业的指导和支持,小微企业不知道如何有效地开展产教融合工作。加上小微企业资源和能力有限,没有足够的资金、技术和人力投入产教融合中。小微企业面临的市场竞争压力较大,可能更加关注眼前的利益,而忽视了产教融合等长期发展策略。同时,小微企业可能缺乏品牌和信誉,难以与大中型企业竞争。相对于大中型企业,小微企业更加注重短期效益,对长远发展的规划和投入不足。政府对产教融合的支持政策可能更加倾向于大中型企业,而小微企业无法享受到同等的政策待遇。此外,一些地区或行业可能缺乏支持小微企业发展的良好环境,使得产教融合难以在小微企业中得到重视和应用。

五、高校发展理念不清晰

近年来,随着高职院校扩招政策的实施,高职院校的办学规模急剧扩张,但与此同时,办学条件和办学质量之间的矛盾也逐渐显现出来。为了解决这些问题,许多高职院校开始寻求与企业进行产教融合,希望通过这种合作模式来提高教育质量,增强学生的实践能力和就业竞争力。为了达到更好的招生宣传效果,很多高校更倾向于扩大建设用地,过于注重硬件设施的投入和升级,希望合作企业在硬件建设上如购买先进的设备、建设现代化的实验室等方面给予资金帮助,而忽视了软件的建设,如制度建设、师资力量培养等。这可能导致硬件与软件的不匹配,影响产教融合的整体效果。笔者在调研中发现,学校特别舍得在硬件上投入高额资金,却在师资培养方面比较吝啬,师资短缺,教师身兼数职,无暇提升师资素养,缺乏具备产业经验和教学能力的师资力量,导致一些政策与措施流于形式,高校无法有效地参与到企业的生产、研发等环节中,也无法为企业提供优质的人才和智力支持。高校很有必要去思考如何规范化与条理化相关制度建设,以及如何解决师资不足与提升教师素质的问题。由于发展理念不清晰,目标和定位不明确,没有制定清晰的发展规划,缺乏方向和重点,高校缺乏持续改进的动力,对于产教融合中出现的问题和不足,没有及时进行反思和改进。这可能导致产教融合工作停滞不前,无法取得更好的成果。一些高校的教育理念未能与市场需求紧密结合,认为建设几个实验室就是进行了校企合作,产教融合停留在初级阶段,到转设、评估时虚增校企合作数量,提供虚假资料,实践教学环节质量不高,导致培养的人才不符合产业发展的需求。在这种情况下,高校培养的毕业生可能面临就业难的问题,而企业则难以找到合适的人才。

(一)政策链、教育链与产业链衔接不够

教育链在产教融合中主要体现在人才培养方案、课程设置、实践教学、教师团队、科研合作和质量评价等方面。通过这些方面的合作和对接,可以实现教育链和产业链的深度融合,提高人才培养的质量和水平,推动产业的发展和创新。其中,人才培养方案要求教育链与产业链对接,将产业需求融入人才培养方案中,明确人才培养的目标和规格,使得学校教育更加符合市场需求。根据产业需求,设置和调整课程,使得课程内容更加贴近实际,提高学生的实践能力和职业素养。2021年年初,教育部发布新的专业目录,在新政策、新要求之下有的院校尚未及时调整专业结构,未仔细思考新形势下如何发挥专业优势等问题。

河南省一些职业院校专业设置与产业发展不匹配的主要表现为专业结

构与产业结构不协调、新兴产业相关专业设置不足、专业设置与市场需求不匹配、课程设置与实际需求不匹配以及实践教学环节薄弱等方面。河南省高职类院校各专业大类服务产业发展能力的情况是:农业类和电子信息类专业的服务产业发展能力较强,这与河南省作为农业大省和积极发展电子信息产业的定位相符合。土木建筑类和交通运输类专业服务产业发展能力次之,这反映了河南省在基础设施建设方面的发展需求。水利类、装备制造类和服务类专业服务产业发展能力较弱,这些领域可能是河南省高职教育需要进一步加强的方面。河南省各产业在经济发展中第三产业的贡献最大,增加值和增长速度都超过了第一产业和第二产业,是推动经济发展的主要力量。所以,专业设置与产业发展不匹配,专业结构与产业结构不协调,一些传统产业的人才需求已经趋于饱和,但相关专业仍在进行大量的招生,这可能导致人才过剩和资源浪费。例如市场营销、计算机、机械、文秘等专业。同时,医学、经济等专业也出现了明显的供大于求的态势,职位需求占比超过1:4。随着新兴产业的快速发展,如信息技术、生物技术等,这些领域的人才需求旺盛,但专业设置与市场需求存在一定的偏差,这导致毕业生在就业市场上竞争力不足。课程设置与实际需求不匹配。在一些专业中,课程设置过于陈旧,与实际需求不符,导致学生所学知识在实际工作中无法得到有效应用。实践教学环节薄弱,一些高职院校的实践教学环节缺乏足够的投入和关注,导致学生的实际操作能力不足,无法满足企业的实际需求。

(二)教育链与创新链、产业链融合度不高

随着经济社会的发展,产业结构的调整和转型升级对人才的需求发生了深刻变化,需要教育链提供更加符合市场需求的高素质人才。随着科技创新的加速,新兴产业和技术领域不断涌现,需要教育链及时跟上产业发展的步伐,培养出具备创新精神和实践能力的高端人才。随着全球化进程的加速,国际竞争日趋激烈,需要教育链更加注重培养学生的国际视野和跨文化交流能力,提升国家竞争力。在全球技术升级、数字化改造的大环境下,需要学校密切关注行业动态和市场需求,了解新技术、新方法和新趋势,以拓展专业前沿,确定课程的方向和内容。鼓励不同学科之间的合作,共同开发数智融合课程,促进学生掌握跨学科的知识和技能。及时跟踪新技术的发展和应用,将最新的技术成果融入课程内容,确保课程的先进性和时效性。

一些职业院校课程设置滞后,未能跟上技术发展的步伐,缺乏对专业前沿的拓展、数智融合以及新技术应用等方面的课程开发,导致学生所学知识与实际市场需求存在差距。一些高校的课程设置过于注重理论教学,而缺乏实际操作和实践环节,导致学生缺乏实际工作经验和技能。尽管一些高校已经开始尝试与企业进行合作,但这种合作往往停留在表面,缺乏深度的交流和合作。同时,这种合作也往往只局限于个别专业或课程,未能全面铺开,缺乏广度。通过调研可知,能够根据行业发展和市场需求适时调整课程设置,增加与人工智能、大数据、云计算、物联网等前沿技术相关课程的院校不足30%。一些学校虽然在培养方案中增加了前沿技术比重的课程,但师资力量不足,缺乏具备数智技术的专业教师,难以开设相关课程,或者课程质量不高,无法满足学生的学习需求。实践教学的重要性虽然已被广泛认同,但实际操作中,由于受设备投入、师资力量等方面的限制,一些学校仍存在实践教学环节不足的问题。这影响了学生实践能力的培养,使得毕业生在适应用人单位的工作环境方面花费更长的时间。这些问题的存在都表明教育链与产业链、创新链的融合度较低,教育链的改革和发展往往滞后于产业链、创新链的变革。学校作为教育链的核心环节,其课程设置、专业方向、教学内容等往往不能及时跟上市场需求和企业发展的步伐,导致人才培养与社会需求脱节。此外,学校与企业之间的合作大多停留在表面,缺乏深度合作和资源共享,这使得教育链无法有效对接产业链、创新链,无法满足市场需求和企业发展对人才的需求。

(三)人才链、教育链与产业链结合不畅

随着经济社会的不断发展,企业对员工的需求也在不断变化。教师长期处于校园环境中,往往容易陷入教育教学的狭隘圈子,难以了解社会的最新动态和需求。教师作为培养学生与企业对接的桥梁,缺乏企业实践经验是一个普遍存在的问题。到企业挂职锻炼成为提升教师的实践能力、拓宽教师的视野和人际网络、促进实践与理论的结合以及了解企业实际需求的重要途径。通过赴企业挂职锻炼,教师可以了解企业的运转机制、组织结构以及实际工作中的技能要求。与企业精英、业界同行交流学习,拓展自己的眼界和人际网络等,这对于教师改革教育教学模式、提高教学质量具有积极的推动作用。同时,也有助于教师更好地指导学生进行职业规划和发展,提高学生的就业竞争力。但职业院校的教师大多从硕士毕业后直接到学校任教,普遍缺乏企业实践经验,这种情况可能会导致教师在教学过程中难以将理论与实践相结合,无法给学生提供真实的企业实践经验。教师挂职锻炼的时间和方式可能受到限制,调研中发现教师在企业挂职锻炼的时间主要是在假期,由于学校的教课任务和企业的日常运营通常较为繁忙,教师只能在短时间内进行挂职锻炼。据调研,在企业有 3 个月以上挂职锻炼的不足20%,这使得教师难以深入了解企业的实际工作。缺乏有效的挂职锻炼评价机制也是一个问题。学校往往没有制定具体的评价标准和方法来评估教师在企业挂职锻炼的效果,这可能导致挂职锻炼流于形式,缺乏实际效果。不少学校也聘请了企业技术人员到校展开实践指导、毕业设计指导等,但这些教学活动往往都是短暂的,对提升学生的能力的作用有限。

(四)基层人员积极性不高

院校教师和行政人员作为院校组织的重要组成部分,对于产教融合政策的执行效果具有重要影响。其中,校领导在产教融合中起到关键的推动作用,他们通常负责制定学校的发展战略和政策,并积极寻求与产业界的合作机会。校领导通过与产业界的联系、沟通和合作,为学校争取到更多的实践教学资源和就业机会,从而提高了学校的整体教学质量和就业竞争力。虽然无论是产教融合还是校企合作一直存在"校热企冷"的说法,但在访谈中发现,这种所谓的"校热"多停留在领导层面,大部分基层教师与行政人员对产教融合情况并不是很关注。其主要原因在于在教师与行政人员考核、激励制度中几乎没有涉及产教融合。在调研中有教师反映其实不少学校的师生比是没有达到要求的,学生多、教师少导致教师的课时量比较重,并且对教师的年终考核、评审职称、升职加薪并没有涉及产教融合方面的指标。所以教师更愿意将课余时间用在教学科研项目或指导学生比赛上。教师是教学活动的主要实施者,他们的态度和投入程度将直接影响产教融合的质量。如果教师对产教融合持积极态度,愿意探索新的教学方式和内容,那么这种积极性将有助于提高学生的学习效果,进一步促进产教融合的深入开展。如果只有学校领导层关注产教融合,而基层人员对此漠不关心,可能会导致学校文化与产教融合的要求不相符。例如,学校可能缺乏创新和合作的文化氛围,这会限制产教融合的发展潜力和效果,那么学校的整体氛围和文化可能不利于产教融合的深入推进。即使有领导层的推动,如果基层人员没有相应的行动和支持,那么在产教融合的执行过程中可能会遇到各种障碍。因为真正的实施和创新往往需要基层人员的积极参与和贡献。例如,实践教学环节中的组织和管理、与企业合作的沟通协调等,都需要基层人员的支持和配合。基层教师和行政人员的参与度不足,可能会导致产教融合政策的执行效果大打折扣。

(五)"双师型"教师培养受阻

在产教融合的背景下,教师的专业素养水平决定了其教育教学质量,也影响着学校与企业合作的能力、自身的创新能力与课程开发能力,提高教师的专业素养水平是促进产教融合的重要途径之一。但在实际工作过程中,部分学校招聘的教师为缺乏企业实战经验与教学经验的新专任教师,教学质量得不到保障。部分学校缺乏"双师型"教师,虽然规定教师要到企业生产一线实践,但教师由于自身事务繁多,超负荷的教学任务已使教师没有过多精力参与培训,还有一些学校缺少经费;教师实践安排要迎合企业人员上班时间,白天大家都在上班,企业与教师之间的时间难协调,又造成时间上的冲突,邀请企业人员到校讲授和培训只能安排在晚上与周末,一个月左右的寒暑假企业实践也只是浮光掠影。教师参与企业实践活动时,他们往往不能快速适应身份的转变。在高校,教师的身份是教育者、研究者;而在企业,他们应当成为实践者、合作者。企业员工认为教师不是同事,教师也不是企业人员,这种身份意识的模糊导致教师与企业员工存在隔阂,也无法真正地与企业员工打成一片,缺乏与产业界的实际接触和实践经验。这导致他们在教授课程时更多地依赖理论知识和教材内容,而无法很好地结合实际需求和行业发展趋势进行有针对性的教学。随着技术的不断发展和更新,教师需要不断更新自己的知识和技能。然而,一些教师缺乏持续学习的意识和能力,导致他们的技术水平和教学方法相对滞后,无法跟上产业发展的步伐。创新是推动产业发展的重要动力,但在教育领域,一些教师更倾向于传统的教学方式和知识传授,而缺乏创新意识和创新能力。这导致他们在产教融合中无法为产业界提供具有创新价值的建议和方案。产教融合需要教师与产业界进行密切的合作和交流。然而,一些教师更习惯于独立完成工作任务,缺乏与产业界合作的意愿和经验。这导致他们在产教融合中无法有效地与产业界进行沟通和合作。据调研,一些教师利用课余时间走访企业,对企业岗位、人才需求、职业能力、定岗实践进行调研,但实践效果如何也与企业密切相关,有的企业会安排人专门接待,就像师傅带徒弟一样去实践,也有一些企业没有专门的部门与人员负责此事,教师就像走马观花,得不到实质性的收获。据企业人员反映,双方合同里有教师到企业的实践交流制度,教师可以根据需要到企业开发和完善课程。担任实习指导的教师也会到企业了解学生实习情况,学生到企业实践是有一定收获的,但没有达到预期效果。也有部分学校从企业聘请技术人员担任外聘教师,以缓解专任教师的不足,但一些企业人员没有经过系统的教学技能的培训,缺乏教学经验,不太了解如何有效地传授知识和技能。他们不知道如何根据学生的需求和水平进行教学设计,或者如何评估学生的学习成果。这导致教学效果不佳,影响学生的学习。校企人员工资报酬难以调和,由于要给高技术人员高昂的费用,所以高技术人才难以引进,一般都是引进中等水平的技术人员,加上企业技术人员的工作单位和工作场所可能会发生变动,这导致他们无法长期为学校提供教学服务。学校可能需要经常更换外聘教师,这会影响学生学习的连贯性和教学质量。企业技术人员通常是专注于某个领域的技术研究和发展,他们的知识和技术可能仅适用于某个特定的行业或领域。如果学校聘请的企业技术人员所掌握的技术已经过时,那么他们提供的教学内容可能无法满足学生的学习需求。企业技术人员所代表的企业文化可能与学校的文化存在差异,这可能导致学校和企业在合作过程中的文化不兼容问题,影响双方的合作效果。由于实践监管制度不足,教师的实践、定岗多是以报告或企业开具实践证明的形式进行考核,形式化现象比较严重,教师实践效果不理想。

（六）院校社会服务能力有待提高

院校的社会服务是其重要职责之一，也是其与企业和社区合作的重要方式。随着技术的不断发展和进步，企业员工需要不断更新自己的技能和知识。通过培训，员工可以学习到最新的技术和理论知识，提高自己的技能水平，从而更好地适应企业发展的需要。据调研，企业希望院校教师为企业展开员工培训、强化专业理论知识与专业技术训练。院校的社会服务主要通过在职进修、继续教育、在岗学习、考取技能资格证书、社会实践与志愿服务等途径来进行。院校通过开设各类在职进修课程，满足企业员工提升自身职业技能的需求。这样的课程可以针对不同行业和岗位，提供有针对性的知识和技能培训，帮助员工提升自身竞争力；通过开展各类继续教育进修培训项目，满足社会成员对于终身学习的需求。通过在岗学习，员工可以在实际工作环境中学习新的技能和知识，同时也可以将所学知识应用于实际工作中，提高工作效率和质量；通过提供职业技能鉴定和职业资格认证服务，帮助企业员工考取相关的技能资格证书。这些证书可以证明员工具备相应的职业技能水平，有助于员工的职业发展和晋升。除了专业技能外，员工的综合素质也是企业关注的重点。通过培训，员工可以提升沟通协作、团队合作、创新等方面的能力，从而更好地适应企业发展的需要。院校可以组织学生参与社会实践和志愿服务活动，为社会提供公益服务。例如，开展支教活动、社区服务、文化传承等，这些活动可以加强学生对于社会的认知和理解，同时也可以为社会做出贡献。在调研中，企业有关人员反映，如能站在企业的角度，根据企业发展的需求，校企领导可以在某些专业领域达成一致，对员工进行针对性的专人专项培训与技能教育，效果会更好一些。

第八章

"五链协同"推动产教融合的内在机理分析

　　"五链协同"是一种全面、系统的人才培养模式,旨在促进产业和教育之间的深度融合,提高人才培养的质量和水平,为经济发展提供更多高素质人才。对"五链融合"目前还没有统一的定义,一般认为政策链是由国家制定的有关金融、税收、人才、土地政策等构成的链条;教育链是涵盖教学、师资、教法等内容的链条;人才链是以人才的知识、技能、经验等价值纽带形成的链条;产业链是不同行业企业集合的链条;创新链是涵盖人才、技术、科研等创新活动的链条。探索"五链协同"的机理与互动关系,为产教融合协同发展与路径研究奠定基础。

一、五链融合的内涵

(一)产业链

　　产业链是经济学中一个概念,指相关产业和上下游产业之间基于一定的技术经济联系和时空布局关系而客观形成的链条式关联形态,通常可以从价值链、企业链、供需链和空间链等四个维度予以考察。这四个维度在相互对接的均衡过程中形成了产业链,这种"对接机制"是产业链形成的内模式,作为一种客观规律,它像一只"无形之手"调控着产业链的形成。

　　产业链涵盖产品生产或服务提供的全过程,包括动力提供、原材料生产、技术研发、中间品制造、终端产品制造乃至流通和消费等环节,是产业组织、生产过程和价值实现的统一。产业链的本质是用于描述一个具有某种内在联系的企业群结构,它是一个相对宏观的概念,存在两维属性:结构属性和价值属性。产业链中大量存在着上下游关系和相互之间的价值交换关系,上游环节向下游环节输送产品或服务,下游环节向上游环节反馈信息。

产业上游一般指处在整个产业链的开始端提供原材料和零部件制造的行业。这一行业往往决定着其他行业的发展速度,具有基础性、联系性强的特点。根据微笑曲线理论,上游往往是利润相对丰厚、竞争缓和的行业,原因是上游往往掌握着某种资源,或掌握核心技术,有较高的进入壁垒,因此许多投资者都偏爱上游行业的股票。下游产业相对应指的就是处在整个产业链的末端如加工原材料、制造成品和从事服务的行业。简而言之,下游产业对原材料进行深加工和改性处理,将原材料转化为生产和生活中的实际需要用到的产品。产业要形成竞争优势,就不能缺少世界一流的供应商,也不能缺少上下游产业的密切合作。上游企业和下游企业是相互依存的,没有上游企业提供的原材料,下游企业犹如巧妇难为无米之炊;若没有下游企业生产制品投入市场,上游企业的材料也将英雄无用武之地。

（二）人才链

人才资源是第一资源,是创新的重要基础与核心要素,是推动经济社会发展的主要主体。关于人才链的研究很少。水贤（1982）通过考察历史认为,人才有时是一个接一个地出现,这种现象称为人才链。人才链一种是有血缘关系的,如中国文学家曹操、曹植、曹丕,音乐家蔡邕、蔡文姬,外国音乐家大小施特劳斯、文学家大小仲马、科学家居里夫妇和女儿。另一种是有师徒关系的,如中国数学家苏步青、谷超豪、李大潜;外国科学家汤姆逊、卢瑟福、博尔。人才链的接续或中断,是人才学的研究课题之一。王承英（1988）认为:所谓人才链,即指连续出现的一长串人才,像链条一样。人才链又分为家族型（血缘型）人才链、师徒型人才链、学派型人才链、传统型人才链等。

人才链是以人才的知识、技能、经验、劳动成果等为纽带形成的链条,是贯穿人才选拔、培养、评价、使用、保障各环节全过程的链式结构,包括教育培训、科研创新、技术应用、管理服务等,是经济发展的灵魂。人才链是一个通过一系列环节将人才联系在一起的机制,以促进人才的流动和交流。人才链的形成离不开人才的培养和吸引,因此,人才链的第一环节是通过学校、职业培训机构培养和输送人才。人才链的第二环节是人才的聚集和连接,企业、研究机构、创新中心为人才链的聚集提供了交流与合作的平台。人才链的第三环节是人才的激励和留任,薪酬福利、晋升机会、培训等激励机制和发展机制是吸引和留住人才的重要因素。人才链的形成和发展还需要良好的环境和氛围,政策环境、创新氛围、文化氛围是组织引进与留住人才的关键。人才链的发展还需要良好的管理和运营。良好的管理团队与运营机制,根据人才供需合理安排人才的交流与流动,人才链才能发挥出最大效益。

(三)教育链

教育链的核心是教育。孙克新、李玉茹(2010)提出教育链是以学生为教育起点,以教学各环节为中心,以就业单位为终点的链条。陈娟娟(2016)在生态链与价值链融合的基础上,提出教育链是基于教育供需分析、教育相关主体的有机系统。张喜才(2018)基于产业链视角,提出教育链是围绕产业链进行专业合作、调整、优化而形成的。李滋阳(2019)以研究型大学、理工科硕博士为群体,提出资源投入—科研训练—专利转化—高质就业的教育链。邱世兵(2020)从马克思主义教育观实效视角、从教育链视角分析了大学生马克思主义教育观存在的问题,提出由时间流、空间流、知识流、人员流、物质流等基本要素构建的教育链模型。可以说教育链是由促进人才知识掌握、能力发展、素养培育的系列活动组成的价值增值链条。

教育链的意义在于,它可以将教育资源进行整合和优化,使其更加透明、高效、稳定,从而提高教育资源的利用效率和质量。同时,教育链还能够保障教育质量的稳定性和一致性,为学生提供更加全面、系统、连续的教育服务。

教育链的建立需要各方的积极合作和参与。政府需要投入大量的财力和人力来建设教育基础设施,并制定相关的法律、政策和指导方针来规范教育行业。学校需要积极创新教育模式、加强师资培训和提高教学质量,以满足社会对于教育的需求。家长需要关注学生的学习情况,积极配合学校的教学、管理和评价工作,促进学生的全面发展。教育链的建立还需要借助科技发展的力量,随着信息技术和互联网的普及和应用,教育行业也开始逐步改革和升级,越来越多的教育资源得以在线上线下相结合,为教育链的建设提供了新的机遇和挑战。教育机构可以通过互联网、移动终端等多种渠道传播信息、开展教学活动、管理学生,进一步提高教育教学质量和效率。教育部学校规划建设发展中心发布的《未来教育链白皮书》中提到未来教育链是以区块链技术为基础,融合大数据、人工智能等新一代信息技术,以学习者为中心,由社会群体共同参与建设,实现终身学习、数据保全、信息共享、价值流转的开放式教育服务平台。

教育链是建立在整个社会的教育生态系统之上的,是让教育更完善、更贴近社会需求和学生成长的一种机制。我们需要不断地完善和优化教育链,改善各方面的教育条件,以便实现更高的教育质量和效果。

(四)创新链

创新链是指围绕某一个创新的核心主体,以满足市场需求为导向,通过知识创新活动将相关的创新参与主体连接起来,以实现知识的经济化过程与创新系统优化目标的功能链接结构模式。它是描述一项科技成果从创意的产生到商业化生产销售整个过程的链状结构,主要揭示知识、技术在整个过程中的流动、转化和增值效应,也反映各创新主体在整个过程中的衔接、合作和价值传递关系。由此可见,创新链的核心是技术创新,是以市场需求为导向,强调价值创造和价值增值过程,并且存在多个创新主体,最终目的是通过整合创新资源实现创新成果产业化的网链状结构。

创新链的概念最早由 Marshall 和 Vredenburg(1992)提出,他们认为创新链只是企业内部技术革新与外部市场拉动共同作用形成的创新过程。之后创新链的内涵和外延不断拓展,涉及政府、科研机构、社会组织等多个主体。

Sen(2003)认为创新链的本质是知识的产生、转移和扩散,是企业组织其创新活动的一种模式,是以市场需求为导向,以技术创新为基础,以提高企业竞争力为目标,多主体阶段性参与、功能节点不断演化的创新增值过程。杨志勇(2006)认为,创新链是企业间形成的有利于创新的链式流程。吴晓波、吴东(2008)基于技术供求视角,认为创新链是以技术供给为核心推进技术产业化的创新活动集合。Roper 等(2008)认为,创新链是各环节产生价值并最终实现整体价值的提升。代明等(2009)认为,创新链的核心在于创新要素的开放性、协同性、增值性。刘家树等(2016)提出创新链始于知识创新投入、终于市场份额占领并在过程中输出创新绩效的技术创新链—产品创新链—成果转化链—产品销售链四环链式结构。李晓锋(2018)提出采用模块化思维界定创新链的内涵,认为通过产业链、创新链、资金链和服务链的"四链融合"建设能够有效提升创新生态系统能级。林学军(2018)基于全球视角,认为创新链是连接各类核心主体的创新节点,整合全球创新资源,加速创新成果产业化的链式创新组织。史璐璐、江旭(2020)基于过程性的视角,建立了创新链构建、运作和结果的整合性分析框架,从创新链阶段设定、参与主体特征、链间协作与运作模式、节点衔接和创新链绩效几个方面对已有研究进行评述,同时结合中国国情,探讨了中国式社会关系对创新链的影响,并在此基础上提出创新链未来研究的发展方向。丁雪、杨忠(2020)从创新链的聚类视角将创新链分为全球创新链、制造创新链、科技服务、技术创新、创新驱动。王斌等(2020)基于创新链视角探讨了创新成果产业化过程中科技财政补贴的效果。张鹏、曹方(2023)通过分析深圳、武汉、成都、合肥等创新型城市布局创新链的路径,提出创新链、产业链、人才链、资金链多链协同发展能力、强化区域创新协同发展打造区域创新共同体。

创新链呈现市场导向性、价值创造性、多元主体性、资源整合性的显著特征。市场需求对创新链的方向具有导向作用,创新的过程是价值增值与价值在不同创新主体间转移的过程,创新链在不同环节会涉及高校、科研机构、企业、政府、金融机构等多元主体,通过整合资金、知识、人才、信息等资源实现创新资源价值的最大化。

(五)政策链

政策链是"五链"中的支撑与航标,政策链是指政策制定、实施和评估的一系列环节,包括政策制定、政策实施、政策评估等,将政策在不同环节之间形成一条衔接的链条,通过这条链条,政策制定者能够将制定的政策有效地传递给实施者并获取反馈,以便调整政策。政策链的含义还包括政策制定者、政策实施者和政策评估者之间的相互作用,以及政策实施过程中可能出现的问题和挑战。

政策链基于各政策间的相关性,形成纵向政策链与横向政策链的网链结构系统。纵向政策链为自上而下形成的总体战略、基本政策、具体政策;横向政策链由基本政策与具体政策构成,体现政策间的关系。政策链打破以往政策间的相互隔离、各自为政的局面,注重政策的整体性、统一性与各政策间的协调性、连贯性,有效克服了单个政策的孤立性、局限性,从而形成各项政策在时序上相互衔接、层次上相互配套、内容上相互补充的政策链系统。

目前研究政策链的学者较少,政策链由国家和地方政府为解决产教融合问题先后制定的一系列政策组成,包括金融政策、税收政策、土地政策、人才政策等,在内容、形态、功能上相互衔接与补充,形成一个链条。

二、五链融合的机理

"产教融合、校企合作"是职业教育高质量发展的生命线。五链中,政策链是由国家制定的有关金融、税收、人才、土地政策等构成的,产业链是不同行业企业集合的链条,政策链对产业链起到导向与支撑作用,产业链促进了政策链的细化和落实。创新链是涵盖人才、技术、科研等创新活动的链条,产业链推动与鞭策创新链,创新链对产业链起到拉动与布局作用。教育链是涵盖教学、师资、教法等内容的链条,教育链为创新链提供人力支持,创新链促进教育链的重塑与构建。人才链是以人才的知识、技能、经验等价值纽带形成的链条,人才链是教育链的反映与折射,教育链是培养人才链的关键与基石。同时,人才链为产业链提供技术、人才支持,产业链强化与助推人才链。

五链融合是指政策链、产业链、教育链、人才链和创新链的深度融合。在政府推动产教融合各项政策之下,五链融合旨在打通产学研用深度融合通道、政企校平等对话通道、人才成长通道以及市场运行通道。通过这些通道的打通,五链能够实现交互相融,逆向促进校企深度融合,有效解决职业教育人才供需不匹配问题。这一模式的实施需要政府、企业、学校、研究机构等各方加强合作,共同推动产教融合的深入发展。政府应制定相关政策,提供资金支持,引导和激励企业、学校和研究机构开展合作。企业应积极参与产教融合,提供实践机会和资源,与学校共同培养符合市场需求的高素质人才。学校应加强实践教学,与企业合作开展科研项目和技术创新,提高人才培养质量。研究机构应发挥专业优势,为企业和学校提供技术支持和咨询服务。通过五链融合,可以实现多方共赢。政府可以推动经济发展和产业升级,提高就业率和人才素质。企业可以获得高素质的人才和先进的科技成果,提高竞争力和创新能力。学校可以优化人才培养模式,提高教育质量和就业率。研究机构可以发挥专业优势,推动科技创新和成果转化。

　　总的来说,五链融合是一种系统性的解决方案,旨在解决职业教育人才供需不匹配问题,促进经济高质量发展。通过政策引导、企业参与、学校改革和研究支持等多方努力,可以实现五链的深度融合,推动职业教育和产业发展的良性循环。五链融合机理如图8-1所示。

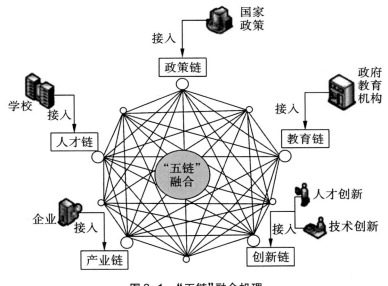

图8-1　"五链"融合机理

　　学术界从不同视角对教育链、创新链、产业链、人才链、政策链的协同耦合关系进行研究。王剑华等(2019)结合江苏实践层面,提出了以人才链引领创新链,以创新链提升产业链,以产业链集聚人才链三链闭环融合的发展思路。李滋阳等(2019)从教育链、创新链、产业链三链构建深度融合创新型人才培养模式模型,通过分析外部要素的嵌合程度、运行动力机制、协同育人功能,提出放开管制干预、支持合力等策略。楚峰、肖贵斌(2019)提出了教育链、人才链、产业链、创新链有机衔接推进产教融合、校企合作,是交通行业与智能制造业量身定制的"生力军"。张驰(2019)基于经济与教育的论域考证角度,探究高等职业教育对产教融合的有效供给,提出构建产业链、创新链、人才链、教育链共同驱动的框架体系。何景师(2019)建议在产业链、教育链、人才链基础上增加专业链,并构建出政府、学校、企业、行业、市场协同创新人才联合培养模式。王晓跃(2020)提出了英语教育链、人才链与产业链、创新链的融合营销逻辑和路径。孔凡士、华平等(2021)基于产业链、教育链、人才链、创新链四链协同融合,探索了高职产教融合实训基地建设路径。缪学梅(2022)基于职业教育产教融合协同现状调研,探讨政策链、产业链、人才链、教育链、创新链五链逆向促进产教融合机理与协同路径。赵培红、李庆雯(2023)以创新链为动力源泉、以产业链为核心抓手、以人才链为骨干力量、以资金链为金融保障、以政策链为制度支撑,构建京津冀军民融合产业链、人才链、创新链、资金链和政策链的五链融合发展模式。柳毅等(2023)构建了数字经济促进传统制造业产业链与创新链融合评价指标体系,分析了产业链与创新链融合的作用机制与影响。邹驾云(2023)基于教育实践中推动高校生涯教育加速转型的存量要素、变量要素与增量要素,探索了产业链、创新链深度融合下高校生涯教育的转型路径。郭东艳(2023)基于教育链、产业链、创新链三链融合视域,构建了职业院校应用型工匠人才培养模式。夏会、程平(2023)运用系统动力学分析方法,提出通过产业链、创新链、教育链三链深度融合建立财会人才大数据能力培养运行机制。于意等(2023)基于产业学院建设,剖析了产业链、教育链、创新链的衔接机理以及产业学院建设中三链衔接的问题及对策。杨兴波(2023)基于技能型社会背景下,开展了构建职业教育产业链、技术链、专业链全贯穿式教学体系与策略研究。以上文献,重点对两链、三链、四链、五链融合展开研究,其研究深度与厚度不断深化。

为降低五链间网络的复杂性,将产业链与创新链定义为企业的产业链与创新链,教育链与人才链定义为通过高校教育链培养的人才链。教育链以专业为基点通过调整专业布局与专业发展对接产业链。人才链将产业链中对高素质技能人才的需要融入专业的理论学习、实践教学等人才培养及教学环节中。五链融合就是在政府制定有利于产教融合发展的各项政策下,对接供需、转化资源,实现平台、资源、要素、机制系统运转,通过畅通政企校对话通道、产学研融合通道、人才成长通道,实现政策链、产业链、创新链、教育链、人才链相互支撑与推动、贯通融合,聚合力推动产业与教育的协同发展。

三、五链的互动关系

五链之间相互融合、相互支撑,不断推进各链条的健康发展。只有充分了解和掌握"五链"的内涵和互动关系,才能更好地推动高校、企业、政府、科研院所共建研究院、所、中心,共同开展科技攻关、成果转化、产品研发、人才培养,真正实现产教融合、科教融汇、校地融通。政策链是基础和保障,政策链通过制定相关政策,为其他四链提供指导和支持,引导和激励各方参与产教融合。同时,政策链的优惠措施可以引导和激励企业、学校和社会各方参与产教融合,推动产业链、教育链、人才链和创新链的有效衔接。产业链是五链融合的基础和核心,也是教育链、人才链和创新链的推动者。它涉及产品从原材料到最终消费品的整个过程,包括产品设计、生产和分销等环节。产业链的发展需要教育链的支持,共同培养出符合市场需求的高素质人才。同时,产业链的发展也需要创新链的支持,推动技术创新和产品研发,提高企业的竞争力和市场份额。教育链是人才链和创新链的推动者。教育链通过加强校企合作、产学研结合等方式,提高学生的实践能力和综合素质,培养出符合市场需求的高素质人才。同时,教育链的发展也需要创新链的支持,推动教育模式和教育技术的创新和升级。人才链是五链融合的实施者,也是推动"五链"融合的第一资源。它通过培养高素质的人才,为其他四链的发展提供重要的人才保障。人才链的培养和发展需要政策链、产业链、教育链和创新链的支持和推动,同时也为其他四链的发展提供重要的人才保障。创新链是五链融合的动力源泉,也是推动五链融合的重要动力。创新链通过技术创新和产品研发,推动产业链的发展和升级,同时也为人才链的培养和发展提供重要的技术支持和创新引领。创新链的发展需要政策链的支持,也要与产业链、教育链和人才链进行深度融合,共同推动科技创新和产业升级。五链的互动关系如图8-2所示。

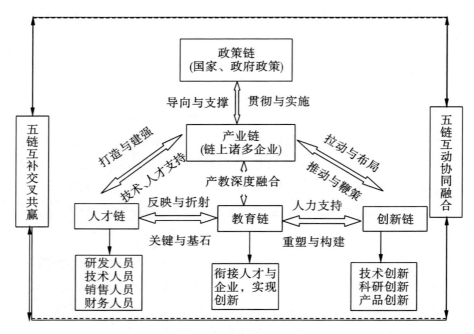

图 8-2 "五链"互动关系

第九章

"五链协同"助推河南产教融合路径研究

一、利用政策工具包,发挥政策链的引领作用

(一)转变民众对职业教育的态度

由于传统观念和社会偏见的影响,一些人对于职业教育持有轻视或不认可的态度。他们认为职业教育是次等教育,是高考落榜生的无奈选择,而那些追求学术理论的人才是"优秀人才"。这种观念在一些人的心中根深蒂固,影响了他们对职业教育的认可度。

欧洲国家更注重职业教育与普通教育的衔接,为学生提供多种升学和职业发展途径。学生可以在职业教育学校毕业后选择进入普通大学继续深造,也可以通过学分转换等方式在职业教育和普通教育之间灵活转换,实现教育资源的共享和优化配置。并将职业教育与终身学习相结合,从小学、中学就开始加强职业教育,把职业教育贯穿于学生发展的全过程。国家提供职业教育和培训的机会,满足不同人群的学习需求,促进个人职业发展和终身学习。在欧洲国家中,高中阶段选择职业教育的学生比重相当高,芬兰为70%,荷兰为69%,瑞士为65%,奥地利为58%,意大利为56%。这些国家对职业教育高度重视,并认为职业教育是为学生提供多样化职业发展途径的有效方式。选择职业教育的学生比重反映了欧洲民众对职业教育的认可。欧洲国家对职业教育给予高度重视,通过财政投入和政策支持来促进其发展。政府制定相关法律法规,规范职业教育的办学条件和师资力量,确保教育质量和公平性。这种政策环境使得职业教育在欧洲民众中得到了广泛认可。政府对职业教育的支持和投入也被视为一种保障和认可。所以,基于我国民众对职业教育的认可度与接纳度,政府可以出台相关政策,支持

职业教育的发展,提高职业教育的地位和影响力。例如,可以加大对职业教育的投入,提高职业教育的办学条件和师资力量,同时制定更加灵活的招生政策和就业政策,为职业教育的发展提供更好的政策环境。提高职业教育的教学质量和办学水平,注重培养学生的实践能力和创新精神,提高职业教育的社会声誉和影响力。可以通过加强师资队伍建设、改善办学条件、提高教学质量等方式实现。通过媒体、社交平台等多种渠道,加强对职业教育的宣传和推广,介绍职业教育的优势、特点、就业前景等内容,让更多的人了解职业教育的重要性和价值。通过媒体和社会活动等多种方式,引导社会观念的转变,让更多的人认识到职业教育的重要性和价值,提高职业教育的社会地位和声誉。可以开展职业教育周、职业技能大赛等活动,提高社会对职业教育的关注度。组织职业教育体验活动,邀请普通民众参与体验,让他们亲身体验职业教育的教学过程和技能培训,了解职业教育的教学特色和优势。通过体验活动,可以加深普通民众对职业教育的认识和了解,提高对职业教育的认可度。

(二)出台产教融合、校企合作法律法规

发达国家开展校企合作通常都是依据法律保障来实施的。这些国家通过制定相关法律法规,明确企业、学校、政府等各方在教育中的职责和权利,确保教育的顺利实施。同时,法律法规也规定了教育的课程设置、教学内容、师资力量等方面的要求,确保教育质量。美国政府通过立法明确学校和企业在校企合作中的权利和义务,为校企合作提供法律保障。例如,《合作教育法》和《伯尼·德莱格尔职业训练协作法》等法律法规鼓励并规范了企业和学校在职业教育领域的合作。美国政府设立了多个机构来促进校企合作的发展,如联邦教育部、劳工部、商务部等都设有专门机构负责职业教育和校企合作事务。这些机构通过提供资金支持、政策指导和技术援助等方式,帮助学校和企业开展合作项目。其次,美国政府还通过税收优惠等措施激励企业参与校企合作。例如,企业为校企合作项目提供资金支持可以享受税收减免待遇;企业参与校企合作项目可以获得政府提供的财政补贴或贷款担保等。在金融支持方面,美国政府设立了多个基金来支持校企合作项目,如联邦教育部设立的"职业教育合作基金"和"社区学院发展基金"等。

这些基金为学校和企业开展合作项目提供资金支持,鼓励企业和学校进行深度合作。美国还有发达的资本市场和风险投资体系,为校企合作项目融资提供了多样化的选择。企业和学校可以通过发行股票、债券等方式获得资金支持,推动校企合作项目的实施。德国政府采取了一系列政策扶持与金融支持措施。首先,政府通过立法明确企业参与职业教育的权利和义务,如《联邦职业教育法》规定企业必须参与职业教育,并为学生提供实习岗位和实践技能培训。其次,政府还制定了《职业教育促进法》等法规,鼓励企业参与职业教育,并提供资金支持。在金融支持方面,德国政府设立了多个基金来支持校企合作项目。例如,联邦教育部设立的"职业教育合作基金"为企业和学校合作提供资金支持;同时,政府还设立了"双元制培训贷款"等专项贷款,为企业提供资金支持。此外,德国政府还通过税收优惠等措施激励企业参与校企合作,如企业为学生提供实习岗位可以享受税收减免待遇。发达国家对校企合作的政策扶持,具有政策体系完善、重视立法、资金支持充足、多元化的合作模式、行业协会参与以及重视评估和监督等特点。

河南省在产教融合发展方面确实缺少相应的法律法规支撑。尽管在国家层面已经有一些相关的法律法规,如《中华人民共和国职业教育法》《职业学校校企合作促进办法》等,但河南省尚未出台专门针对产教融合的政策。基于河南产教融合资金支持相对较少、缺乏专项资金或基金的支持、税收优惠不明显、金融市场不发达等现状,政府要对产教融合更加重视,将产教融合作为一项重要的教育政策,明确其在经济发展和社会进步中的地位和作用,政府可以借鉴其他国家和地区的成功经验,结合河南省的实际情况,制定符合本地特色的产教融合法规。完善《关于开展产教融合型企业建设培育有关工作的通告》,补充细化产教融合型企业的遴选标准、激励措施、监督评价等,使其内容更趋完整、实践更具操作性。制定更加简洁、明了的申报流程,减少烦琐的环节和材料要求,降低企业和学校的申报成本。同时,可以设立专门负责产教融合校企合作办公室,负责上到教育、财政等职能部门,下到院校、企业与行业之间的沟通,为企业和学校提供指导和帮助。政府应明确教育部门、财政部门、税务部门等部门的职责,建立协调机制,加强部门间的沟通和协作。这样可以避免出现职责交叉或空白的现象,提高工作效率和政策执行力。通过加大财政投入,为产教融合校企合作提供资金支持,具体措施包括设立专项资金、提供财政补贴、税收优惠等,给参与企业足够的利润与保障,让企业敢参与到产教融合中来。例如,对于参与校企合作的企业,可以减免一定比例的所得税;对于接受学生实习的企业,可以减免一定比例的营业税等。引导金融机构为产教融合校企合作提供融资支持,例如鼓励银行、风险投资机构等为校企合作项目提供贷款、担保、风险投资等服务。通过制定产业政策,引导企业参与产教融合校企合作。例如,鼓励企业与学校共建实践教学基地、开展科研项目合作等;对于符合产业政策的企业,可以给予一定的政策优惠和支持。出台劳动保障政策,保护学生和企业的合法权益。例如,建立健全学生实习管理制度,规范实习环节的安全、保险等问题;同时,要保障企业的合法权益,避免恶意竞争和侵权行为的发生。

(三)发挥行业协会作用

在发达国家的校企合作中,行业协会的作用非常重要。行业协会通常扮演着中介或桥梁的角色,它们能够提供企业和学校之间的交流与合作平台,从而促进产学合作培养人才。发达国家和地区的实践经验表明,通过设立委员会或中心,积极邀请企业和行业协会的代表加入,可以促使企业和行业代表积极参与和指导产学合作培养人才。企业和行业代表可以表达意见和诉求,对产学合作培养人才进行管理与指导,这无疑对产学合作培养人才的发展具有积极的影响。行业协会还可以为校企双方提供额外的收益。对于企业来说,通过行业协会这个交流合作平台,可以提高企业的信誉与知名度,与其他企业之间的沟通也会更加便利。企业还可以从政府或行业协会处获得经费补助或技术援助,获得职业教育培训与技能鉴定的机会,提升员工的素质,降低员工培训的成本。此外,企业还可以与政府商讨政策的制定,维护自身的合法权益。对于学校来说,通过行业协会可以了解本行业的运作规律、技术前沿,预测行业未来发展趋势与人才需求。学校还可以通过行业协会协调与政府之间的关系,获得政府提供的资金、政策、法律以及环境支持。发达国家的行业协会通常规模较大,覆盖面广,能够代表和影响更多的企业。通常具有更强的能力,能够更好地代表和维护行业的利益。政府通常对行业协会给予更多的支持和关注,通过政策、资金等方面的支持来促进其发展。行业协会通常具有更高的社会认可度,企业和公众对其信任和支持度更高。

基于河南行业协会面临资金短缺、规模较小、覆盖面有限、政府对行业协会支持有限、难以获得企业和公众的认可和支持等现状,政府可以通过提供资金、政策等方面的支持,鼓励行业协会的发展和壮大。例如,政府可以制定相关政策,明确行业协会的地位和作用,为其提供必要的经费和资源支持。同时,政府还可以通过购买服务等方式,支持行业协会开展具有公共性的服务项目。行业协会也需要进一步加强自身建设,包括完善组织机构、建立健全规章制度、提高工作人员素质等方面,以确保能够为企业和高校提供优质的服务。为了更好地发挥行业协会的作用,需要扩大会员范围,提高行业协会的代表性和影响力。行业协会应注重提高服务质量,为企业和高校提供更加优质的服务。例如,建立信息服务平台,为企业和高校提供政策、技术、人才等方面的信息服务;同时,组织开展培训、交流等活动,提高会员的素质和能力。加强与国际同行的交流合作,引进先进理念、技术和管理经验,提高行业的国际竞争力。例如,组织企业参加国际展览、论坛等活动,拓宽国际视野,推动产业合作。

(四)强化监督力度

产教融合监督不力可能会带来一系列负面影响,会导致政策执行不力、落实不到位等问题,影响政策目标的实现,导致资源的不合理分配和浪费。例如,一些企业或学校可能无法得到足够的资源支持,而另一些则可能获得过多的资源,导致资源分配的不平衡和浪费。产教融合需要企业、学校和其他相关机构之间的紧密合作。监督不力,会导致合作不畅、沟通不充分、协调不力等问题,影响合作的效果和效率,进而导致人才培养质量下降,影响学生的职业发展和企业的用人需求,也会让公众对产教融合的公信力产生怀疑,影响其社会声誉和认可度,对产教融合的进一步发展造成阻碍。为克服这些负面影响,需要加强产教融合的监督力度,包括制度建设、多元监督、信息共享和反馈机制等。一是建立健全多元监督机制,包括政府监督、行业协会监督、学校监督、社会监督等。各方应明确职责,形成合力,共同推动监督工作的有效开展。二是强化信息披露和共享。建立信息共享平台,促进各方之间的信息交流和资源共享。同时,应加大信息披露力度,提高产教融合的透明度,使监督者能够全面了解产教融合的实施情况。三是建立有效的反馈和整改机制,及时收集和处理监督过程中发现的问题。对于存在的问题,应制定整改措施,限期整改,确保监督工作的有效性和持续性。四是培养专业监督人才,加强人才培养和队伍建设,培养具备专业知识和技能的监督人才。同时,应定期对监督人员进行培训和考核,提高其监督能力和水平。五是引入第三方评估机构对产教融合进行全面、客观的评估。第三方评估机构应具备专业资质和独立性,能够客观、公正地开展评估工作,提供可靠的评估结果。六是引入民众参与监督。政府可以设立专门的渠道,鼓励民众对产教融合进行监督和评价。例如,可以设立举报电话、邮箱或在线平台,方便民众反映问题、提供建议。

二、多元主体协同共治,发挥产业链、创新链的集成效应

(一)提高企业社会责任感

虽然企业的主要目标是追求经济利益,但参与产教融合实际上是一种长期的投资。企业应认识到,通过与高校合作,可以获得高校优秀的人才资源。通过为学生提供实习实训机会,企业可以吸引更多优秀的毕业生,并为其提供职业发展的机会,从而增强企业的创新能力和竞争力。随着产业结构的调整和转型升级,传统行业可能会出现劳动力过剩的情况。企业通过产教融合,可以提供技能培训和转岗安置等措施,帮助过剩劳动力再就业,减轻社会负担。同时,新兴行业的发展需要大量的人才支持,企业通过与高校合作,共同培养适应新兴行业发展需求的人才,可以缓解人才短缺的问题,推动新兴产业的快速发展。政府和社会组织可以开展培训和宣传活动,提高企业对于产教融合重要性的认识,通过多种渠道加强宣传推广,让更多的企业了解产教融合的益处和成功案例,激发企业参与的意愿和积极性,增强企业的社会责任感和参与意识。政府可以建立激励机制,对积极参与产教融合的企业给予一定的奖励或荣誉,如评选"产教融合型企业"或"校企合作优秀企业",提高企业的社会形象和品牌价值,积极推广企业参与校企合

作的成功案例和经验,树立企业典型,提高企业的知名度和美誉度,激发其他企业的参与意愿。除了经济利益,企业还应该考虑到其社会责任。参与产教融合是回馈社会、培养未来人才的一种方式。通过这种方式,企业不仅能够提升自身的社会形象,还能够增强员工的归属感和自豪感,从而提高企业的整体文化。企业家不应只看到眼前的经济利益,而应具备长远的眼光。通过参与产教融合,企业能够与社会、行业以及未来的员工建立更加紧密的关系,从而为未来的发展奠定坚实的基础。

（二）加大产教融合资金投入力度

企业作为产教融合的重要参与主体,对产教融合进行资金投入是必要的。在国外,行业、企业是产教融合、校企合作资金投入的主体。这是因为行业、企业作为市场经济的主体,对于人才的需求和产业的发展有着更加敏锐的洞察力,也更加注重对人才培养和科技创新的投入。德国、英国、瑞典、日本、韩国、美国等国家的企业对职业教育、技术研发、技术转移等方面的投资普遍达到 70% 以上。在德国的"双元制"职业教育体系中,企业承担了主要的职业教育成本,包括提供实习场地、设备和原材料,以及支付学徒工资等。这种模式确保了企业能够直接参与到职业教育中,从而更好地满足企业的实际需求。在芬兰、瑞典等北欧国家,企业也积极参与职业教育的投资。这些国家的企业普遍认为,对职业教育的投入是一种长期的投资,能够为企业提供稳定的高素质员工队伍,并推动企业的可持续发展。而我国产教融合由于受到经济发展阶段与产业结构、教育体制和政策环境等因素的影响,目前产教融合投资的主体是政府与学校,企业在产教融合、校企合作中投入不足。在调研中企业人员表示,之所以不敢投入大量资金是担心权益得不到保障,如果政府能够给企业看得见摸得着的利益,企业也会增加产教融合的投入。企业应认识到,其资金投入对于产教融合资源的开发、硬件更新、平台建设等方面具有重要意义。这些方面的投入不仅能够促进教育链、人才链和产业链、创新链的有机衔接,还能为经济高质量发展提供有力的支撑。企业加大对产教融合的资金投入体现在多个方面,包括教师的补贴和培训、设备捐赠和资源整合、奖学金的设立、校企合作项目的增加、硬件设施的改善、人才培养的投入增加、技术研发与创新的支持、师资队伍的建设以及产教融合平台的建设等。这些投入可以帮助提高教学质量和教师技能水平,进一步促进产教融合的效果。企业可以通过把更新换代淘汰下来的设备捐赠给学校,实现设备资源的合理利用和共享。这不仅能够提高设备的利用率,避免浪费和重复投入,还能促进学校与企业之间的资源整合,推动产教融合的深入发展。企业可以在校企合作中设立奖学金,对品学兼优的学生进行奖励,激发学生的学习热情和进取心。同时,企业可以为顶岗实习的学生购买人身安全保险,并给予一定的实习津贴,体现企业的社会责任和人文关怀。企业可以加大对人才培养的投入,包括为学校提供实习基地、培训课程等资源,支持学生参加实践活动和技能培训,提高他们的实践能力和就业竞争力。也可以为学校提供资金支持,用于师资队伍建设。通过资助教师参加培训、学术交流等活动,提高教师的专业水平和教学能力,从而提升人才培养质量。

(三)提升企业话语权

受传统观念的影响,学校是人才培养的主要场所,负责制订人才培养方案、课程设置和教学计划等。企业在产教融合中虽然也有一定的话语权,但学校在人才培养方面拥有主导权,从而在话语权方面占据一定的优势。学校作为教育体系的重要组成部分,具有相对的稳定性。而企业在市场经济环境下,其经营和发展具有一定的不确定性和波动性。因此,学校在产教融合中的话语权相对较大。学校作为社会公共机构,承担着为社会培养人才的社会责任。企业在产教融合中虽然也承担一定的社会责任,但学校的话语权在一定程度上更能体现其社会责任的承担。学校拥有丰富的教育资源,如教学楼、图书馆、实验室等,这些资源为学校提供了话语权的优势。企业在产教融合中需要与学校合作,借助学校的资源优势实现人才培养的目标。政府可以通过制定相关政策、提供资金支持、搭建信息平台等方式,促进学校和企业之间的合作。同时,政府可以出台相关政策,保障企业在产教融合中的合法权益,提高企业在合作中的话语权。学校和企业应建立平等的合作关系,明确各自的职责和权利,共同制订合作方案和共同决策。通过平等的合作机制,可以避免话语权的失衡,提高企业在产教融合中的地位和影响力。企业可以根据自身需求和实际情况,与学校共同制订人才培养方案、课程设置方案和教学计划等。企业可以提供实践机会和行业资源,参与实践教学和实习指导,提高人才培养的质量和适应性。通过企业参与人才培养,可以提高企业在产教融合中的话语权。企业自身的实力和影响力是影响其在产教融合中话语权的重要因素。企业应加强自身建设,提高技术研发水平和市场竞争力,树立良好的企业形象和品牌形象,从而提高在产教融合中的话语权。行业协会和社会组织在产教融合中可以发挥桥梁和纽带的作用,促进学校和企业之间的沟通与合作。通过行业协会和社会组织,企业可以形成集体力量,与学校进行平等对话,提高自身的话语权。学校在产教融合中应该正确认识企业在其中的重要作用,并给予企业一定的话语权。企业是市场经济的主体,具有丰富的行业经验和资源,对市场需求和技术发展有着敏锐的洞察力。因此,企业在产教融合中可以发挥重要的作用,为学校提供实践经验和行业资源,共同制订人才培养方案和课程设置方案,提高人才培养的质量和适应性。

(四)组建行业产教融合共同体

行业产教融合共同体由龙头企业和高水平高等学校、职业学校牵头,联合科研机构、上下游企业等共同参与。这种共同体具有多种优势,包括资源整合、实践教学、技术创新、人才培养和产业升级等。2023年7月,教育部办公厅印发《关于加快推进现代职业教育体系建设改革重点任务的通知》,发布11项现代职业教育体系建设改革重点任务。要求各地依据自身情况,大力组建"支撑行业发展的跨区域行业产教融合共同体"。

郑州铁路职业技术学院参与了由中国中车集团有限公司、相关高水平大学、职业院校共同牵头打造的轨道交通装备行业国家级产教融合共同体。该共同体建设分为三个阶段,首批成员单位覆盖全国20多个省(区、市),包括9所普通高校、30多所职业院校、中国中车及其40多家所属制造类子公司,5个产业集聚地区教育行政部门作为支持单位参与。在这个共同体中,各方将共同制订人才培养方案,共同开展教学和科研活动,共同建设实训基地和师资队伍,共同开展职业培训和社会服务等活动。通过这种深度融合的合作模式,旨在提高轨道交通装备行业的人才培养质量和创新能力,促进产业的可持续发展。河南机电职业学院、河南大学等高校与中国职业技术教育学会、河南省教育厅、超聚变数字技术有限公司等单位共同牵头组建了全国绿色算力行业产教融合共同体。郑州职业技术学院联合吉林大学、数字郑州科技有限公司等单位共同发起了超硬材料行业产教融合共同体和数智丝路电商产教融合共同体。河南工业大学、郑州磨料磨具磨削研究所有限公司等单位共同参与了数智中原产教融合联盟建设。河南机电职业学院、河南开放大学等高校参与了机器人与智能装备产教融合共同体建设。通过组建行业产教融合共同体,各单位汇聚和配置产业资源,使共同体成为技术研发和应用的平台,推动行业技术的创新和发展,提高企业的竞争力。提供更贴近市场需求的人才培养方案,帮助学生提高实践能力和就业竞争力。同时,这些共同体也成为提供社会服务的平台,为企业和社会提供高质量的培训、咨询等服务,促进教育链和产业链的深度融合。

（五）组建市域产教联合体

组建市域产教联合体具有多方面的优势,可以促进教育链、人才链与产业链的有机衔接,汇聚发展新动能、增强产业核心竞争力,形成政、校、企、行业、产业等多元主体相互促进协同发展的一种创新模式,有力支撑经济社会高质量发展。2023 年 4 月,教育部办公厅发布了《关于开展市域产教联合体建设的通知》,该通知要求各地积极打造兼具人才培养、创新创业、促进产业经济高质量发展功能的省级市域产教联合体。通知强调政府的主导作用,要求建立政行企校密切配合、协调联动的工作机制,推动市域产教联合体的实体化运作。同时,通知还提出要搭建共性技术服务平台,建设一批产教融合实训基地,广泛开展中国特色学徒制培养等措施。河南省教育厅在 2023 年发布了两个与市域产教联合体相关的文件。这些文件旨在推动市域产教联合体的建设和运行,促进产教融合,提高人才培养的质量和适应性。《关于申报市域产教联合体的通知》(教办职成〔2023〕148 号)要求各单位积极申报市域产教联合体项目,并明确了申报条件、申报材料和申报程序等要求。文件鼓励有条件的市(县、区)与职业院校、行业协会、企业等合作,共同组建市域产教联合体,促进教育链、人才链与产业链的有机衔接。《关于开展河南省市域产教联合体建设的通知》(教办职成〔2023〕258 号)对市域产教联合体的建设提出了具体要求和指导意见。文件要求各市(县、区)要结合实际制定市域产教联合体建设方案,明确建设目标、主要任务、保障措施等,并加强组织领导和政策支持,确保市域产教联合体建设取得实效。郑州铁路职业技术学院、郑州宇通集团有限公司和郑州经济技术开发区联合申报的郑州经济技术开发区市域产教联合体项目,充分利用各方优势资源,旨在促进教育链、人才链与产业链的有机衔接。该联合体依托郑州经济技术开发区丰富的产业资源,聚焦汽车制造、装备制造产业高质量发展,初步形成了现代产业体系,为联合体的组建提供了坚实的产业支撑,使得学校和企业能够更加紧密地结合,实现教育链和产业链的深度融合。该联合体通过整合政、企、校、研多方资源,打造共建、共育的人才培养模式。这种模式使得学校从单一的人才培养转向主动融入地方经济发展,使行业企业从人才培养的受益者转向人才培养的参与者。这种转变有助于推动人才链与产业链深度对接,提高人才培养的质量和适应性。该联合体的组建还有利于深化职业教育改革,增强职业教育的适应性和吸引力,促进职业教育的可持续发展。通过与企业的紧密合作,学校能够更好地了解市场需求,及时调整和改进人才培养方案,提高人才培养的质量。同时,联合体的组建也有助于推动产教融合的深入发展,促进经济高质量发展。

三、改革人才培养模式,实现教育链、人才链与产业链对接

(一)专业群与产业群精准对接

河南省虽在产教融合方面取得了一定的进展,但仍然存在一些问题。例如,部分学校与企业之间的合作不够紧密,合作程度不够深入;部分学校的人才培养方案和课程设置与市场需求存在一定程度的脱节;实践教学基地的建设仍需加强;等等。为了解决这些问题,河南省需要进一步深化产教融合,加强学校与企业之间的合作与交流,推动人才培养模式的改革和创新。

学校应深入了解所在地区的产业发展趋势和需求,掌握企业对于人才的知识、技能和素质要求。通过与企业的交流与合作,了解市场动态和行业发展趋势,以便及时调整专业与专业群的建设方向和人才培养方案。一是调整专业。针对河南省高校的专业设置问题,撤销已经饱和的、不符合时代发展方向的专业。随着经济社会的发展,一些传统专业的市场需求已经饱

和,而新兴领域的发展则需要更多的人才支持。因此,高校应该根据市场需求和时代发展,及时调整专业设置,加强新兴专业的建设和发展。二是专业群与产业群对接。河南产业群主要有电子信息产业群、装备制造业产业群、食品工业产业群、现代服务业产业群、文化旅游产业群、医药制造业产业群、农业产业群、能源产业群、交通产业群等。学校应调整专业结构和课程设置,加强与产业对接的紧密度。例如,针对电子信息产业群,学校可以开设电子信息工程、计算机科学与技术等专业,这些专业主要对应河南省的电子信息产业群,特别是郑州、洛阳等地的电子信息和通信产业集聚区,能够培养学生掌握电子信息技术和通信工程的基本知识和技能;针对装备制造业产业群,可以开设机械设计制造及其自动化、材料成型及控制工程、测控技术与仪器等专业,这些专业主要对应河南省的装备制造业产业群,特别是郑州、洛阳等地的装备制造企业集聚区,能够培养学生掌握现代装备制造技术和智能制造系统的能力;针对食品工业产业群,可以开设食品科学与工程、食品质量与安全等专业,这些专业主要对应河南省的食品工业产业群,特别是郑州、漯河等地的食品加工企业集聚区,能够培养学生掌握食品加工和食品安全的基本知识和技能;针对现代服务业产业群,可以开设物流管理、商务管理、电子商务等专业,这些专业主要对应河南省的现代服务业产业群,特别是郑州等地的物流和商务服务企业集聚区,能够培养学生掌握现代服务业的基本知识和技能;针对文化旅游产业群,可以开设旅游管理、文化产业管理等专业,这些专业主要对应河南省的文化旅游产业群,特别是郑州、洛阳等地的文化旅游企业集聚区,能够培养学生掌握文化旅游的基本知识和技能;针对农业类专业群,可以开设包括农业科学、农业工程、农业经济等专业,这些专业主要对应河南省的农业产业群,特别是河南作为全国重要的农业大省,应培养学生掌握农业科学和技术的基本知识和技能;针对能源类专业群,可以开设包括能源工程、热能工程、石油工程等专业,这些专业主要对应河南省的能源产业群,特别是河南作为全国重要的能源基地,应培养学生掌握能源工程的基本知识和技能;针对交通类专业群,可以开设包括交通运输、交通工程、航空航天工程等专业,这些专业主要对应河南省的交通产业群,特别是郑州等地的航空和铁路运输企业集聚区,能够培养学生掌握交通运输的基本知识和技能。

通过设置新专业、专业群对接产业群,实现教育链、人才链与产业链对接,使人才培养更加贴近市场需求,对于提高人才培养质量、促进产教融合、推动产业升级和转型、优化资源配置等方面都具有重要意义。政府、学校和企业应该共同努力,加强合作与交流,推动专业群与产业群的深度对接,为经济发展提供更好的人才支持和技术支持。

(二)课程与职业岗位深度融合

强化实践教学是实现课程与职业岗位深度融合的关键。学校应加强与企业合作,建立实践教学基地、增加实践教学的比重、开展项目式教学、加强校内外实训、提高教师的实践能力等。学校可以与企业合作,建立实践教学基地,提供岗位实习的机会。实践教学基地可以为学生提供真实的工作环境,让他们在实际工作中学习和掌握知识,提高实际操作能力。实践教学基地也可以为企业提供人才支持和智力支持。在课程设置上,可以增加实践教学的课时,让学生有更多的机会进行实际操作。应注重实践教学的效果,加强实践教学的管理和评估,确保实践教学的质量。学校可以与企业合作,开展项目式教学。通过项目任务驱动,学生在学习过程中可以承担一定的项目任务,将学到的理论知识在第一时间运用到模拟的企业一线工作中去。这种方式可以加深学生对理论知识的理解,同时也可以培养学生的实际操作能力和团队合作精神。学校应加强校内外实训,提供更多的实训机会。校内实训可以为学生提供基础技能的训练,而校外实训则可以让学生接触到真实的工作环境,提高实际操作能力。学校应积极与企业合作,为学生提供更多的实训机会。通过岗课一体化与课程内容二次开发,构建与岗位需求相匹配的课程体系。课程岗位一体化旨在实现教育链与产业链的紧密对接,通过深入研究产业链与各个岗位的关联性,对课程体系进行优化和调整,确保课程内容与实际工作紧密相关,将课程体系与岗位群进行精准对接,提高人才培养的针对性和适应性。根据行业动态、企业标准和岗位需求,对课程内容进行二次开发。学校应与企业、行业协会等合作,共同创建课程开发工作组,该工作组应由行业专家、企业技术骨干、学校教师等组成,确保各方利益的均衡和课程内容的实用性。课程开发工作组应定期召开会议,共同研究最新技术、要求、工艺、标准等,及时了解行业发展趋势和变化。通过分享行业信息和经验,确保课程内容与实际工作紧密相关。通过二次开发,使课程内容更加贴近实际工作,提高人才培养的质量和效果。建立课程动态开发机制,确保课程内容能够随着行业发展和岗位需求的变化而不断更新。该机制应包括定期评估课程内容、与企业保持紧密沟通、及时反馈信息等,以确保课程内容始终与实际工作保持同步。

（三）改革与创新教学方法

强化教学方法改革是实现课程与职业岗位深度融合的重要手段之一。传统的教学方法往往注重理论知识的传授,而忽视实践能力的培养。学校应积极探索教学方法的改革和创新,采用多样化的教学方法和手段,注重实践能力的培养和实际操作技能的训练,提高教学效果和质量。一是强调案例教学。案例教学是一种以实际案例为基础的教学方法,通过引导学生分析、讨论实际案例,培养学生的实际操作能力和解决问题的能力。学校可以与企业合作,收集和整理相关行业的实际案例,将这些案例引入课堂教学中,让学生通过分析、讨论、实践等方式掌握知识和技能。二是采用项目式教学。项目式教学是一种以项目任务为驱动的教学方法,通过让学生承担项目任务,将理论知识与实践相结合,培养学生的实际操作能力和团队合作精神。学校可以与企业合作,共同制定项目任务,让学生在完成项目任务的过程中掌握知识和技能。三是情景模拟教学。情景模拟教学通过模拟实际工作场景,让学生在实际工作环境中学习和掌握知识,提高实际操作能力。学校可以建立模拟实训室,模拟企业的工作环境,让学生在模拟环境中进行实践操作,提高实际操作能力。四是互动式教学。互动式教学是一种注重师生互动、学生互动的教学方法,通过课堂讨论、小组合作等方式,激发学生的学习兴趣和主动性,培养学生的表达能力和合作精神。在课堂教学中,教师可以采用提问、小组讨论、角色扮演等多种方式引导学生积极参与课堂活动。五是引入信息技术手段。信息技术手段的引入可以丰富教学方法和手段,提高教学效果和质量。例如,利用多媒体课件、网络课程、在线教育平台等信息技术手段,教师可以实现教学资源共享、在线互动交流、个性化学习等多种教学方式,提高学生的学习兴趣和效果。

（四）完善"双师型"教师队伍建设

在产教融合背景下,加强"双师型"教师队伍建设是提高教育育人质量和满足企业实际需求的重要途径,对于提高育人质量、满足企业实际需求、打通人才供给和需求壁垒、以就业为导向培养技术人才、实现人才有效配置具有重要意义。

1.明确"双师型"教师专业发展目标

明确"双师型"教师专业发展目标与建设内容,是构建"双师型"教师团队的重要前提。学校应与教师共同制订"双师型"教师专业发展规划,明确教师的个人发展目标、路径和计划。发展规划应考虑教师的个性化需求,结合学校的发展战略和行业需求,确保教师的专业发展与学校、企业的发展相协调。根据教师的专业背景、教学经验和技能水平,设立不同层级的"双师型"教师专业发展目标。层级目标可以包括初级、中级和高级,每个层级的目标应明确相应的专业素养、实践能力和教学水平要求,激励教师不断追求进步。与高校、研究机构等合作,确立博士培养计划,吸引和培养具有学术潜力的教师攻读博士学位。通过博士培养计划,可以提高教师的学术水平,推动学校科研工作的开展。选派有潜力的教师到国内外知名高校、研究机构进行学术交流和访问,提升教师的学术视野和研究能力。访问学者计划可以为教师提供与国内外学术界交流的机会,促进学术成果的产出。选拔具有专业技能和才华的教师,通过技能工作大师计划的支持,提高教师的实践能力和技术水平。可以为教师提供实践项目、技能培训等方面的支持,促进教师在实践领域的发展。鼓励教师参与国内外高校的访学、进修和学术交流活动,拓宽教师的学术视野,提高教师的专业素养和教学水平。为教师提供参与高校访问的机会,可以帮助教师了解不同学术观点和教学方法,促进教师之间的合作与共同进步。为教师提供出国进修的机会,让他们学习国外先进的教育理念、教学方法和技术,提高教师的国际化水平。通过出国进修,教师可以吸收国外教育的优秀经验,并将其应用到自己的教学实践中。制订系统的培养培训计划,针对不同层次需求的教师,开展针对性的培训活动,培训内容可以包括教育教学理论、教学方法、教育技术等方面,帮助教师提高教学水平和专业素养。为教师提供充足的资源支持,包括学术资料、研究设备、实践场地等。确保教师具备必要的学习和工作条件,提高教师的学术产出和实践能力。学校和企业可以共同制定人才流动政策,明确双方在人才流动中的权利和义务,内容可以包括教师到企业实践的具体安排、时间安排、待遇保障等方面的规定,为人才流动提供制度保障。教师到企业实践可以采用多种方式,如顶岗实践、挂职锻炼等。根据教师的专业背景和实践需求,选择适合的实践方式,使教师能够深入企业一线,了解产业一线的实际情况和技术要求。

2. 加大培养"双师型"教师的实践能力

通过企业学院、产业学院和产教联盟等合作平台,可以进一步提高教师的实践能力,提升他们的"双师"能力。依托企业学院,建立教师企业实践基地,为教师提供更多的实践机会。教师可以在企业实践中深入了解企业的生产流程、技术要求和人才需求,掌握实际操作技能,提高自身的实践能力。同时,教师还可以将企业的真实案例引入课堂教学,丰富教学内容,提高教学效果。以产业学院为依托,成立教师培养培训基地,对教师进行系统的培训。通过培训,教师可以深入了解行业发展和企业需求,提高自身的专业素养和实践能力。培训还可以帮助教师掌握新的教学方法和手段,提高教学质量和效果。教师具有双重身份,既是教师也是员工,教师的积极性也会有所提高。借助产教联盟的力量,建立教师终身学习基地,为教师提供持续的学习机会。教师可以根据自身的发展需求,选择适合自己的学习内容和方式,不断提高自身的专业水平和能力。学习基地还可以为教师提供职业规划和发展指导,帮助他们实现个人职业价值。通过以上合作平台,教师可以更加深入地参与到企业的生产活动中。教师可以与企业员工一起工作,共同解决生产中的问题和挑战,提高自身的实践能力和技术水平。教师还可以将企业的生产案例引入课堂教学,帮助学生更好地了解实际生产情况,提高他们的实践能力和就业竞争力。增加校企合作共建共享"双师型"教师基地数量,让教师有足够机会参会与企业实践培训,双方可以共同制订人才培养方案、开展实践教学和科研合作等活动,实现人才培养与企业需求的精准对接。

3. 规范"双师型"教师队伍建设管理与考核机制

制定完善与严格的教师实践制度,让实践落到实处,去除表面化、形式化。对教师的实践过程进行动态考核,关注教师在实践中的表现和进步。考核内容包括教师的实践态度、实践能力、团队协作能力等。通过过程考核,可以及时发现问题和不足,为后续的改进提供依据。及时调整考核标准、改进考核方式和方法,确保考核制度的科学性和有效性。加强与教师的沟通与交流,了解教师的需求和建议,不断完善考核制度。为每位教师建立成长档案,记录教师的实践教学经历、成果和评价。成长档案可以作为教师职业发展的重要参考,为教师的晋升、培训等提供依据。通过成长档案的展示,可以激发教师的自我提升和自我超越的动力。

4. 完善"双师型"教师队伍建设激励制度

提供具有竞争力的"双师型"教师薪酬,使其与教师的专业能力和实践经验相匹配,设立专门的"双师型"教师津贴或奖金,以激励教师不断提升自身的能力。为"双师型"教师提供明确的职业晋升通道,将实践教学能力和企业经验纳入职称评定的标准中。对表现优秀的教师可以破格晋升,使其获得更高的职业地位和待遇,让教师感受到学校的重视。为"双师型"教师提供更多的培训和发展机会,如参加行业研讨会、学术交流活动、企业实践等,将"双师型"纳入教师职业规划中。通过培训激励,教师可以不断提升自身的专业素养和实践能力,增强对学校的归属感和忠诚度。对表现优秀的"双师型"教师给予荣誉奖励,如评选为优秀教师、教学名师等,让"双师型"教师感受到与一般教师的差距。荣誉激励可以增强教师的成就感,提高其社会声誉和影响力。鼓励"双师型"教师参与校企合作项目,与企业共同开展科研、技术研发等活动。通过项目激励,教师可以获得更多的实践机会和资源,同时也可以为企业提供技术支持和服务。鼓励"双师型"教师开展学术研究,发表学术论文、编写教材等。对取得重要学术成果的教师给予奖励,如提供科研经费、学术休假等。制定科学的"双师型"教师考核标准,定期对教师进行考核。考核结果要与激励措施挂钩,对表现优秀的教师给予奖励,对表现不佳的教师给予提醒或激励。同时,建立反馈机制,及时向教师反馈考核结果和改进建议,帮助教师了解自己的不足之处并加以改进。

5. 构建"双师型"教师团队双向耦合机制

借助产教融合实现企业人才到学校任教以及学校教师到企业任职的良

性互动,打通校企人才双向流动渠道,是提高"双师型"教师团队建设的重要途径。这不仅有助于提高"双师型"教师团队的教学水平和人才培养质量,进一步推动产教融合、校企合作的发展,而且也有利于促进教育链与产业链的有机衔接,为经济发展和社会进步提供有力的人才保障。一是借助产业学院、订单制、学徒制、产教联盟等方式,打破教师与职工的身份壁垒,制定具有竞争力的薪酬体系,确保企业人员在学校任教的经济收益与其在企业中的收入相当或更有吸引力,这包括提高基本工资、增设奖金制度或者提供其他的福利待遇。针对企业人员的特殊背景和技能,提供相关的教育培训,帮助他们更好地适应学校教学环境,提升教学质量,包括教学技能培训、教育理论学习等。通过各种渠道宣传企业人员在学校的优秀表现和教学成果,提高他们在社会上的知名度,这有助于增强他们的荣誉感和成就感,进一步激发他们的工作热情。与企业人员保持密切沟通,定期收集他们对学校教学工作的意见和建议。针对他们的需求和关切,及时调整相关措施,提高他们对学校的满意度。二是持续加大校企共建校内外实训基地及"双师型"教师培养培训基地的建设力度。通过丰富基地的建设、打造优质的基地、打破"双师型"教师团队的培训壁垒、满足教师的实践需求和提升机会等措施,有助于提高教师的专业素养和实践教学能力,培养更多符合市场需求的高素质技能人才。同时,也有利于促进教育链与产业链的有机衔接,推动经济社会的持续发展。通过高标准的基地建设,树立优质的品牌形象,不仅可以吸引更多的资源投入,还可以提高基地的知名度和社会影响力。传统的"双师型"教师培训往往存在各种壁垒,如时间、地点限制等。通过建设校内外实训基地及"双师型"教师培养培训基地,可以更好地打破这些壁垒,为教师提供更加灵活、便捷的培训机会。教师的实践需求是多样化的,通过建设功能齐全的实训基地,可以更好地满足教师的实践需求。例如,可以设置针对不同专业领域的实训区,提供先进的设备和技术支持,为教师提供个性化的实践机会。除了满足实践需求,实训基地还可以为教师提供进一步提升的机会。例如,可以定期举办技能竞赛、教学研讨等活动,促进教师之间的交流与合作,共同提升教学水平和专业能力。

参考文献

1. 报纸

[1]姜峰,常碧罗,王欣悦.产教融合共发展[N].人民日报,2023-10-27.

[2]张戈.省政协委员程青梅:提高校企合作效能,助力文旅文创融合发展[N].河南商报,2023-01-26.

[3]骆香茹.推动产教融合要让校企都得利[N].科技日报,2023-03-24.

[4]晋浩天.职业教育产教联合体落地还要迈过哪些坎[N].光明日报,2023-05-16.

[5]滕继濮,韩荣.现代产业学院:产教融合新形式,区域发展强助力[N].科技日报,2023-03-29.

[6]孙明源.市域产教联合体打破校企"联而不和"困局[N].科技日报,2023-06-02.

[7]胡畔.11项重点任务让职业教育改革提速[N].中国经济时报,2023-07-21.

[8]徐惠彬.构建产教融合高质量人才培养体系[N].人民日报,2022-03-02.

[9]班娟娟.产教融合背景下高职院校产业学院的建设路径[N].经济参考报,2022-05-19.

[10]李睿宸,刘玉洁.为职业教育高质量发展筑牢法治保障[N].光明日报,2022-05-14.

[11]何娟.良法善治护航职业教育高质量发展[N].人民日报,2022-05-06.

[12]冯军福.为河南职业教育"蓄能""壮骨"[N].河南日报,2022-05-02.

[13]丁雅诵.让职业教育"香起来""热起来"[N].人民日报,2022-05-12.

[14]王查娜.协同育人打通产教融合"最后一公里"[N].中国高新技术产业

导报,2022-06-06.

[15]薛二勇.深入推进产教融合需要进一步细化政策[N].人民政协报,
2022-12-28.

[16]黎竹,刘旺.职业教育热潮背后:产教融合亟须破冰[N].中国经济报,
2021-12-20.

[17]徐剑锋.产教融合是职业教育发展的必由之路[N].西江日报,2021-
05-26.

[18]赵现红,何勋.产教融合新模式的有益探索[N].郑州日报,2021-
09-27.

[19]赵文心.筑牢"两个确保"技能人才支撑[N].河南日报,2021-12-08.

[20]孙亚斐.甘肃省首个鲲鹏产业学院将落户兰州职院[N].兰州日报,
2020-12-18.

[21]苏晓红."政产学研协同教学做创融通"一体化推动双提升[N].河南日
报,2019-07-03.

[22]赵培玲.河南:实打实补贴企业大力培养新型学徒[N].中国经济导报,
2019-04-04.

[23]栾姗.河南入选全国首批产教融合建设试点[N].河南日报,2019-
10-11.

2.著作

[1]刁庆军,李桂云,徐云清.2021—2022产教融合校企合作典型案例100篇
[M].北京:清华大学出版社,2023.

[2]张秀萍.基于三螺旋理论的区域产学研协同创新研究[M].北京:科学出
版社,2021.

[3]黄艳.产教融合的研究与实践[M].北京:北京理工大学出版社,2019.

[4]许士蜜.行业学院模式下地方高校产教融合专业群建设研究[M].青岛:
中国海洋大学出版社,2019.

[5]贺耀敏,丁建石.职业教育十大热点问题[M].北京:中国人民大学出版
社,2015.

[6]贺星岳,等.现代高职的产教融合范式[M].杭州:浙江大学出版

社,2015.

[7]李心,王乐夫.深化产教融合校企合作推动中职教育创新发展:广东中等职业教育教学改革研究与实践[M].广州:暨南大学出版社,2015.

[8]苟顺明.欧盟职业教育政策研究[M].北京:人民出版社,2014.

[9]李斯杰.工学结合促发展:漳州职业技术学院校企合作实践探索[M].厦门:厦门大学出版社,2010.

[10]金小河.校企合作是职业教育发展的重要途径[M].大连:大连理工大学出版社,2010.

[11]郭苏华,隋明.职业教育产学结合实践研究[M].上海:上海财经大学出版社,2009.

[12]金长义,等.职业院校校企多元化合作机制的研究[M].北京:化学工业出版社,2008.

[13]劳动和社会保障部高技能培训联合委员会.校企合作培养高技能人才成功之路[M].北京:中国劳动社会保障出版社,2007.

[14]教育部高教司,中国高教学会产学研合作教育分会.必由之路:高等职业教育产学研结合操作指南[M].北京:高等教育出版社,2004.

[15]李进,丁晓东.产学合作教育研究与探索[M].上海:上海交通大学出版社,2004.

3.期刊

[1]陆艳琦,丁丽娟,周钰爽.河南省高职教育产教融合存在的问题及深化路径研究[J].教育与职业,2023(19):54-58.

[2]谢西金.我国职业教育产教融合政策40年发展历程的回顾、审视与展望[J].继续教育研究,2023(4):59-64.

[3]张明.协同育人视角下产教深度融合机制的构建[J].对外贸易,2023(6):59-61.

[4]李新生.社会分工理论视域下产教融合高质量发展体系构建[J].职教论坛,2023(3):119-128.

[5]张雅静.职业教育产教融合政策执行偏差与破解之道[J].教育与职业,2023(18):13-20.

[6]胡万山.产教融合视域下国外应用型大学课程建设的经验与启示[J].成人教育,2023(5):81-87.

[7]路晓丽.产教融合型企业参与技术技能人才培养的模式、困境及优化路径[J].教育与职业,2023(24):50-56.

[8]杨兴波.技能型社会背景下职业教育"产业链—技术链—专业链"全贯穿式教学体系构建研究[J].职业教育技术,2023(11):37-42.

[9]邓志新.适应性背景下现代产业学院的运行机制研究:论产业链、教育链、人才链、创新链的关系[J].中国职业技术教育,2023(31):47-53.

[10]白逸仙,王华,王珺.我国产教融合改革的现状、问题与对策:基于103个典型案例的分析[J].中国高教研究,2022(9):88-94.

[11]高芳.中国特色学徒助力技能型社会建设的现实困境与实践理路[J].中国职业技术教育,2022(25):18-23.

[12]王为东,张静.社会多元主体参与河南职业教育探析[J].中共郑州市委党校学报,2022(4):78-82.

[13]缪学梅."五链"逆向促进产教融合机理与协同策略研究[J].顺德职业技术学院学报,2022(3):11-18.

[14]李婷,徐乐乐.职业教育产教融合质量评价体系构建研究[J].教育与职业,2022(4):21-27.

[15]魏巍.应用型本科院校协同育人教学模式的探索与实践[J].计算机教育,2022(1):167-171.

[16]高向丽,苏晓红.政产学研协同教学做创融通:应用型本科高校产业学院建设模式研究与实践探索[J].平顶山学院学报,2021(6):106-113.

[17]孔凡士,华平,李秀玲,等."四链"协同耦合下高职产教融合实训基地建设探索[J].河南广播电视大学学报,2021(4):75-79.

[18]赵林度.产教融合视域下物流人才培养模式创新[J].中国大学教学,2021(12):18-23.

[19]孙卓.产教融合"卓越"订单人才培养探索与实践[J].南方农机,2021(9):157-158.

[20]张志军,范豫鲁,张琳琳.国家产教融合的历史演进、现代意蕴及建设策

略[J].职业技术研究,2021(1):38-44.

[21]缪学梅.区块链视域下职业教育产教融合联盟及其治理机制研究[J].成人教育,2021(12):73-79.

[22]缪学梅.产教融合视域下的现代工匠精神培养效用研究[J].现代教育科学,2020(5):56-64,70.

[23]刘晓,钱鉴楠.职业教育专业建设与产业发展:匹配逻辑与理论框架[J].高等工程教育研究,2020(2):142-147.

[24]李伟.构建基于服务产业链的产教融合育人模式[J].人力资源,2020(16):124-126.

[25]寇福明.应用型本科院校产教融合生态系统研究[J].教育理论与实践,2020(30):6-9.

[26]张红延,梁晓东.河南机电职业学院:构建校企命运共同体走出产教融合新路径[J].河南教育(职成教),2020(9):6-9.

[27]王璐,李雪星.京津冀协同发展背景下职业教育集团的发展路径研究[J].职业教育研究,2020(8):29-34.

[28]赵章红,张样平,杨阳.构建河南特色职业教育产教融合体系的思考与建议[J].河南教育(职成教),2020(6):21-24.

[29]曹忍忍.新时代我国职业教育产教融合的综述研究[J].黑龙江教师发展学院学报,2020(3):56-59.

[30]黄海燕.新时代背景下高职"双师型"教师的制度建构与培育策略[J].教育与职业,2020(5):67-74.

[31]崔玉祥,刘胜辉,艾红.深化产教融合:人才供需的"融点"上实现教育链产业链创新链对接[J].科教发展评论,2020(00):69-78.

[32]李滋阳,李洪波,范一蓉.基于"教育链—创新链—产业链"深度融合的创新型人才培养模式构建[J].高校教育管理,2019(6):95-102.

[33]吴建生,唐小平,谢永盛.产教融合协同育人模式下的应用型本科院校计算机类专业群建设探索[J].广西科技师范学院学报,2019(5):113-117.

[34]张弛.高等职业教育产教融合的"四链"逻辑建构:基于经济与教育的论

域考证[J].职业技术教育,2019,40(7):6-13.

[35]何景师.职业教育专业链、产业链、教育链、人才链"四链"融合的培养模式探索:基于双层次螺旋协同创新的视角[J].中国成人教育,2019(18):67-71.

[36]蒿楠,郭一凡.河南省深化职业教育产教融合的区域化推进机制探索[J].教育与职业,2018(20):26-32.

[37]孙园园.我国校企合作研究文献综述[J].现代商贸工业,2018(17):84-86.

[38]乔毅.产业链视角下的产教融合研究[J].教育与职业,2017(8):24-29.

[39]孙善学.产教融合的理论内涵与实践要点[J].中国职业技术教育,2017(34):90-94.

[40]李博.基于"产学官合作"的日本实践型高职教育模式[J].教育与职业,2017(13):104-109.

4.学位论文

[1]虞苏燕.产教融合过程中企业参与意愿的叙事研究[D].武汉:湖北工业大学,2022.

[2]陈振斌.城市产教融合影响因素与评价体系研究[D].徐州:中国矿业大学,2022.

[3]卢丹青.广东省高职院校产教融合政策执行中存在的问题及优化路径研究[D].广州:华南理工大学,2022.

[4]徐佳.甘肃省高职教育产教融合推进现状及策略研究[D].兰州:兰州大学,2022.

[5]邹文.四川省政府推进职业教育产教融合的问题研究[D].成都:电子科技大学,2022.

[6]田钰析.产教融合视域下高职院校人才培养问题研究[D].哈尔滨:黑龙江大学,2022.

[7]龚万堃.行业特色型大学校企合作培养学生可迁移技能研究[D].北京:北京化工大学,2021.

[8]李芩旭.产教融合背景下高职院校"双师型"教师队伍建设的研究[D].金华:浙江师范大学,2021.

[9]韦钰.山东省高等职业院校产教融合发展策略研究[D].天津:河北工业大学,2021.

[10]郭苗苗.职业教育产教融合生态系统构建研究[D].武汉:华中师范大学,2021.

[11]朱晶晶.高职院校产教融合的路径与支持对策研究:以广东省惠州市为例[D].南昌:南昌大学,2021.

[12]王文.高职院校产教融合校企双主体合作机制研究[D].扬州:扬州大学,2021.

[13]吴瑛.高职院校校企合作研究[D].南昌:南昌大学,2020.

[14]何燕.高职教育产教融合政策效应研究[D].南昌:南昌大学,2020.

[15]魏振东.产教融合背景下高职院校人才培养模式创新研究[D].昆明:云南大学,2019.

[16]王保宇.新建本科高校产教融合发展的问题及对策研究[D].武汉:华中师范大学,2019.

[17]刘晶晶.基于协同理论的高职教育产教融合机制及优化策略研究[D].武汉:华中师范大学,2019.

[18]张莹.中美两国校企合作人才培养模式的比较研究[D].广州:广东技术师范学院,2016.

产教融合基本情况调查问卷

（高校学生卷）

亲爱的同学：你好！

　　首先，感谢你参与此次问卷的填写。本问卷主要为了了解高校产教融合、校企合作的有关情况，分析开展产教融合的问题及困难，以期加快建立有利于促进产教融合的体制机制，构建产教深度融合、校企协同育人、需求导向的人才培养模式，为河南省经济社会高质量发展提供高素质人才支撑。本次调查纯属学术行为，采取匿名填写，请不必有任何顾虑，关于你的个人信息将会严格保密，请你放心填写。再次感谢对本次调查问卷的大力配合与支持！祝你学业进步，万事顺心。

　　备注：产教融合是指学校根据所设专业，积极开办专业产业，把产业与教学密切结合，相互支持，相互促进，把学校办成集人才培养、科学研究、科技服务为一体的产业性经营实体，形成学校与企业浑然一体的办学模式。产教融合是产业与教育的深度合作，是院校为提高其人才培养质量而与行业企业开展的深度合作。

　　1. 你认为现行的教学方式有哪些不足？（多选题）

　　A. 授课方式枯燥，知识传授流于表面

　　B. 课程设计缺少实践联系

　　C. 易受教师教学经验与教材难易及趣味性的影响

　　D. 限制了学生的思维和想象，易形成注入式教学

　　E. 其他

2.你认为现行的教学方式可以做哪些改进?(多选题)

A.根据教学内容和学生学习需要,配合使用教学方法

B.增加学生课堂活动,启发学生的思考和领悟

C.多组织学生到企业实时性参观实习,在实践中教学

D.多引导学生探索问题,主动解决问题,从中获取知识和技能

E.多引导学生交流学习,培养学生独立分析问题能力和训练学生口头表达能力

F.其他

3.你对产教融合、校企合作的了解程度如何?(单选题)

A.非常了解

B.了解

C.不太了解

D.完全不了解

4.在校期间,你是通过哪些渠道了解所学专业未来岗位需求的?(多选题)

A.老师、家人等熟人介绍

B.高校、企业、政府部门线上信息公布

C.宣讲会、招聘会等各类交流会

D.行业部门、学研机构等中介机构

E.其他

5.你到企事业单位参加实习实训,最想提高自己哪些方面的能力?(单选题)

A.研发与创新能力

B.职业技能能力

C.社会适应能力

D.管理与协调能力

E.其他

6.你在实习过程中最希望得到的帮助是什么?(单选题)

A.通过实习找到具有竞争力的工作

B. 了解企业情况找到适合的工作方向

C. 加深对知识的理解提升能力

D. 获得企业导师的指导帮助

E. 企业提供实习补助

F. 其他

7. 你认为学校参与产教融合对你的重要性如何？（单选题）

A. 非常重要

B. 有些重要

C. 不重要

8. 你对与学校有合作的企业了解程度如何？（单选题）

A. 非常了解

B. 了解

C. 不太了解

D. 不了解

9. 据你了解,你所在的专业是否开设了产教融合项目？（单选题）

A. 是

B. 否

10. 你是否满意校内的实训场所和实训条件？（单选题）

A. 是

B. 否

11. 你认为学校是否有必要建设实训基地？（单选题）

A. 是

B. 否

12. 你认为高校是否有必要引进企业人员进校担任教师？（单选题）

A. 是

B. 否

13. 高校引进企业人员担任教师,你认为最大的优势是什么？（单选题）

A. 企业人员掌握着当前专业技术领域最前沿的需求及信息

B. 企业人员具有丰富的实践经验

C.企业人员的加入,可以将丰富的企业资源带到学校

D.其他

14.高校引入企业人员担任教师,你认为最可能存在的问题是什么?（单选题）

A.认识上的误区导致企业人员担任教师没有得到足够的重视

B.难以找到既有丰富实践经验又能担任高校教学工作的企业人员

C.企业人员的授课时间难以得到保证

D.其他

15.你认为学校目前开展的校企合作如何?（单选题）

A.紧密合作,促进展开建设和教育教学改革

B.签订了合作协议,但只以促进实习和就业为主

C.流于形式,并未有实质性合作内容

16.你认为学校的实训基地应当如何建设?（多选题）

A.改革实践教学大纲、计划,建立独立的实践课程体系

B.加强基地实践教师师资的培养建设与管理

C.加强与企业协作,发挥人才优势,将企业生产中的工艺性、技术性、管理性、经营性难题通过小组讨论进行研究

D.基地接受企业委托的项目开发、产品研制课题,与企业技术人员合作,使学校与企业科研人才相互渗透

E.基地的实践性教学内容直接与生产实际相结合,尽可能地参与到实际生产过程中去,培养和锻炼学生能力

F.建设面向社会的行业技能培训、考核与鉴定中心,将基地的功能尽量社会化

G.其他

17.你认为学校应以哪种形式与企业展开校企合作?（多选题）

A.教师到企业顶岗实践

B.学生到企业顶岗实习

C.合作开展员工培训、技能鉴定与继续教育

D.合作建设实践基地、实验中心

E. 开展订单培养或现代学徒制

F. 共建与合作开发课程,合作开展教学实施与人才培养评价

G. 合作建设双师型教师培养培训基地

H. 其他

18. 你认为在推进产教融合过程中,应该构建哪些平台?(多选题)

A. 产教融合沟通协作平台

B. 产教融合资源共建共享平台

C. 产教融合实习实训平台

D. 产教融合信息发布与服务平台

E. 产教融合科研成果转化平台

F. 其他